Reiner Zimmermann

Mehr SEIN als SCHEINEN

Kulturpolitik in Sachsen nach 1990

DONATUS

Dr. Reiner Zimmermann, geboren 1941 in Neustadt/Orla, studierte von 1960 bis 1965 Musikwissenschaft, Kunstgeschichte und Theaterwissenschaft in Leipzig. 1968 promovierte er „Über den Begriff des Sinfonischen in den Kammersinfonien des 20. Jahrhunderts." Von 1966 bis 1985 arbeitete er als Lektor bei der Edition Peters, wo er u. a. als Herausgeber von Kompositionen von Gabriel Fauré, Claude Debussy, Camille Saint-Saëns, Giacomo Meyerbeer und Felix Mendelssohn Bartholdy tätig war. Von 1985 bis 1991 wirkte er als Dramaturg bei den *Dresdner Musikfestspielen* und übernahm anschließend bis 2003 die Leitung der Abteilung Kunst im Sächsischen Staatsministerium für Wissenschaft und Kunst.

Seit 2009 ist er der Editionsleiter der Musikalienreihe „Denkmäler der Tonkunst in Dresden". Von 2015 bis 2019 übernahm er den Vorsitz der Schlosskommission Wiederaufbau der Paraderäume im Dresdner Residenzschloss. Er legte mehrere Publikationen vor; u. a. die *Autobiografie von Jules Massenet* (1982), *Camille Saint-Saëns, Musikalische Reminiszenzen* (1978), *Giacomo Meyerbeer, Biografie nach Dokumenten* (1991), *Johann Gottlieb Naumann* (1991), *Tannhäusers Brautzug* (2013) und *Die Paraderäume Augusts des Starken im Dresdner Schloss* (2021).

Bibliografische Information der Deutschen Nationalbibliothek:
Die Deutsche Nationalbibliothek verzeichnet diese Publikation in der Deutschen Nationalbibliografie; detaillierte bibliografische Daten sind im Internet über www.dnb.de abrufbar.

Impressum

Anmerkung

Da es sich um persönliche Erinnerungen handelt, wurde auf Lebensdaten der genannten (und zumeist bekannten) Persönlichkeiten verzichtet. Die Abbildungen stellte Dr. Reiner Zimmermann als Zeitzeugnisse zur Verfügung, obwohl sie nicht immer den qualitativen Anforderungen des gegenwärtigen Publikations-Standards entsprechen.

© 2022 Donatus-Verlag

Umschlag:	spitzenton.design
Auflage:	2. Auflage
Verlag:	Donatus-Verlag, Niederjahna
Umschlagfoto:	Der Riesensaal im Dresdner Schloss während der Rekonstruktion 2008, Foto: Staatsbetrieb Sächsisches Immobilien- und Baumanagement
Herstellung:	Books on Demand, BOD Norderstedt
ISBN:	978-3-946710-51-6

Inhaltsverzeichnis

Vorwort

Den Anstoß zu diesen Erinnerungen gab 1996 der Architekt Karl Josef Schattner. Er war Mitglied der Gutachterkommission, geleitet von Hugo Borger, welche im Herbst 1996 die sächsische Konzeption des Wiederaufbaus des Dresdner Schlosses kritisch diskutiert und dann bestätigt hatte, und nun saß man auf Einladung des Ministerpräsidenten des Freistaates Sachsen an einer festlich gedeckten Tafel. Ich war neben Schattner platziert worden. Er interessierte sich angelegentlich für meine Arbeit, und so erzählte ich einige Schwänke aus meinem ministerialen Leben. *„Des müsset Se unbedingt uffschreibe, des derf ned verloragehа!"*, meinte er ganz spontan.

25 Jahre nach dieser Begegnung habe ich meine Kalender von 1991 bis 2004 hervorgeholt, versuchte, meine Notizen zu entziffern, und folge nun Schattners Rat. Gewiss, manches fehlt, doch ich hoffe, der Wahrheit einigermaßen nahezukommen. Entscheidend war wohl, dass wir voller Schwung und Furchtlosigkeit unsere Tätigkeit begannen, ohne Vorbilder, ohne auf Bewährtes zurückgreifen zu können – ein Neuanfang mit allen Tücken, von denen wir die meisten noch nicht ahnten. Das machte unsere Arbeit in der Erinnerung so einmalig und trotz aller Probleme so beschwingt.

Angesichts des Totalverlustes der Kultur in der Corona-Pandemie 2020 bis 2022 frage ich mich heute, wofür ich gestritten habe. Immer wieder hörte ich vom früheren Ministerpräsidenten Kurt Biedenkopf, wie wichtig die Kultur für Sachsen sei (da waren wir in Sachsen damals besser dran als heute in Bayern, wo der gegenwärtige Ministerpräsident die Kultur als Nebensächlichkeit für verzichtbar hält). Immer wieder setzte sich der Staatsminister für Wissenschaft und Kunst, Prof. Dr. Hans Joachim Meyer, vehement für alle Belange der Kunst ein, immer wieder scheute ich keine Auseinandersetzung mit allen, die den Rang der sächsischen Kultur bezweifelten, wie ich es von den aus dem Westen gekommenen Beamten des Sächsischen Staatsministeriums der Finanzen fast täglich zu hören bekam. Immer wieder war es meine vordringliche Aufgabe als Abteilungsleiter Kunst gegen diese Vorurteile und Fehlurteile sachlich zu argumentieren und das Beste für die Kunst in Sachsen herauszuholen – wofür? Weil die Kultur ein sinnstiftendes Element unserer Existenz und dazu des Selbstverständnisses in Sachsen ist, das es zu bewahren und zu entwickeln galt. Heute verwundert es mich nicht, wenn mich damals meine Kollegen im Kulturausschuss der Kultusministerkonferenz insgeheim mitleidig belächelten, wenn ich für die Kultur stritt: Sie konnten in ihren Ländern nicht in jedem Falle mit einem solch tiefverwurzelten Verständnis für kulturelle Belange rechnen.

Dr. Reiner Zimmermann an seinem Schreibtisch im Sächsischen Staatsministerium für Wissenschaft und Kunst, 2001

Neubeginn

Am 23. März 1991 gegen 21.30 Uhr stimmte der damalige Ministerpräsident des Freistaates Sachsen, Prof. Dr. Kurt Biedenkopf, nach einem halbstündigen Gespräch meiner Berufung als Leiter der Abteilung Kunst im Sächsischen Staatsministerium für Wissenschaft und Kunst zu, nachdem er sich noch entschuldigt hatte, dass dieses Gespräch erst so spät stattfinden könne, da es bei ihm wegen einer ungeplanten Operation zu einem Terminstau gekommen sei. Und er hatte es sich vorbehalten, alle neuen Abteilungsleiter selbst kennenzulernen. Unter dem Dach des Blockhauses verließ er für eine halbe Stunde eine Unterredung mit der Landesgruppe der CDU-Bundestagsabgeordneten und Volker Rühe als damaligem CDU-Generalsekretär, um mich anzusehen und anzuhören. Ich hatte meinen besten Anzug angezogen, einen frischen Westimport. Es war wie eine Diplomprüfung bei einem Professor, aber es ging nicht um ein bestimmtes Wissen, sondern darum, ob ich für die Leitung der **Abteilung Kunst des Sächsischen Staatsministeriums für Wissenschaft und Kunst** geeignet sei. Der Ministerpräsident hatte eine halbe Stunde Zeit, sich zu entscheiden. Er wollte vieles über die Kunst und Land und Leute in Sachsen von mir wissen, zum Schluss sogar noch Näheres über die schändliche Zerschlagung des Musikverlages Edition Peters Leipzig, meiner Arbeitsstätte 1966 bis 1985, von der er aus einem Artikel in der „Frankfurter Allgemeinen Zeitung" wusste. Um seinen Kopf zu retten, hatte der letzte Verlagsleiter aus DDR-Zeit der Verlegung des seit 1800 in Leipzig befindlichen Verlagssitzes nach Frankfurt/Main zugestimmt, alle Mitarbeiter entlassen und die jahrzehntelange qualifizierte fachliche Arbeit des Leipziger Verlagshauses zunichte gemacht. Ich habe später erfahren, dass er sogar zwei Decknamen beim Ministerium für Staatssicherheit (MfS) hatte. Und er hat noch am 9. Oktober 1989, nach der entscheidenden Montagsdemonstration in Leipzig, die das Ende der DDR einläutete, in der „Leipziger Volkszeitung" einen wütenden Artikel gegen die Demonstrierenden geschrieben.

Ich erklärte dem Ministerpräsidenten, dass sich ein Altnazi, der Treuhänder, den die Nationalsozialisten 1938 in den ehemals jüdischen Verlag eingesetzt hatten und der den Verlag seit 1950 in Frankfurt/Main führte, und ein Altstalinist in Leipzig, ein „Nomenklaturkader des ZK der SED" (ich musste Biedenkopf dieses Wortmonstrum erklären) verschworen hatten, den traditionsreichen Verlag zu zerschlagen. *„Und da lässt sich gar nichts machen?"*, fragte Biedenkopf. *„Herr Ministerpräsident, das ist geschickterweise im rechtsfreien Raum vor dem Einigungsvertrag passiert, das lässt sich – nach gegenwärtigem Wissen – nicht mehr*

9

zurückschrauben." (Dass inzwischen durch die Initiative des seit 1938 in London ansässigen Peters-Verlages (Hinrichsen-Edition) der Verlagssitz seit 2015 wieder nach Leipzig zurückgeführt und die Niederlassung in Frankfurt geschlossen wurde, gehört zu den seltenen guten Geschichten nach 1990.)

Der andere berühmte Leipziger Musikverlag, Breitkopf & Härtel, der 1945 nach Wiesbaden ausgewandert war, hat sich, übrigens nachdem die Geschäftsführerin Lieselotte Sievers im Ministerium angerufen hatte, ob ich eine Rückverlegung einer Verlags-Abteilung nach Leipzig gutheißen würde, auch wieder hier angesiedelt.

Der Ministerpräsident verschwand mit dem Staatsminister für Wissenschaft und Kunst, Prof. Dr. Hans Joachim Meyer, für kurze Zeit, dann kam der Minister zurück, zückte seinen kleinen Kalender und sagte zu mir: *„Der Herr Ministerpräsident hat Sie soeben als Abteilungsleiter angenommen. Jetzt müssen Sie mir aber sagen, ob Sie auch kommen."* Wir einigten uns auf den 2. April 1991 als meinen Dienstbeginn.

Eine folgenreiche Rede

Es war mir nicht an der Wiege gesungen worden, dass ich in meinem 50. Lebensjahr eine solch herausragende kulturpolitische Stellung einnehmen würde. Geboren wurde ich am 27. November 1941, mitten im Zweiten Weltkrieg, in der ostthüringischen Kleinstadt Neustadt an der Orla. Meine Verbindung zu Sachsen ist historisch begründet: Mein Heimatort war ab 1485 Mittelpunkt des Neustädter Kreises im ernestinischen Kurfürstentum Sachsen und kam 1567 in den Besitz albertinischen Kurfürsten von Sachsen. 1815 wurde der Kreis dem Großherzogtum Sachsen-Weimar-Eisenach angegliedert, das 1920 im Land Thüringen aufging.

Ich erlebte 1945 das Kriegsende als Vierjähriger, den Einmarsch der Amerikaner, kurz darauf russischer Truppen in Thüringen, die Nachkriegszeit, die Rückkehr meines Vaters 1948 aus sowjetischer Kriegsgefangenschaft, den Beginn der DDR, die Einschulung in die Grundschule, mit der jährlichen Feier des Geburtstags des Genossen Stalin, der 1953 starb. 1956 wechselte ich zur Oberschule in der Kreisstadt Pößneck und kam 1960 bis 1965 an die damalige Karl-Marx-Universität Leipzig (heute wieder Universität Leipzig) zum Studium der Musikwissenschaft, der Kunstgeschichte (bei den hochangesehenen Professoren Heinrich Besseler und Johannes Jahn) und der Theaterwissenschaft an der Theaterhochschule. Mit Beginn des Jahres 1966 wurde ich als junger Absolvent in den traditionsreichen Verlag VEB Edition Peters Leipzig aufgenommen und lernte Druck- und Verlagstätigkeit in aller Gründlichkeit kennen. 1985 wechselte ich für kurze Zeit in die Musikabteilung der Sächsischen Landesbibliothek und begann 1986 als Dramaturg für Musiktheater bei der Direktion der Dresdner Musikfestspiele Programme und Gastspiele auswärtiger Opern-Ensembles vorzubereiten.

Zu den ersten Eigenproduktionen, also den Beiträgen von uns Dramaturgen zum Festspiel-Programm, gehörte eine konzertante Aufführung der allerersten Oper, die überhaupt im nördlichen Europa entstanden ist, „Il Paride" von Giovanni Bontempi, die 1662 im Riesensaal des Dresdner Residenzschlosses uraufgeführt worden war. Damals konnten wir nicht einmal davon träumen, dass dieser Saal wieder entstehen würde; erst 1991 wies ich den damaligen Kulturbürgermeister Dresdens, Ulf Göpfert, auf diese Möglichkeit hin.

Da die Programme der Musikfestspiele immer zwei bis drei Jahre im Voraus geplant wurden, hatten wir für 1990 „Russische Klassik und sowjetische Moderne" vorgesehen, nicht ahnend, dass ein solches Programm, das an sich nicht übel war, 1990 nur wenige Freunde finden würde. Immerhin verdanke ich diesem Programm meinen kulturpolitischen Aufstieg.

Es war üblich, dass die Dresdner Musikfestspiele im Rathaus mit einer Festveranstaltung begannen, mit den Kruzianern und einer kulturpolitischen Grundsatzrede von Joachim Herz, Udo Zimmermann oder Hans Joachim Hoffmann, dem Kulturminister der DDR, oder von wem auch immer aus der DDR-Kultur-Politprominenz. Beim Thema „Russische Klassik und sowjetische Moderne" war es nur natürlich, dass man einen Freund der Sowjetunion als Hauptredner wünschte: Hans Pischner, langjähriger Intendant der DDR-Staatsoper Unter den Linden, schon seit Ulbrichts Zeiten, und Präsident der Gesellschaft für Deutsch-Sowjetische Freundschaft, einer der vielen Massenorganisationen, der anzugehören von einem DDR-Bürger als selbstverständlich angesehen wurde. Ich gehörte auch dazu. Die Mitgliedschaft beschränkte sich ausschließlich auf das Zahlen eines jährlichen Pfennig-Beitrags und das Kleben einer Monatsbeitragsmarke. Drei Wochen vor Eröffnung sagte der Festredner ab, verständlich in der neuen Situation. Mein Direktor war ratlos, ob denn Ersatz gefunden werden könne. Da meldete ich mich vorsichtig und versprach eine Festrede für den 26. Mai 1990 im Plenarsaal des Dresdner Rathauses. Die konnte sich dann aber auch hören lassen: Ich ging den freundschaftlichen Beziehungen russischer Komponisten zu Dresden nach und denen der zeitgenössischen Autoren zum Verlag Peters, die ich aus eigener Anschauung kannte, und stellte fest, dass zwischen Künstlern stets eine normale Freundschaft geherrscht hatte, unterhalb der politisch verordneten „unverbrüchlichen" Freundschaft zur Sowjetunion, die es so nicht gab, wie sich in jenen Monaten herausstellte. Zur Ehre meines damaligen Chefs, des Direktors der Dresdner Musikfestspiele, Winfried Höntsch, sei gesagt, dass er bei dieser Rede nicht zensierend eingegriffen hat, sondern vermutlich erleichtert war, dass sich ein Unverdächtiger als Festredner in einer besonderen Zeit gefunden hatte.

„Wagen wir einen neuen Anfang. Er ist notwendig geworden, nachdem wir jahrzehntelang aus Trägheit, Anpassung, Verdrängung, Furcht und Unkenntnis ein gespaltenes Verhältnis zu dem großen Land im Osten hatten. [...] Die ‚Freunde' hieß es mit einem Ausdruck in der Stimme, den nicht einmal die Musik wiederzugeben imstande ist. [...] Die ‚unverbrüchliche Freundschaft zur Sowjetunion' stand überall an erster Stelle – ein Wort, über dessen Herkunft nicht einmal das etymologische Wörterbuch Auskunft gibt. [...] Bei all diesen Ausdrücken hat also die Sprache unser wahres Verhältnis zur Sowjetunion entlarvt. [...] Gerade jetzt ist das Samenkorn eines neuen, auf Wahrhaftigkeit begründeten Verhältnisses zur Kultur unserer Nachbarn zu stecken; das ist unsere moralische Pflicht, keine verordnete Aufgabe; und zweitens müssen wir unserer Aufgabe als Mittler zwischen den Kulturen wahrnehmen, die uns als einem Land der Mitte zukommt. Nur wenn uns beides gelingt, sind wir reif für Europa." Daraufhin viel Beifall und drei „Vorhänge" für den Redner (siehe Anhang).

Das Philharmonische Kammerorchester spielte u. a. eine Uraufführung von Detlev Kobjela, einem sorbischen Komponisten – mit anderen Worten: Diese Eröffnung war etwas Besonderes. Sie war es auch durch die besondere politische Situation – am 18. Mai war die erste demokratische Stadtverwaltung in Dresden ins Amt gekommen. Der erste (und letzte) demokratisch gewählte Kulturminister der DDR, Herbert Schirmer, beehrte uns mit seiner Anwesenheit. Er stand, da weniger bekannt, nach dem Festakt etwas verloren herum, so dass ich mich seiner annahm. Die Eröffnungsreden waren bisher immer gedruckt worden, lagen aber wie Blei in unseren Regalen. Meine Rede wurde nicht mehr gedruckt; wir hatten kein Geld dafür, aber sie wurde ständig verlangt, und unsere Sekretärin kopierte sie am Xeroxgerät, das wir geschenkt bekommen hatten, immer wieder. Ein großer Auszug erschien in der kulturpolitischen Wochenzeitschrift, die vom „Sonntag" zum „Montag" mutiert war. Ich hatte das Gefühl, dass man mich nun in Dresden besser kannte.

Der Jahrgang „Russische Klassik und sowjetische Moderne" ging in allem Anstand über die Bühne, wenn auch der Zulauf verständlicherweise geringer war, und wir arbeiteten mit Hochdruck am Jahrgang 1991 „Mozart in Dresden". Unterdessen vollzog sich der rasche Umbau der Gesellschaft nach westdeutschem Maße, mit Währungs- und Wirtschaftsunion, mit Einigungsvertrag, mit Treuhand und den bekannten Folgen. Ich überlegte mit Wolfgang Schaller, bis 2019 Intendant der

Staatsoperette Dresden, damals im Künstlerischen Betriebsbüro in der Sächsischen Staatsoper tätig, wo wir uns politisch einklinken könnten. Da erhielt ich im August 1990 einen dringenden Anruf von Friedrich-Wilhelm (Fiete) Junge, dem bekannten Schauspieler und aktiven Demokraten: Ich solle mich in ein Beratungsgremium verfügen, das die Länderbildung vorbereitete.

Politisch weiterdenkende Personen hatten beschlossen, die 1952 von der DDR-Verwaltung aufgelösten Länder wiederzubeleben. In Sachsen wurden aus diesem Grunde für alle zukünftigen Ressorts wie Wirtschaft, Inneres, Justiz und auch Kultur Arbeitsstäbe geschaffen, die die Fülle der Probleme vorsortieren und einer künftigen Regierung einen Katalog von Aufgaben übergeben, doch beileibe keine Regierungsarbeit übernehmen sollten. Alle Sitzungen fanden unter erheblichem Baulärm im Gebäude des ehemaligen Rates des Bezirkes statt, der jetzigen Sächsischen Staatskanzlei, das nun von den Hinterlassenschaften der DDR-Verwaltung gereinigt wurde. Ich kannte das Gebäude vorher nicht, als parteiloser Schütze im letzten Glied der DDR-Hierarchie hatte ich dort nichts zu suchen – jetzt sah ich königlich-sächsischen Glanz in der Eingangshalle. Man hatte die Embleme des sächsischen Königtums von 1905 nicht abgeschlagen, sondern mit zehn Meter langen roten und schwarzrotgoldenen Stoffbahnen verhängt, um so sozialistische Atmosphäre zu gewinnen. Die Tücher fielen, und nachdem sich der Staub von 40 Jahren DDR gelegt hatte, sah man sächsische Kronen und anderes, was jahrzehntelang unsichtbar bleiben musste. Später bin ich täglich durch die Eingangshalle gegangen, und sie gefällt mir in ihrer Großzügigkeit noch heute.

Der Arbeitsstab Kultur wurde abwechselnd von Arnold Vaatz und Matthias Rößler geleitet. Vaatz, sehr aktiv in allen Unternehmungen zur Vorbereitung der Neugründung des Freistaates Sachsen, war gemeinsam mit dem damaligen Bundestagsreferenten Dietmar Kammerschen und der Büroleiterin Margita Herz maßgeblich an der Gewinnung Kurt Biedenkopfs als Spitzenkandidaten der CDU für die Landtagswahl am 14. Oktober 1990 beteiligt. Rößler kam vom Demokratischen Aufbruch, später trat er der CDU bei. Seine Anwesenheit in dieser Runde war indessen nur sehr kurz. In diesem Gremium saßen honorige Herren wie Dr. Ingo Zimmermann, Udo Zimmermann, Dr. Dieter Görne, Dr. Werner Schmidt, Ludwig Güttler, und zu diesen kam ich nun als unbeschriebenes Blatt.

Dem Arbeitsstab lag eine Menge Post vor, die Dr. Ingo Zimmermann in der Bezirksverwaltungsbehörde gesammelt und dem Stab übergeben hatte: z. B. ein Entwurf einer Verordnung zur Bildung einer Landesstelle für das öffentliche Bibliothekswesen vom 8. August 1990 (die dann später wirklich eingerichtet wurde), ein Entwurf zur Verordnung eines

Staatlichen Museumsfonds vom 20. August 1990, ein Aufruf der Historischen Kommission der Sächsischen Akademie der Wissenschaften vom 15. August 1990 zur Schaffung eines neuen Denkmalschutzgesetzes, ein Angebot des Instituts für Kulturbauten, Außenstelle Dresden, für die Mitarbeit bei Planung und Ausführung von Theater- oder Museumsbauten vom 15. August 1990, ein Aufruf der sorbischen Schriftsteller, sie bei künftigen Planungen eines Schriftstellerverbandes in Sachsen nicht zu vergessen, vom 18. April 1990, ein Organisationsplan für eine Kulturabteilung in den künftigen Regierungspräsidien vom 20. April 1990 mit einer Personalausstattung von 13 Personen, ein Entwurf für eine Abteilung Kunst und Kultur im Kultusministerium mit einer durchaus realistischen Personalstärke von 16 Personen. Diese kleine Übersicht zeigt einerseits, dass sich viele in diesen Monaten des Umbruchs Gedanken über die künftigen Strukturen machten und darauf achteten, dass nichts unerwähnt blieb. Zugleich zeichnete sich eine große Fülle von Aufgaben ab, die der Arbeitsstab sammelte, ohne sie lösen zu wollen. Ich wusste zu diesem Zeitpunkt allerdings noch nicht, dass die meisten dieser Aufgaben bald auf meinem Tisch landen würden.

Zunächst habe ich nur zugehört, denn die Fülle der Aufgaben übersah ich nicht und verstand auch wenig von den Spielchen, deren Fäden im Hintergrund gezogen wurden. So sollte z. B. der Staatsrat Prof. Wolfgang Gönnenwein, bisheriger Intendant der Stuttgarter Staatsoper und Protegé des damaligen baden-württembergischen Ministerpräsidenten Lothar Späth, als „Kulturminister" oder „Kulturbeauftragter für Sachsen" eingeflogen werden. Er wartete eines Abends schon auf dem Stuttgarter Flughafen auf einen Anruf unseres Gremiums aus Dresden. Güttler wollte z. T. vollendete Tatsachen schaffen und arbeitete eng mit der Stuttgarter Staatskanzlei zusammen, denn Baden-Württemberg hatte die „Patenschaft" über Sachsen übernommen, seit Lothar Späth Hans Modrow getroffen hatte.

Aber bald kam meine Stunde. Ludwig Güttler und Udo Zimmermann hatten im September 1990 Bundeskanzler Helmut Kohl zum Geburtstag in Bonn besucht, ihm ein Porzellanmodell der Dresdner Frauenkirche überreicht und ihm das Versprechen abgenommen, dafür Sorge zu tragen, dass die ostdeutsche Kultur keinen Schaden nehmen dürfe. Der Einigungsvertrag vom Oktober 1990 enthielt dann diesen Passus (§ 35, 7) und war u. a. von Hans Joachim Meyer, meinem späteren Minister, als damaligem Wissenschaftsminister der DDR, mit Dr. Sieghardt von Köckritz, Leiter der Kulturabteilung im Bundesinnenministerium, und weiteren Damen und Herren aus Ost und West im „Molkenmarkt", so der DDR-Jargon für das ehemalige DDR-Kulturministerium, ausgehandelt worden. Nun sollte er mit Leben erfüllt werden.

Die Kanzlerzusage galt – gegen das Grundgesetz der Bundesrepublik förderte der Bund ausnahmsweise und übergangsweise Kultur in den neuen Ländern. Das ließ die ostdeutsche Kultur erst einmal überleben. Güttler, der immer strategisch dachte, sagte Ende September 1990 in einer Sitzung des Arbeitsstabes Kultur kurz und bündig: *„Jetzt müssen wir ganz schnell machen. Wir brauchen umgehend eine Liste von Kultureinrichtungen in Sachsen, die der Bund übergangsweise fördern soll. Wer macht das bis wann?"* Betretenes Schweigen. Da meldete sich der Jüngste und Unbedarfteste in diesem Kreis – das war ich – und schon war ich mitten drin in der administrativen Arbeit. Ich suchte bald darauf in den Räumen der künftigen Staatskanzlei meinen Partner aus der Bezirksverwaltungsbehörde auf. Diese war der Rat des Bezirkes in Abwicklung. Fiete Junge charakterisierte das so: *„Machst du eine Tür auf, dann schauen dich in jedem Zimmer immer noch die alten Gesichter des Rates an."* Noch gab es keine neue demokratische Verwaltung, und so lange musste man mit der alten Administration vorliebnehmen. Ich, legitimiert durch den Arbeitsstab Kultur, geriet an Dr. Harald Schubärth, einen jungen, aber erfahrenen Kollegen des ehemaligen Rates des Bezirkes, mit dem ich in kurzer Zeit ca. 60 große und mittlere Kultureinrichtungen in Sachsen – Theater, Orchester, Museen u. a., eingeschlossen die Sächsische Staatsoper, auflistete und so selbst einen umfassenden Überblick über die Kultureinrichtungen in Sachsen gewann. Wir rechneten hoch, behaupteten kühn, dass 60 Prozent aller Kultureinrichtungen der ehemaligen DDR auf sächsischem Boden stünden – und erhielten schließlich 42,3 Prozent aller Mittel des Bundes für die ostdeutsche Kultur in den fünf neuen Ländern, außer Berlin, im Rahmen des **Substanzerhaltungs- und Infrastrukturprogrammes des Bundes** in den Jahren 1991 bis 1994. Niemals hat jemand diese Zahl in Zweifel gezogen, und es war meine erste Lehre, dass man etwas behaupten muss, was den Anschein der Wahrhaftigkeit hat, und es wird einem Recht gegeben.

Ab April 1991 hatte ich dann amtlich viel mit diesem Geld zu tun, denn es galt, beide Programme umzusetzen und das Bundesgeld unter die Einrichtungen zu bringen.

In diesem Herbst 1990 fiel auch ein Gespräch mit Dr. Ingo Zimmermann, der der „Bezirksverwaltungsbehörde" für Kultur vorstand und die Aufgabe hatte, die Abteilung Kultur des alten Rates des Bezirkes aufzulösen. Am Rande eines Besuchs der Direktion der Dresdner Musikfestspiele, deren Zukunft wie alles andere in dieser Zeit raschester Umbrüche ebenfalls ungewiss war, fragte ich Ingo Zimmermann nach neuen Chancen, und er riet mir: *„Bewerben Sie sich doch mal beim Land."* Also schrieb ich eine Bewerbung als Referatsleiter für Theater und Orchester, sandte meine Unterlagen in die spätere Staatskanzlei und hörte monatelang nichts. Es war ein Nachmittag im Februar 1991 zum Fünfuhrtee mit Frau und Sohn, als das Telefon klingelte, und Sohn Frieder mit der Nachricht kam: *„Ein Herr Meyer will dich sprechen."* Ich kannte keinen Herrn Meyer, und es war am Telefon auch ziemlich still, nachdem beide Namen getauscht wurden und ich die Stimme des Herrn Meyer nicht erkannte. Schließlich gab er sich als der Minister Meyer zu erkennen. Da wusste ich Bescheid, und ich erhielt eine Einladung zu einem Gespräch. Es sollte der letzte Fünfuhrtee sein, den ich für die nächsten zwölf Jahre mit meiner Frau einnehmen würde.

Prof. Dr. Hans Joachim Meyer, in Rostock gebürtig, mit rheinischen Wurzeln, Hochschullehrer an der Humboldt-Universität Berlin im Fach Anglistik, angesehener Katholik, war von Lothar de Maizière als Minister für Bildung und Hochschulen in die letzte DDR-Regierung berufen worden und hatte sein Amt am 2. Oktober 1990 mit dem Ende der DDR wieder aufgegeben. Biedenkopf, seit November 1990 erster frei gewählter sächsischer Ministerpräsident, war sehr gut beraten, diesen Mann in sein Kabinett aufzunehmen, der, ohne es zu DDR-Zeit zu wissen oder gar nutzen zu können, eine politische Naturbegabung war. Allerdings gab es kurz vor seinem Amtsantritt noch einen Eklat: Ein übereifriges CDU-Mitglied mit guten Beziehungen nach Bonn wollte dem Minister einen „Kulturrat" vor die Nase setzen, und zwar bevor Prof. Meyer sein Amt antrat. Ich war zufällig Zeuge, als diese Idee platzte, und der junge Mann war aus dem Rennen. Sicher hatte Prof. Meyer auch schon von draußen ein Gespür für richtig und falsch, bevor er sein Amt überhaupt antrat.

Nach baden-württembergischem Vorbild des Ressort-Zuschnitts stand er dem Sächsischen Staatsministerium für Wissenschaft vor, dem erst Anfang 1991 die Kunst zugeordnet wurde. Er hatte zwar zwei Fachabteilungsleiter aus Berlin mitgebracht, die aus Dresden stammten, Dr. Dr. Gert Maibaum, Mathematiker an der TU Dresden und ebenso kurzzeitiger Abteilungsleiter im letzten DDR-Hochschulministerium, der als Abteilungsleiter Hochschulen wieder zurückkehrte, und Dr. Frank Schmidt, kurzzeitig Abgeordneter der letzten Volkskammer, als Leiter der Abteilung Forschung. Aber es fehlte ein Abteilungsleiter Kunst. Biedenkopf wollte auf dieser Stelle eine hiesige Frau haben. Zwei Dresdner Damen aus der Kulturszene hatten gleich abgewinkt, also zog man meine Bewerbung heran. Der Minister fragte mich eine Stunde lang aus, wollte viel über Land und Leute in Sachsen wissen – ich weiß heute nicht mehr, inwieweit ich ihm ausreichend Rede und Antwort stehen konnte – aber nachdem sein Persönlicher Referent den Kopf durch die Tür gesteckt und neuen Besuch angekündigt hatte, fragte er mit sehr leiser Stimme, ob ich mir vorstellen könnte, als Abteilungsleiter Verantwortung zu übernehmen. Da schluckt man schon, sagt aber nicht gleich nein und bittet sich eine kurze Bedenkzeit aus. Ich hatte keine Ahnung, was das für mich bedeuten könnte, aber wie alle anderen in dieser Zeit, die relativ unverbraucht und noch nicht so verschlissen durch den DDR-Alltag waren, und beseelt vom Willen, am demokratischen Aufbau Sachsens mitzuhelfen, sah ich eine einmalige Lebenschance, die man nicht leichtfertig vergibt: Ich sagte bald zu. Dann war es wieder still, bis Prof. Meyer mir mitteilte: Der Herr Ministerpräsident wünscht Sie zu sehen, und es folgte jenes Einstellungsgespräch, das mein ganzes Leben verändern sollte.

Am 10. Januar 2020 während einer Diskussion in der Sächsischen Akademie der Künste musste ich mir einen kuriosen Vorwurf anhören. Eine Referentin, Dr. Yana Milev aus Leipzig, hatte gerade beklagt, dass Ostdeutsche nach 1990 keine Chancen hatten, Führungspositionen im Osten zu übernehmen. Dabei waren allein acht von elf Ministern in Biedenkopfs erstem Kabinett aus dem Osten. Mit meinem Wissen, wie viele sächsische Kollegen während meiner Amtszeit (und auch mit meiner Hilfe) damals in Führungspositionen an Universitäten und Hochschulen gekommen waren, begegnete ich diesem Klagelied, doch das wollte im Publikum mancher nicht hören, weil es die Vorurteile nur bestätigte, und es tönte mir entgegen: „Wendegewinnler“. Mir hat diese „Wende“, gewiss im Gegensatz zu vielen anderen DDR-Bürgern, zu einer positiven Veränderung verholfen, deren Ausmaß mich selbst überrascht hat. Aus meiner persönlichen Sicht konnte ich die ironisch gemeinte Bezeichnung als Ehrentitel annehmen.

Ich hatte es noch meinem Direktor der Dresdner Musikfestspiele zu beichten, aber er erwies sich als großzügig, war er doch selbst vor vielen Jahren Ministerialer am Molkenmarkt gewesen. Er fand es zwar bedauerlich, dass ich gerade jetzt, in der Vorbereitungsphase des Jahrgangs 1991 der Musikfestspiele mit dem weitaus attraktiveren Titel „Mozart in Dresden“, ausstieg, aber andererseits wusste er, dass das Land jetzt neue Leute brauchte, und so „wickelte“ ich mein Büro in zwei Wochen ab und klärte, was notwendig war. Gleichzeitig musste ich noch einige Arbeiten in der Direktion der Musikfestspiele abschließen.

Intermezzo 1: Naumann in Blasewitz

Das betraf vor allem die Blasewitzer Naumann-Ehrung am 17. April 1991. Im Herbst 1990 hatte mich im Festspielbüro ein Mitglied der Sächsischen Staatskapelle, Wolfgang Wahrig, aufgesucht, der sich neben seinem Violinspiel intensiv mit Dresdner Musikgeschichte befasste und nicht nur die Wiederaufstellung des Mozartbrunnens im Blüherpark erreichte, sondern auch, als Blasewitzer Bürger, an der Wiederaufhängung einer Gedenktafel für den Hofkapellmeister Johann Gottlieb Naumann (1741–1801) lebhaftestes Interesse zeigte. Mir war Naumann bis dahin kein Begriff, denn die Dresdner Säulenheiligen hießen Schütz, Weber, Wagner und Strauss. Naumann oder Hasse erwähnte man kaum – von Aufführungen ganz zu schweigen. Das sollte sich ändern. Wahrig war dem originalen Gipsabguss der Naumann-Tafel auf der Spur und fand diesen schließlich unter der Brühlschen Terrasse, in deren Gewölbe viele skulpturale Reste der einstigen Dresdner Pracht Jahrzehnte unbeachtet überdauert hatten. Das Original der Tafel von 1902 aus Bronze war 1942 abgenommen und wahrscheinlich zu einer Kanone umgeschmolzen worden, die den „Endsieg" auch nicht herbeischießen konnte. Ich versuchte unterdessen, eine Naumann-Ehrung in Blasewitz und ein Konzert zu organisieren. Am 17. April 1991, genau zum 250. Geburtstag, fand auf der Naumann-Straße in Blasewitz, an dem ehemaligen, von Gottfried Semper entworfenen Blasewitzer Rathaus, die Wiederenthüllung der Gedenktafel statt, an gleicher Stelle – die Löcher für die Dübel der Originalaufhängung von 1902 konnten noch genutzt werden. Anschließend zogen alle Gäste in die Rothermundt-Villa der Spezialschule für Musik in der Mendelssohnallee. Vor einem aus dem Stadtmuseum Dresden geliehenen Porträt Naumanns erklang Kammermusik von ihm, es gab eine Buchpremiere (ich hatte eine ältere Biografie bearbeitet, mit weiteren Aufsätzen und Abbildungen komplettiert) und anschließend ein Kuchenbuffet à la Madame Naumann. Sie, die Mutter des Komponisten, hatte einst Wanderer, die nach Blasewitz kamen, mit Kuchen versorgt. Am 20. April sang die Kantorei der Heilig-Geist-Kirche in Blasewitz die Messe g-moll, den „96. Psalm" und ein „Confitebor" aus der Vesper Nr. V von Naumann. Übrigens hatte ich die Absicht, für Weihnachten 1991 neben Dresdner Christstollen auch ein Paket Dresdner Musik-Kultur zu packen: Eine CD des Konzerts, das Naumann-Buch sowie ein Video mit Aufnahmen aus Blasewitz und einem Opernmitschnitt des „Gustav Wasa", den die Stockholmer Oper im Juni 1991 als Gastspiel zu den Musikfestspielen aufgeführt hatte. Leider sagte die Video-Firma drei Tage vor den Festlichkeiten ab. Die Idee war gut, aber es gab um diese Zeit noch zu wenig professionelle Partner. Nach der Naumann-Ehrung aber widmete ich mich voll und ganz meinem neuen Dienst.

Die ersten Monate und ein Alptraum

Am 10. April 1991, ich war gerade neun Tage nach meinem Dienstantritt am 2. April im Ministerium, wurde ich zum Bastei-Hotel oberhalb von Rathen zu meiner ersten Sitzung des **Kulturausschusses der Kultusministerkonferenz (KMK)** gefahren. Die KMK ist eine Einrichtung aller Länderminister für Kultus, Wissenschaft und Kunst, parallel zum Bundesrat, der Versammlung aller Ministerpräsidenten. Es gibt drei Abteilungsleiterrunden: den Schulausschuss, den Hochschulausschuss und den Kulturausschuss. Dort werden die Staatssekretärssitzungen und die Ministersitzungen vorbereitet. Auf den Tagesordnungen stehen die jeweils aktuellen Probleme der Länder, Probleme des Föderalismus und Beziehungen zum Bund (von bestimmten Ländern oft sehr kritisch gesehen – ein Dauerthema, denn einerseits hält man gern die Hand auf, wenn der Bund zahlt, aber andererseits pocht man auf die Länderhoheit), Delegierung von Kollegen in gesamtdeutsche Gremien wie Bundeskunsthalle, Stiftung Preußischer Kulturbesitz, Kulturstiftung des Bundes, Verwaltungsrat des Germanischen Nationalmuseums u. v. a. mehr.

Die Gremien ziehen wie einst die deutschen Kaiser von Pfalz zu Pfalz, und jedes Land ist im Wechsel Gastgeber der Ausschüsse. Dabei lernt man nicht nur die Landeshauptstädte, sondern auch andere Orte mit ihrem kulturellen Reichtum kennen, und es waren interessante Zeiten, durch ganz Deutschland zu reisen, von Bremen über Bonn bis Halle, Dresden oder Görlitz. Ohne mein Zutun war Sachsen vorher von den westdeutschen Kollegen ausgewählt worden, weil man ja neugierig auf diese neuen Länder war, und man hatte im Bastei-Hotel Quartier bezogen, was wohl einmalig war, denn ich habe nie wieder einen solchen Aufwand erlebt, die Mitglieder mit Bussen hinzubringen, abends in die Semperoper zu fahren und sie wieder auf luftige Höhe zurückzutransportieren.

Es ist Usus im Kulturausschuss, dass der Vertreter des Gastgeberlandes einen Bericht über die aktuelle kulturpolitische Situation vorträgt. Mein erster Bericht, von meinem damaligen Referatsleiter Dr. Schubärth verfasst, der auch keine Erfahrungen damit hatte, fiel etwas mager aus, weil ich nach neun Tagen im Amt noch nicht die Fülle der Probleme übersah. Aber man sah es dem Neuling nach. Später wurden meine Länderberichte sehr viel detaillierter und interessanter, weil wir eine Menge zu berichten hatten. An den beiden Sitzungstagen hörte ich, wie Schwäbisch, Bayrisch, Hessisch, Norddeutsch und auch Hochdeutsch geredet wurde, und ich war verwundert, in einem Kulturausschuss zu sitzen und dabei jedoch hauptsächlich das Klären von Verfahrensfragen zu erleben. Das war eine Lehrstunde in Kulturbürokratie. Es hing wohl auch damit zusammen, dass die meisten

Teilnehmer der Sitzung des Kulturausschusses der Kultusministerkonferenz am 21. Oktober 1993 in Schleswig

meiner westdeutschen Kollegen in der Hauptsache Juristen mit kulturellen Ambitionen waren. Aber gute Juristen braucht man eben auch. Also hörte ich erst einmal zu.

Sehe ich mir meinen Kalender von April/Mai/Juni 1991 an, so stehen dort Notizen für die Naumann-Ehrung bis 20. April und für Beratungen im Neuen Sächsischen Kunstverein, aber sie mischen sich immer mehr mit Namen, die unmittelbar mit meiner neuen Tätigkeit zu tun hatten:

- 25. April: „Retzlaff Haushalt" – die Abteilung Kunst hatte, wie alle anderen Abteilungen, auch einen Haushaltsentwurf für ihre Einrichtungen vorzulegen. Das ging nur mit Hilfe der erfahrenen Kolleginnen aus dem ehemaligen Rat des Bezirkes. Reinhard Retzlaff, als einer der ersten aus dem Stuttgarter Ministerium nach Dresden gekommen, war als Abteilungsleiter Haushalt und Personal für die Zusammenfassung aller Teilhaushalte des SMWK (Sächsischen Staatsministeriums für Wissenschaft und Kunst) verantwortlich. Die Abteilungen ihrerseits hatten mit ihren Einrichtungen deren Finanzvorstellungen abzusprechen und in das Schema der Haushaltspläne einzuarbeiten, die dann den langen Weg über das Finanzministerium bis ins Parlament nahmen.

- 10. Mai: „Hirschberger" – Dr. Ingo Hirschberger war Referent im Kultusministerium, der uns dringend bat, ihn bei seinen Bemühungen um Erhaltung der Spezialschule für Musik zu unterstützen. Die damalige Kultusministerin Stefanie Rehm hatte etwas gegen die, wie sie meinte, nach sowjetischem Vorbild gegründete Nachwuchsschmiede für die Spitzenorchester, nicht die Dresdener Tradition bedenkend, dass diese Orchester ihren Nachwuchs selbst von früh an begleiteten. Mit Unterstützung unseres Ministers ist die Schule erhalten geblieben und heute als Sächsisches Landesgymnasium für Musik „Carl Maria von Weber" ein Prestigeobjekt des Kultusministeriums.

Während sich mein Kalender immer weiter füllte, konnte ich das für mein Konto nicht gerade sagen: Ich erhielt monatelang nur Abschläge auf mein unbekanntes Gehalt, weil ich noch keinen formellen Arbeitsvertrag erhalten hatte. Das war nicht weiter problematisch, denn wir waren ja Angestellte des Freistaates Sachsen. Als meine Frau allerdings ihr erstes Auto erwerben wollte, brauchte sie für das Leasing-Verfahren ihren Ehemann als Bürgen. Der konnte aber kein regelmäßiges Einkommen nachweisen. Mit dem Hinweis, dass dann der Ministerpräsident Biedenkopf bürgen müsse, war die Sache geregelt.

- 15. Juni: „Frau Biedenkopf, Schevenstraße". Ich wurde in die Minister-Kommune zitiert, wo neben Biedenkopfs auch Wirtschaftsminister Kajo Schommer und Finanzminister Georg Milbradt wohnten. Staatssekretär Eckhard Noack, der zu Frau Biedenkopf keinen guten Draht hatte, entsandte mich wegen einer Personalsache, die er nicht klären wollte (und konnte). Ja, auch die Landesmutter betrieb Politik: Sie hatte in der Staatskanzlei einen Kummerkasten und eigenes Personal, und die Bürger konnten sich mit ihren Anliegen dorthin wenden. Als eigenwillige Persönlichkeit, die ihrem Mann ständig in aller Öffentlichkeit in die Parade fuhr, war auch ihre „Zweigpolitik" sehr eigenwillig. Später verlegte sich Ingrid Biedenkopf auf das Verfassen von Kochbüchern nach sächsischen Rezepten.

Häufig steht im Kalender: Görlitz. Für das dortige Theater war ein ehemaliger westdeutscher Intendant, Prof. Wolf-Dieter Ludwig, aus der Rente reaktiviert worden, der sich mit viel Sekt vorgenommen hatte, mitten über die Neiße ein neues Theater zu bauen, das dem europäischen Gedanken durch seine Brückenfunktion architektonischen Aus-

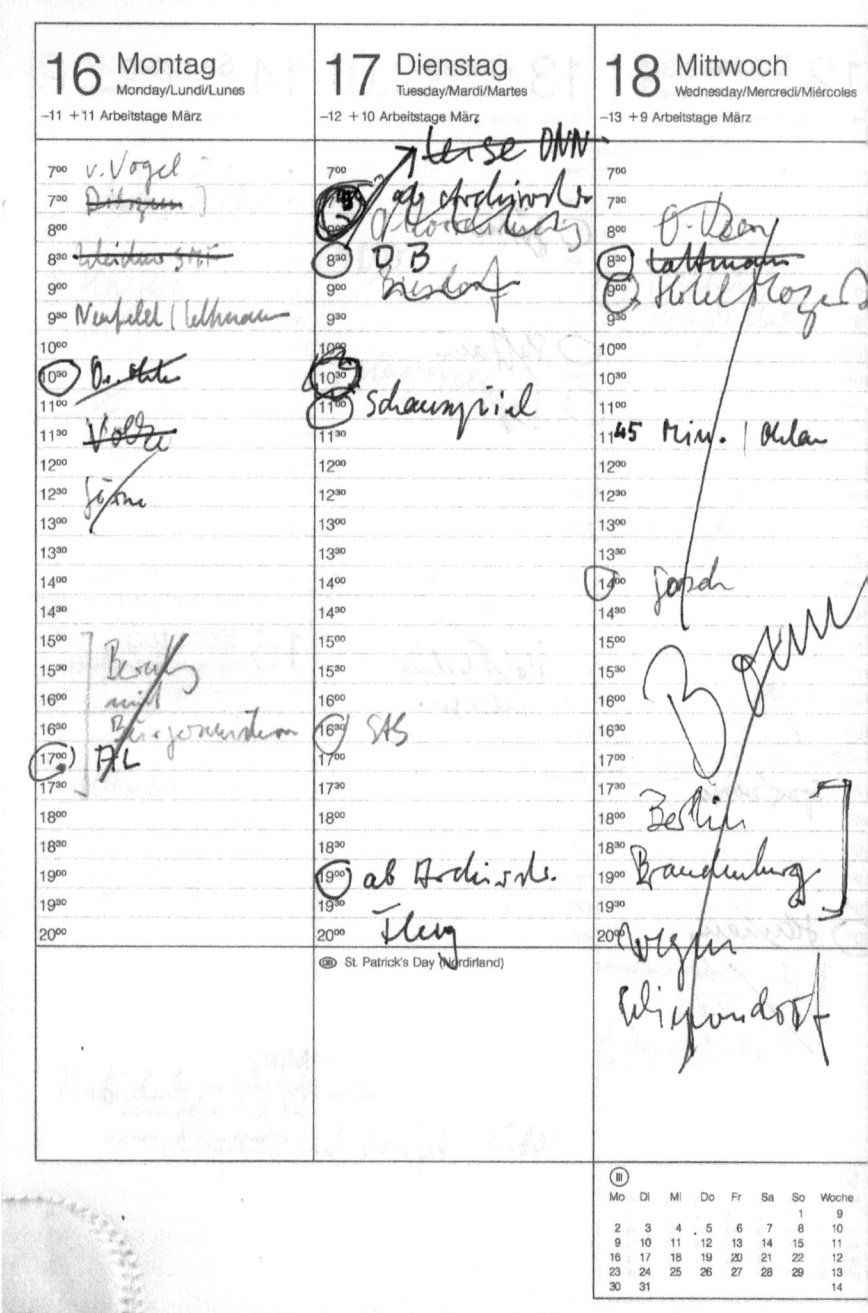

Kalender im März 1992

19 Donnerstag
Thursday/Jeudi/Jueves
−14 +8 Arbeitstage März

Josephstag

7⁰⁰	
7³⁰	
8⁰⁰	
8³⁰	
9⁰⁰	*Haake*
9³⁰	
10⁰⁰	*Prof. Rettich*
10³⁰	
11⁰⁰	
11³⁰	
12⁰⁰	
12³⁰	
13⁰⁰	
13³⁰	
14⁰⁰	
14³⁰	
15⁰⁰	
15³⁰	
16⁰⁰	
16³⁰	
17⁰⁰	
17³⁰	*Schwarz Höring*
18⁰⁰	*Haas*
18³⁰	
19⁰⁰	
19³⁰	*Wiemann*
20⁰⁰	

San José (teilw.)

20 Freitag
Friday/Vendredi/Viernes
−15 +7 Arbeitstage März

Frühlingsanfang

7⁰⁰	*+ Wotton*
7³⁰	*Herrmann*
8⁰⁰	*Neufeld zur 29.3.*
8³⁰	
9⁰⁰	*Herzog geburtstag*
9³⁰	
10⁰⁰	*Mattis*
10³⁰	
11⁰⁰	*Kolyuchov*
11³⁰	*Hauer*
12⁰⁰	
12³⁰	
13⁰⁰	*Freiling*
13³⁰	
14⁰⁰	
14³⁰	
15⁰⁰	
15³⁰	
16⁰⁰	
16³⁰	*Heerosgruppe*
17⁰⁰	
17³⁰	
18⁰⁰	
18³⁰	*(Heiliter museum)*
19⁰⁰	
19³⁰	
20⁰⁰	*Studiotheater*

21 Samstag
Saturday/Samedi/Sábado
−15 +7 Arbeitstage März

7⁰⁰	
7³⁰	
8⁰⁰	
8³⁰	
9⁰⁰	
9³⁰	
10⁰⁰	
10³⁰	
11⁰⁰	
11³⁰	
12⁰⁰	
12³⁰	
13⁰⁰	*Lindemann*
13³⁰	
14⁰⁰	*19 30 Franzpa*

22 Sonntag
Sunday/Dimanche/Domingo
−15 +7 Arbeitstage März

20 – Saal

März
March/Mars/Marzo
1992   76.–82. Tag/Day/Jour/Dia
12. Woche/Week/Semaine/Semana

druck verleihen sollte. Ich weiß auch heute nicht, ob Europa-Staats-
sekretär Günter Ermisch in der Staatskanzlei diese Idee ernst nahm,
aber er widersprach niemals und delegierte die Sache an uns. Das
Görlitzer Theater war in der Tat in einem schrecklichen Zustand wie
viele Kulturbauten, aber ein Neubau war wohl damals ausgeschlossen,
zumal ich Bedenken hatte, dass die Feuchte des Flusses und mögliche
Überschwemmungen nicht ohne Einfluss auf den Kunstbetrieb sein
würden. Der Intendant lud die Bewohner aus der polnischen Teilstadt
Zgorzelec nach Görlitz ein. Mit den Złoty bezahlte er Probenräume im
polnischen Teil und war überhaupt sehr aktiv, die Verständigung mit
Polen zu suchen. Er gründete ein Europera-Opernensemble, es gab
Konzertprojekte mit dem Theater in Liberec (Reichenberg), es gab die
Junge Europera-Philharmonie, es gab die Dresdner Akademie für Alte
Musik in der Europera, und deshalb erwartete der Intendant selbst-
verständlich, dass der Freistaat das alles finanziert. In der unsicheren
Lage der ersten Zeit konnten wir uns bei derlei Ansprüchen nur mit
Hinhaltetaktik helfen. Das Gesamtkonzept war so nicht realisierbar.
Erst als Wolfgang Schaller als nächster Intendant das marode Thea-
tergebäude genauer untersuchen ließ, die Denkmalpfleger den zau-
berhaften Urgrund von 1851 bzw. 1874 erkannten und wir durch das
Kulturbauten-Programm die nötigen Mittel für eine denkmalgerechte
Sanierung der von 1874 stammenden Ausstattung des Gebäudes zur
Verfügung stellen konnten, wurde das Theater wieder ein Schmuck-
stück, und die unrealistischen Träume von 1991 zerstoben.

- 20./21. Juni 1991: Sitzung des Kulturausschusses in Regensburg.
  Eigentlich war ich um diese Tage herum mit Geschäftsverteilungs-
  plan, Anhörungen ehemaliger Stasi-Mitarbeiter und Ausschusssitzungen im Sächsischen Landtag befasst, aber dass ich dort in
  Franken den „Grünen Tisch" kennenlernte, ist mir in lebhafter Erinnerung. Denn es gehörte zu den angenehmen Seiten der Kultur-
  ausschuss-Tagungen, dass wir immer zu Führungen eingeladen
  wurden, diesmal in das alte Regensburger Rathaus, in dem nach
  dem Dreißigjährigen Krieg der Immerwährende Reichstag seinen
  Platz hatte und in einem kleineren Zimmer die wichtigsten Entscheidungen am „Grünen Tisch", an einem Tisch mit grünem Filz
  belegt, von einer kleinen Runde der Kurfürsten getroffen worden
  waren.
- Am 12. Juli 1991 interviewte mich Kerstin Leiße von der Dresdner
  Tageszeitung „DIE UNION" zu meinen Vorstellungen der künftigen Arbeit; ich reagierte eher vorsichtig zurückhaltend. Frau
  Leiße hat mich in den zwölf Jahren meiner Leitungstätigkeit nie

wieder befragt, dafür stand 2004 in der Sächsischen Zeitung ein kurzer, für mich schmeichelhafter Artikel von Bernd Klempnow, der mir gute Arbeit als „Kulturermöglicher" bescheinigte. Das war in einem Wort die Zusammenfassung aller meiner Bemühungen. Mir fehlte die Eitelkeit, mich immer in den Mittelpunkt zu stellen, vielmehr sah ich meine Aufgabe als wichtiger an als meine Person.

Dann finde ich den Namen Friedrich Mönkmeyer: Er war der ZDF-Korrespondent, der in der Königstraße in der Inneren Neustadt ein ruinöses barockes Eckgebäude für das ZDF hatte sanieren lassen. Er hatte zum 13. Juli 1991 auf die Elbwiesen (Canalettoblick, aber noch ohne Frauenkirche) eingeladen, interviewte den ZDF-Intendanten Dieter Stolte, den Ministerpräsidenten Biedenkopf und einige Gäste, u. a. auch mich. Damals wurde der Wiederaufbau der Frauenkirche kontrovers diskutiert, und Mönkmeyer hatte mich vorher in meinem Dienstzimmer präpariert, weil er wissen wollte, was ich davon halte. Ich lernte meinen kleinen Text lieber auswendig, bevor ich ins Mikro stotterte. Ursprünglich hatte ich den Staatssekretär um Urlaub gebeten, wohl wissend, dass es irgendeine bürokratische Bestimmung gab, die Neuangestellten Urlaub erst nach fünf Monaten gestattete, aber ich hatte ein schlagendes Argument: Ich verkündete, ich habe eine „schulpflichtige" Frau, was richtig war, und könne mit ihr daher nur in den in Sachsen bestimmten Schulferien verreisen. Das wurde genehmigt, doch zuvor musste ich noch beim ZDF auftreten.

Ich erklärte, dass ein archäologischer Wiederaufbau wegen der vorhandenen Trümmer möglich sei, dass es ein Zeichen der sächsischen Toleranz sei, wenn von der katholischen Hofkirche nur einen Steinwurf entfernt die protestantische Bürgerkirche wiedererstehe, und im Übrigen hielte ich mich an den Ausspruch meines Schwiegervaters: Ich hätte es nicht gern, wenn andere Leute sich meinen Kopf zerbrechen. Spontaner Beifall von Ingrid Biedenkopf. Damit war ich entlassen, und wir konnten nach Kühlungsborn reisen.

Wir wohnten in einem Hotel direkt am Strand, einem ehemaligen Ferienheim des Ministeriums des Innern der DDR, wo vorrangig Polizeioffiziere ihren Urlaub verbracht hatten. Es gehörte nun einer westlichen Hotelkette, was wir am Essen merkten. Aber inwendig hatte alles noch DDR-Charme: Im Hotelzimmer hing der unvergleichliche Geruch von Bohnerwachs und Formaldehyd, die spartanischen Betten standen über Eck, und es gab die „Nasszelle", die ihrem Namen alle Ehre machte. Ein Fernseher existierte noch nicht, nur ein Radio. Eines Morgens weckte uns die Trompeter-Stimme des ehemaligen DDR-Radio-Sprechers Werner Höhne mit den Worten: *„Moskau, das ZK der*

KPdSU ...“ – es war die Nachricht vom Putsch einiger Militärs gegen Michael Gorbatschow. Wir saßen steil aufgerichtet in unseren Betten, kniffen uns gegenseitig und dachten für einen Moment, wir hätten die Veränderungen der „Wende“ nur geträumt, so suggestiv waren Stimme und Ambiente. Wir haben dann noch zweimal dieses Hotel besucht, das sich zu einem ansehnlichen Ostseehotel nach modernem Standard mauserte.

„Mein Minister“

Die Staatskanzlei beherbergte zu dieser Zeit nicht nur ihre eigene Mannschaft, sondern auch das Kultus-, das Wissenschafts- und Kunst- sowie das Innenministerium. Die Ressorts waren noch so klein, dass die Räume ausreichten. Ich sah mich erstmals richtig in dem riesigen Gebäude mit langen Fluren um, besuchte u. a. den Regierungssprecher Prof. Michael Kinze, dessen Dienstzimmer voll moderner Bilder hing, und der mir erzählte, dass Biedenkopf auf die Frage, was er denn für seine Regierungserklärung aufschreiben solle, erklärte: *„Herr Kinze, schreiben Sie auf, was Sie denken.“* Diese überraschende Auskunft verblüffte mich durchaus nicht, denn uns sagte auch keiner, was wir tun müssten, sondern wir taten, was wir dachten, tun zu müssen.

Mit meinem Minister, Prof. Dr. Hans Joachim Meyer, hatte speziell ich und hatten wir alle im Ministerium ausgesprochenes Glück, doch das sahen gewiss nicht alle so, denen der Minister eine Urkunde mit ihrer Entlassung aus dem Dienst übersandte – was noch zu beschreiben sein wird. Während mancher meiner Kollegen in den neuen Ländern ihren unerfahrenen Ministern anfangs jedes Wort aufschreiben mussten, das diese in der Öffentlichkeit zu sagen hatten, und dann doch nicht sicher waren, ob die alles richtig verstanden hatten, gab es bei Staatsminister Meyer diese Bedenken nicht. Ich bemerkte das jedes Mal, wenn ich einen Vermerk verfasst hatte, um ihn über eine Sache zu informieren. Dieser Vermerk wanderte zum Staatssekretär, der die orthographische Richtigkeit kontrollierte und ihn an das Ministerbüro weiterleitete. Danach erhielt ich einen Anruf der überaus charmanten und gepflegten Ministersekretärin, Roswitha Schumann: *„Bitte kommen Sie zum Minister.“*

Roswitha Schumann war eine Zierde des Ministerbüros: Immer korrekt in Kostümen gekleidet, die sie in allen Farben tragen konnte, hatte sie die notwendige Distinktion an einer solch wichtigen Schaltstelle und zudem die nötige Diskretion für diesen Posten. Zusammen mit Dietmar Rachelski, dem Persönlichen Referenten, war sie ein Ruhepol in den aufgeregten Zeiten. Niemals hörten wir auch nur ein kritisches Wort von ihr oder über sie. Sie verstand unser Begehr, sofort den Minister

Staatsminister Prof. Dr. Hans Joachim Meyer und Dr. Reiner Zimmermann, August 2001

sprechen zu müssen, und sorgte für geräuschlosen Betrieb. In seinem Dienstzimmer sah ich den Minister stehend meinen Vermerk lesen, und dann hieß es: *„Dr. Zimmermann, könnten Sie an dieser Stelle noch etwas deutlicher* [...]." Mit der raschesten Auffassungsgabe und einem untrüglichen Gespür für das Wesentliche gesegnet, hatte Prof. Meyer mich in Windeseile immer an der schwächsten Stelle erwischt. Das war nun kein Manko, sondern Methode. Auf diese Weise war er immer informiert und hatte, indem er Änderungen empfahl, die Sache selbst verinnerlicht, so dass er sie dann ohne Bedenken vertreten konnte. Ich ahnte damals noch nicht, welche Erleichterung das für uns alle war, da man ihm nicht alles mundgerecht aufbereiten musste. Denn schließlich hatte er viel mehr als jeder von uns um die Ohren: Die Neustrukturierung des gesamten Hochschulbereichs in personeller und organisatorischer Hinsicht, die Verteidigung der leistungsfähigen sächsischen Hochschul- und Forschungslandschaft gegen die westdeutsche Gleichmacherei, also die Reduzierung großer Teile des freilich in DDR-Zeit üppigen Personalstandes, der Kampf mit dem Finanzminister um jede Stelle, der auch immer die Ausstattung der westdeutschen Hochschulen zum Vergleich heranzog, die Unterstützung der Ansiedelung von Forschungseinrichtungen der Max-Planck-Gesellschaft, von Fraunhofer und Leibniz-Instituten und vieles, vieles andere mehr. In seinem Buch „In keiner Schublade. Erfahrungen im geteilten und vereinigten

Roswitha Schumann mit Dr. Reiner Zimmermann, Dr. KLaus Riedel und Dr. Dieter Herz, November 2004

Deutschland" von 2015 hat er auf seine ganz besondere Weise u. a. ausführlich die vielen unendlich bitteren Erlebnisse in der Hochschulpolitik dieser Jahre sowohl im Kabinett und im Landtag als auch im bundesdeutschen Rahmen ausführlich dargestellt, die weitaus belastender waren als die Fragen der Kulturpolitik. Dennoch war er bei allen Problemen der Kulturpolitik wie der konzeptionellen Arbeit der Abteilung Kunst, der Gründung einer Kulturstiftung, der Berufung eines Kultursenats, einer Sächsischen Akademie der Künste, Probleme des Kulturraumgesetzes, der Denkmalpflege, der Vereinsgründungen, der Restitutionsansprüche der früheren Fürstenhäuser und bei vielem anderen mehr stets genauso engagiert wie im Hochschul- und Forschungsbereich. Er nahm jedes Problem sehr ernst, bis auf die Dinge und Personen, die auch wir eher wunderlich fanden. Wenn z. B. Leute das Bernsteinzimmer in irgendeinem sächsischen Bergwerk vermuteten, dann beruhigte mein Kollege, der Geologe Dr. Heinrich Douffet, die Schatzsucher, während ich darauf verwies, dass das Bernsteinzimmer längst wieder zu besichtigen sei: als wunderbare Nachbildung im Katharinenpalast in Zarskoje Selo bei St. Petersburg. Anders war es mit den Schatzsuchern in Moritzburg. Da die Wettiner 1945 Schätze vor der Roten Armee vergraben hatten, waren 1996 zwei Hobby-Ausgräber unterwegs, um danach zu suchen. Als sie fündig mit dem Hofsilber und kostbaren Pretiosen wurden, u. a. war Dinglingers „Blumenkörbchen" dabei, die den Wettinern zustanden (und die diese bei Sotheby's versteigern ließen), bemühte sich der Freistaat um Übernahme in die Sammlungen, was nur in wenigen Fällen gelang.

So recht weiß ich nicht, ob ich dem Minister in den ersten Wochen mit meiner Unerfahrenheit eine wirkliche Hilfe gewesen bin, aber bald begriff ich die Probleme und half bei Lösungen mit, bis ich schließlich auch allein gehen konnte.

Hin und wieder kamen auch kuriose Briefe an. Einer wollte den „Lausitzer Gral" finden, ein anderer wollte eine lateinische Inschrift an einem Haus in Blasewitz übersetzt haben – es gab nichts, was wir uns nicht vorstellen konnten. Dann kam der Minister in mein Büro, meine Sekretärin flatterte vor Unsicherheit, aber es war immer ganz harmlos, der Minister nahm Platz, legte mit gespielt bekümmerter Miene ein, zwei Briefe auf den Tisch mit der Bemerkung: *„Muss das sein?"*, woraufhin ich die Briefe überflog und den Minister beruhigte mit den Worten: *„Dazu schreibe ich Ihnen eine diplomatische Antwort"*, worauf er zufrieden in seine Etage ging.

Neben der Fähigkeit, kulturpolitische Entscheidungen zu erkennen und zu treffen, hatte ich sowohl rasches Arbeiten als auch diplomatisches Reagieren gelernt. Alle meine Briefentwürfe hat der Minister akzeptiert. Ich habe niemals die Machtposition herausgestellt, sondern den Briefpartner ernst genommen, auch wenn wir uns manchmal gewundert haben und daher diskret Ablehnungen formulieren mussten. Denn eine unhöfliche, arrogante Antwort wäre nicht ohne Folgen geblieben.

Viele Minister hatten Redenschreiber, nur Prof. Meyer verzichtete darauf. Er war ein Meister des Wortes und ließ niemanden ran. Seine Briefe, zumal an die Kabinettskollegen, waren oft sehr klar und deutlich formuliert. Thomas de Maizière, ab 31. Januar 2001 sächsischer Finanzminister, bekam einen solchen Brief und fragte verwundert Prof. Meyer: *„Schreiben Sie immer solche Briefe?"*, worauf der Minister bekannte: *„Ja, gelegentlich, ich schreibe sie am Wochenende, und am Montag kommen sie ins Amt und werden entschärft."* Alle seine Reden zur Hochschul- und Forschungspolitik verfasste er selbst, nur bei den kulturpolitischen Reden vertraute er meiner fachlichen Kompetenz. Ich bemühte mich nach Kräften, auch seinen Anforderungen an eine gute Sprache einigermaßen gerecht zu werden, und war stolz, wenn ich meine Entwürfe fast unverändert wiederentdeckte – natürlich angereichert durch seine grundsätzlichen und weitreichenden politischen und kulturpolitischen Vorstellungen. Die Hälfte seiner Gedenkrede für den überraschend 2001 verstorbenen Dirigenten Giuseppe Sinopoli war O-Ton Zimmermann.

So gab es ein merkwürdiges Vertrauensverhältnis zwischen Minister und Abteilungsleiter, das niemals familiär war. Denn Prof. Meyer war ungeeignet für Smalltalk und Vertraulichkeiten. Als strenggläubiger Katholik – er war zwischen 1997 und 2009 Präsident des Zentralkomitees der deutschen Katholiken und legte sich sogar mit Papst Johannes Paul II. an – war er unglaublich diszipliniert und vergeudete seine Zeit nicht mit überflüssigen Redereien. Er war nur neugierig auf das Wissen über Personen, mit denen er qua Amt zu tun hatte. Dabei hatte er Witz und Humor. Während eines Betriebsausfluges des SMKW in die Sächsische Schweiz wartete ich inmitten von jungen Damen auf die Rückfahrt mit einem Elbdampfer. Die „Gräfin Cosel" schipperte in Königstein um die Ecke. Gemaule bei den Damen: *„Och, wir wären doch lieber mit ‚August dem Starken' zurückgefahren".* Daraufhin ich: *„Nun meckert nicht herum, denn wann hat ein Ministerium schon einmal die Gelegenheit, die Gräfin Cosel zu besteigen."* Der erste, der losprustete, war der Minister.

Ein andermal, 2002 im Frühjahr, hatte ich die Premiere eines Theaterstücks nach Hans Henny Jann gesehen, und der Minister fragte nach meinem Eindruck. Ich antwortete: *„Bevor ich Ihnen das sage, muss ich eine kleine Geschichte vorausschicken. Wir sind vor wenigen Wochen in ein großes Bauernhaus nach Quohren gezogen, das zuvor von einer Messie bewohnt wurde. Ich habe tagelang Müll gesammelt und bekam Herpes, den meine Frau erfolgreich bekämpfte. Im Theater sah ich u. a. große Haufen von Männersocken auf der Bühne. Als meine Frau nach meinem Eindruck fragte, erzählte ich vom Bühnenbild und mutmaßte, bestimmt bekomme ich wieder Herpes."* Daraufhin der Minister: *„Das genügt."*

Eines Freitagnachmittags fuhr der Minister mit mir zu einem Termin, und ich hörte, wie er vergeblich mit dem Haus telefonieren wollte. Er wunderte sich, dass er niemanden mehr erreichen konnte, bis wir ihm bedeuteten, dass es Freitagnachmittag nach 16.00 Uhr sei und dass Freitag ab eins jeder seins mache. So rechtes Verständnis schien er dafür nicht zu haben. Aber wir sahen ihm das nach.

Eine Begegnung mit dem russischen Kulturminister Michail Jefimowitsch Schwydkoi aus der Jelzin-Zeit in Dresden ist mir noch in Erinnerung geblieben. Damals bemühten sich beide Länder um Kompromisse bei der Rückführung von deutschem Kulturgut, das nach 1945 in die Sowjetunion gebracht wurde – eine heikle Angelegenheit. Die Delegationen aus Russland und Deutschland trafen sich am Vorabend im „Hotel Bellevue", und die Bundesvertreter baten mich um Unterstützung, falls ein Laufbursche zwischen „Bellevue" und SMWK für rasch zu erledigenden Schriftkram benötigt würde. Diensteifrig sagte ich zu, nicht ahnend, dass der Staatssekretär, der nicht zu den Verhandlungen zugelassen worden war, mir offenbar die Beisitzerrolle neidete. Am Verhandlungstag bestand er darauf, ich solle sofort an meinen Schreibtisch im SMWK zurückkehren und veranstaltete einen solchen Telefonterror, dass ich dem Minister Prof. Meyer mitten in der Verhandlung den Hörer mit den Worten reichte: *„Sie müssen mich jetzt beschützen"*, was er auch prompt tat. Als dem Staatssekretär die Notwenigkeit meiner Anwesenheit erläutert wurde, gab er schließlich klein bei. Später erzählten die Kollegen mir, dass die Lampen unter dem Zimmer des Staatssekretärs gebebt hätten, so sehr muss er getrampelt haben.

Ein andermal bebten nicht die Lampen, sondern die Kollegen der Hochschulabteilung. Siegfried Thiele, feinsinniger Komponist und der beste Rektor, den die Leipziger Musikhochschule nach 1991 bekommen konnte, hatte ein Problem mit einem Dirigenten, der für seinen Dirigier-Unterricht an der Hochschule zusätzlich 2.000 DM forderte. Die Zusatzvereinbarung war wohl vergessen worden, jedenfalls gab es einen unerquicklichen Streit, und Thiele war bereit, die 2.000 DM aus eigener Tasche zu bezahlen. Das bekam der Staatssekretär mit und wollte mit Macht ein Exempel statuieren, welches, wusste niemand. Die Hochschulabteilung wollte schlichten und bot an, die Summe aus dem Haushalt zu zahlen. Kein Vorschlag fruchtete beim Amtschef, so dass die Kollegen hilfesuchend zu mir kamen, ob ich nicht eingreifen könne. Bei dieser Gefechtslage war das auch meinerseits nicht erfolgversprechend, aber ich informierte den Minister, da ich wusste, dass er Thiele sehr schätzte, ihn nicht beschädigen lassen wollte, sofort Abhilfe versprach und alles vergaß. Nach vier Wochen tauchte der Kollege aus dem Hochschulreferat erneut betreten auf, und ich marschierte umgehend zum Minister, welcher umgehend zum Staatssekretär eilte und die Sache umgehend niederschlug, ohne mich zu erwähnen. So war Prof. Meyer. Jeder andere hätte irgendeine Bemerkung über mein Drängen gemacht, aber niemals der Minister mit seiner Diskretion.

Zum 80. Geburtstag von Prof. Meyer fuhr eine kleine Dresdner Delegation nach Berlin zur Gratulation: seine ehemalige Sekretärin Roswitha Schumann, sein umsichtiger ehemaliger Fahrer Manfred Felske, sein Persönlicher Referent Dietmar Rachelski, zwei Referenten und zwei Abteilungsleiter. Ich hielt eine kleine Rede: *„Herr Minister, diese Anrede müssen Sie heute einmal aushalten* [weil er natürlich diesen Titel mit dem Ende seiner Tätigkeit im SMWK betont ablegte], *ich habe in meinem Berufsleben* [das immerhin auch lange währte] *niemals einen Chef gehabt, der diskreter, zurückhaltender, niemals laut und dabei freundlicher gewesen wäre als Sie."* Und ich begründete das mit meinem Erleben und der Zusammenarbeit von 1991 bis 2002, berichtete, dass unser Pressesprecher Hartmut Häckel einmal sagte, wenn der Minister ruhig äußert: *„Da bin ich aber sehr ungehalten"*, möchte man am liebsten im Erdboden versinken. Das kam gut an, besonders bei Frau Schumann, die mich dankbar anstrahlte und die ihre eigenen Erfahrungen hatte, auch wenn sie früher manchmal verwundert war, dass der Minister sie erst im Laufe des Tages wahrnahm, obwohl sie immer pünktlich die erste im Büro war. Hinzu kam, dass alle meine Amtskollegen im Kulturausschuss mich um meinen Minister beneideten, denn Prof. Meyer hatte auch national einen guten Ruf und galt als der profilierteste Länderminister für Wissenschaft und Kunst. Umso größer sollte unser Absturz sein, als 2002 mit Biedenkopf die Regierung zurücktrat und Neuwahlen zu einer Umbildung des Kabinetts führten.

Für den 60. Geburtstag des Ministers hatten wir uns etwas Besonderes ausgedacht. Am Ende der Brühlschen Terrasse befand sich neben der Kunsthochschule die Ruine des ehemaligen prachtvollen Gebäudes des Sächsischen Kunstvereins, Ende des 19. Jahrhunderts erbaut, mit allegorischen Figuren in luftiger Höhe, die die damaligen Kunststädte Düsseldorf, Wien u. a. darstellen, darunter die Figur der Stadt Berlin, die eine Fama in der Hand hält, eine ca. 60 cm große Figur. Sie hatte die Bomben überstanden und sollte nach der Restaurierung ihren Platz wieder einnehmen. Ich hatte die Geschenkidee und wurde beauftragt, die Skulptur zu suchen und einen Abguss für den Minister zu organisieren. Ich fand die Figur am Stadtrand von Dresden in einer Restaurierungswerkstatt, vorbereitet für die Wiederaufarbeitung. Ich nahm sie einfach mit und lieferte sie auf der anderen Seite von Dresden in der Gusswerkstatt der Hochschule der Bildenden Künste zwecks Herstellung einer Kopie ab. Leider stand dieser Abguss zur Geburtstagsfeier des Ministers am 13. Oktober 1996 noch nicht zur Verfügung. Also mussten wir ihm das Original zeigen. Ich hatte eine freundliche Kollegin gebeten, ihm auf keinen Fall die Figur zu überlassen. Gleichwohl griff der Minister nach seinem Geschenk. Er durfte es jedoch nur ansehen und sich darauf freuen. Kurze Zeit später konnten wir ihm den Abguss überreichen, den er stolz auf seinem Schreibtisch aufstellte. Auf die Bitten seiner Frau, diese geflügelte Göttin doch endlich nach Hause zu bringen, reagierte er zunächst sehr zurückhaltend.

In seiner Frau, Irmgard Meyer, einer ehemaligen Bibliothekarin, die nach 1991 die Dresdner Gauck-Behörde leitete, hatte der Minister eine ebenbürtige Partnerin, die ihm an Witz und Gedankenschärfe um nichts nachstand. Wenn ich mit meiner Frau dem Ehepaar Meyer in den Pausen der Aufführungen im Foyer der Semperoper begegnete, dann zeigte sich, dass Smalltalk mit ihm sehr mühsam war, aber seine Frau immer ein geschliffenes Wort oder eine treffende Bemerkung auf den Lippen hatte. Der Minister war sehr schlank und aß wenig, da seine Dienstgeschäfte immer Vorrang hatten. Frau Schumann sorgte dafür, dass er wenigstens hin und wieder ein Stück Torte zu sich nahm. Manchmal saßen wir in der Kantine des Innenministeriums oder der Staatskanzlei gemeinsam beim Mittagessen, da er meine Bitte, sich zu ihm setzen zu dürfen, nie abschlug. Unsere Unterhaltung war zurückhaltend, da ich ihn beim Essen nicht mit Problemen aus der Abteilung belasten wollte. Zu anderen Anlässen achtete ich sehr wohl darauf, dass er zum Essen kam. Als nach der Eröffnung einer repräsentativen Brücke-Ausstellung im Schloss die Leitung der Staatlichen Kunstsammlungen Dresden (SKD) zu einem kleinen Empfang ins damals neueröffnete Café Alter Meister neben der Sempergalerie einlud, konnten sich Generaldirektor Martin Roth und Museumsdirektor Ulrich Bischoff lange nicht über die Eröffnung des Buffets einigen. Ich wusste aber, dass der Minister erstens lange nichts gegessen hatte, da er von einer Dienstreise direkt ins Museum gekommen war, und ich wusste zweitens, dass er am nächsten Morgen um vier Uhr aufstehen musste, um zur nächsten Dienstreise rechtzeitig auf dem Flughafen zu sein. Also zischte ich die beiden Museumsleute an, sie sollten sich endlich einigen, was sofort geschah. Der Minister selbst war sehr zurückhaltend, es wäre ihm niemals eingefallen, zu drängeln. Das übernahm ich. Er stand nämlich in günstiger Startposition neben den Platten und konnte sofort zulangen. Ein andermal, zur Eröffnung der Dresdner Musikfestspiele mit den Wiener Philharmonikern im Hotel „Am Taschenberg" vergaß der Dresdner Oberbürgermeister Dr. Herbert Wagner den entscheidenden Satz: *„Das Buffet ist eröffnet"*, was den Minister schwer enttäuschte, denn er stand wieder richtig nahe am Buffet. Das soll aber nicht heißen, dass er zu den üblichen Partygästen gehörte, die es sich bei Empfängen wohl sein ließen, sondern das waren die wenigen Gelegenheiten, bei denen er etwas zu sich nehmen konnte. Einmal während eines Ministeriumsausfluges wurde unsere Geduld auf eine lange Probe gestellt. Zum Mittagessen in einer Dorfgaststätte nahe Rochlitz saßen der Minister und ich mit meinen beiden Sekretärinnen Ingeborg Hinow und Katrin Häder direkt neben der Tür zur Küche. Eine Stunde lang wurden Gerichte für das gesamte SMWK herausgetragen, nur unser Tisch wurde ausgespart und zu allerletzt bedient. Die beiden Damen schwiegen betreten, der Minister schwieg unergründlich, nur ich war um Konversation bemüht und verkürzte die Wartezeit mit ein paar Anekdoten über die Wiener Philharmoniker. Doch allmählich ging auch mir der Stoff aus, bis uns die Kellnerin endlich erlöste.

Noch heute (2021) habe ich einen guten Kontakt zu Prof. Meyer. Nach 2002 besuchte ich ihn gelegentlich in Berlin, damals in Moabit – zwischen Schloss Bellevue und Gefängnis, wie er es beschrieb – und wenn er um einen kulturellen Beitrag gebeten wurde, dann sandte er mir sein

Staatsminister Prof. Dr. Hans Joachim Meyer zu seinem 60. Geburtstag, 13. Oktober 1996, mit dem Original der Fama

Manuskript mit der Bitte um Ergänzung. Ich verhielt mich ebenso, besonders im Zusammenhang mit meiner Arbeit in der Schlosskommission Westflügel des Dresdner Schlosses von 2015 bis 2019. Alle meine Beiträge sandte ich Prof. Meyer vorher zu, um Fehler zu vermeiden und verschaffte ihm 2016 in der „Sächsischen Zeitung" ein Forum, als es um die Frage der denkmalgerechten Rekonstruktion dieses Bauwerks ging. Ich bin sehr dankbar, dass uns ein gütiges Geschick Prof. Meyer als Minister beschert hat. Unsere Situation am Anfang beschrieb er während einer Neujahrsrede vor der CDU-Fraktion treffend mit den Worten: „*Wir sind Lehrlinge im eigenen Land.*" Das galt also nicht nur für uns.

Vereint auf der „Lehrlingsbank"

Im SMWK gab es neben dem Parlamentarischen Staatssekretär für das
Äußere auch den Staatssekretär für das Innere, wie Minister Meyer es
ausdrückte, Eckhard Noack, der für das Amt, seinen Betrieb, Personal,
Organisation usw. zuständig war und jedes Schriftstück peinlich genau
auf Richtigkeit überprüfte, bevor es dem Minister unter die Augen kam.
Herr Noack, zuvor in der Niedersächsischen Staatskanzlei mit Kabinett-
sangelegenheiten befasst, beriet auch den Minister und versuchte, wie
er mir sagte, was oft gar nicht so einfach war, Prof. Meyer in Bezug auf
manche seiner allzu spontanen Ideen ein wenig nachdenklicher zu machen. Manchmal gelang es, manchmal nicht.
Ich lernte auch den Parlamentarischen Staatssekretär Prof. Dr. Volker
Nollau, einen ehemaligen TU-Professor, kennen, der als Abgeordneter
des Sächsischen Landtages aus dem SMWK heraus die Verbindung zum
Landtag hielt. Biedenkopf sorgte bald dafür, dass die Parlamentarischen
Staatssekretäre wieder normale Abgeordnete wurden, Prof. Nollau fiel
indessen einer üblen Rufmordkampagne zum Opfer; damals war es keine Seltenheit, dass im Zuge der Aufdeckungen von Stasi-Mitarbeit auch
Unschuldige wie Volker Nollau ins Visier gerieten.
Meine Abteilung bestand zu meinem Amtsantritt aus neun Damen und
Herren: meinem Stellvertreter Dr. Heinrich Douffet, zuständig für Museen und Denkmalpflege (ich sagte – nur ein einziges Mal in der ersten Dienstberatung – Denkmals-Pflege, dann nie wieder, während der
spätere Minister für Wissenschaft und Kunst, Rößler, es nie lernte und
immer von Denkmalspflege sprach), dem Referatsleiter Allgemeine und
Grundsatzangelegenheiten, Dr. Harald Schubärth, mit zwei Sachbear-
beiterinnen, Christine Böhme, zuständig für alle organisatorischen Fragen, und Heide Gneipel, einer fähigen Haushaltssachbearbeiterin noch
aus dem Rat des Bezirkes, außerdem Sonhild Burghardt, zuständig für
Bildende Kunst, Frigga Schnackenburg, zuständig für Musik und Theater, beide auch aus dem Rat übernommen, die Damen Dr. Tatjana Frey
und Maria-Cornelia Ziesch für die Kunsthochschulen und Christel Ol-
brich, unsere Schreibkraft an einem Robotron-Gerät.
Ich hatte keine Ahnung, welches die ersten und nächsten Aufgaben waren, aber Dr. Schubärth schrieb mir alles Notwendige auf. Heinrich Dou-
fet war ein erfahrener Mann, ohne den wir den Umbau der Einrichtungen
nicht so reibungslos hätten bewerkstelligen können. Er formulierte die jeweils nächsten Schritte. Denn es gehörte zu unseren ersten Aufgaben, die
vielen Einrichtungen zu überprüfen, die der Rat des Bezirkes hinterlassen
hatte bzw. der Rat der Stadt Dresden: Staatsoper, Staatsschauspiel, Landesbühnen Sachsen, die Museen der Staatlichen Kunstsammlungen, die

Fachmuseen, die das Hoch- und Fachschulministerium der DDR betreut hatte, die Bezirkskabinette für Kulturarbeit, Bezirksstellen für Angewandte Kunst usw. Der Kunstbesitz des Bezirkes musste gesichert werden: so wurde der „Kunstfonds des Freistaates Sachsen" gebildet, der alle Bilder, Grafiken und Skulpturen (Kleinplastiken) sammelte, katalogisierte, restauratorisch betreute, so dass man die sächsischen staatlichen Amtsstuben bald mit interessanter Kunst ausstatten konnte.

Eigentlich hätte alles gleichzeitig getan werden müssen, aber dazu fehlten uns das Personal und die Kraft. Doch wir verfielen nicht in Hektik, sondern gingen die Aufgaben nach den unmittelbaren Erfordernissen an. Denn was blieb uns anderes übrig, angesichts der „Entkernung" der DDR-Wirtschaft, der Schließung hunderter unrentabler – und auch rentabler – Betriebe im Osten der Republik? Verbunden mit massenhaften Entlassungen war an eine funktionierende, finanziell ausreichende Basis für ein Gemeinwesen nicht zu denken. Dank der hohen solidarischen Transferleistungen der alten Bundesrepublik bei gleichzeitiger Zerschlagung vieler ökonomischer Bereiche durch die Treuhand sollten wenigstens die kulturellen Institutionen in Sachsen dem Zugriff der „Abwickler" entzogen werden und weitgehend erhalten bleiben. Das sahen wir als unsere vordringlichste Aufgabe an, und das waren wir dem Kulturland Sachsen schuldig.

Wir sind nie auf die Idee gekommen, dass die Lebensleistung der in der sächsischen Kultur Tätigen nicht anerkannt würde, dass sie als Ostdeutsche Menschen zweiter Klasse wären: Unser Vorteil war, dass wir im Ministerium gleichfalls aus dem Osten kamen, wussten, was die „Kulturschaffenden" dachten, und waren angetreten, Voraussetzungen für kreative Tätigkeiten zu schaffen, bei aller gebotenen Einsicht in die schwierige Phase des Umbruchs und Übergangs.

Unsere politische Grundlage war die neue sächsische Verfassung, endgültig verabschiedet am 27. Mai 1992. Dort heißt es in Artikel 11:

„(1) *Das Land fördert das kulturelle, das künstlerische und wissenschaftliche Schaffen, die sportliche Betätigung sowie den Austausch auf diesen Gebieten.*

(2) Die Teilnahme an der Kultur in ihrer Vielfalt und am Sport ist dem gesamten Volk zu ermöglichen. Zu diesem Zweck werden öffentlich zugängliche Museen, Bibliotheken, Archive, Gedenkstätten, Theater, Sportstätten, musikalische und weitere kulturelle Einrichtungen sowie allgemein zugängliche Universitäten, Hochschulen, Schulen und andere Bildungseinrichtungen unterhalten.

(3) Denkmale und andere Kulturgüter stehen unter dem Schutz und der Pflege des Landes. Für ihr Verbleiben in Sachsen setzt sich das Land ein."

Dieser Ansatz war nun in praktische Kulturpolitik umzusetzen. Außerdem konnte ich mich bezüglich des historischen Hintergrunds bald auf Neuerscheinungen einschlägiger Literatur ohne ideologische Verrenkungen stützen, z. B. auf die „Kulturgeschichte Sachsens" von Joachim Menzhausen.

Da waren zunächst das Substanzerhaltungs- und das Infrastrukturprogramm des Bundes, deren Mittel das Überleben der Einrichtungen ermöglichte und die an diese Einrichtungen zu verteilen waren. Es gab keine geordneten Kommunal- und Staats-Haushalte, die das Vorhandensein von geplanten Mitteln auswiesen. Es gab nur einen „Vorschalthaushalt", also Geld, das die ostdeutschen Länder in geschätzten Summen aus dem Länderfinanzausgleich und der Bundeskasse erhielten. Die Landeseinrichtungen, wie Theater und Museen, mussten monatlich finanziert werden. Auch alle Bediensteten wollten ihr Gehalt bekommen.

Das Substanzerhaltungsprogramm, Gesamtvolumen 1,5 Mrd. DM, für Sachsen 197, 164 und 129 Millionen DM sicherte den größeren kommunalen Kultureinrichtungen für die Jahre 1991 bis 1993 das Überleben, bis das Programm dem Bundesfinanzminister Theo Waigel zu teuer wurde und er 1994 nur noch die Hälfte der bisherigen Mittel abgab. Ab 1995 war sicher, dass es keine Bundeshilfe für diese Einrichtungen mehr geben würde.

Mit dem Infrastrukturprogramm für die neuen Länder unterstützte der Bund 1991 bis 1993 mit insgesamt 720 Millionen kleinere Maßnahmen für kommunale Einrichtungen. 800 Projekte wurden in Sachsen finanziert. Mit größter Ruhe und Sachlichkeit bearbeitete Heide Gneipel dieses umfangreiche Programm, das den Einrichtungen über den schwierigen Neuanfang hinweghalf.

Dennoch mussten wir uns rechtzeitig Gedanken machen, wie es weitergehen sollte, denn der Bund würde nicht endlos zahlen. Zwar war meine Abteilung nicht direkt für die kommunalen Theater und Orchester verantwortlich, aber deren Intendanten kamen dennoch zu mir und suchten Rat und vor allem Tat. Außerdem hatten wir ein Vorbild vorbildlicher Subsidiarität: Das Land Baden-Württemberg mit seiner Regelung, vom damaligen Abteilungsleiter Hans Rettich konzipiert und unter Lothar Späth eingeführt, unterstützte die großen kommunalen Kultureinrichtungen mit je 40 Prozent des Finanzbedarfs, die Rechtsträger zahlten 60 Prozent. Wie sollten wir jemals dorthin kommen mit unseren beschränkten Mitteln im Osten? Zugleich schaute man seitens der alten Länder immer etwas misstrauisch auf uns, da wir uns vom Bund finanziell aushalten ließen. Manchem ärmeren Land wie dem Saarland oder Rheinland-Pfalz wäre eine Bundeshilfe auch willkommen gewesen.

Neben mir auf der Lehrlingsbank saßen noch zwei weitere „Ossis": Der Kollege Reiner Lorenz aus Schwerin, ehemals Geiger in der Schweriner

Heidrun Müller, ehemalige Protokollchefin der Staatskanzlei, und Ingeborg Hinow,
November 2004

Staatskapelle, und der Kollege Boje Schmuhl aus Magdeburg, unsere in
den Pausen rauchenden „Zwillinge". Als am 14. und 15. Mai 1994 der
Kulturausschuss in Speyer tagte, da nahm mich der freundliche Ministerialdirigent Jung, Abteilungsleiter Kunst in Rheinland-Pfalz, unter
seine Fittiche. Er, der bald danach in Rente ging, nahm sich des jungen
und unerfahrenen Kollegen an und überließ mir eine Flasche Wein von
einem Weinberg, von dem er seit seiner Gymnasialzeit Wein bezog, weil
der zu seiner Schule gehörte: Auch so eine kleine Erfahrung, wie sie sich
ein ehemaliger DDR-Bürger nicht vorstellen konnte. Und ich nahm mir
die Freiheit, vor der Sitzung noch den Dom zu Speyer zu besuchen.
Weniger freundlich ging es bei einem Empfang für den Kulturausschuss
zu, den der baden-württembergische Minister Klaus von Trotha am
17. Juli 1999 gab. Er sah sich um, wer denn außer dem Vorsitzenden
Hans-Jürgen Müller-Arens noch an seinem Tisch sitzen könne, und kam
auf das Ehepaar Zimmermann. (Meine Frau Eva war, als Deutsch- und
Französisch-Lehrerin im Sächsischen Landesgymnasium für Musik, auf
die Sommerferien angewiesen, und so waren wir unmittelbar nach der
Zeugnisausgabe nach Konstanz gefahren, um im Anschluss an meine
dienstliche Verpflichtung in Österreich Urlaub machen zu können.)
Dem Hamburger Kollegen, Senatsdirektor Volker Plagemann, schien
die Platzierung zu viel Freundlichkeit zu sein, und er titulierte uns

vor der gesamten Mannschaft als „Quoten-Ossi". Die Kollegen waren stumm. Das schreckte Herrn von Trotha aber nicht. Ich erlebte ihn als gebildeten Politiker, der die Taktlosigkeit diplomatisch bereinigte. Zum Abteilungsleiter gehört auch eine Sekretärin, die seinen Haushalt in Ordnung hält. Das war Ingeborg Hinow – sie hielt mir auf ihre freundliche Weise den Rücken frei. Wir kannten uns schon länger, und deshalb hatte ich keinerlei Bedenken, jeden Tag mit ihr zum Essen in die Kantine des Innenministeriums oder der Staatskanzlei zu gehen, gleichgültig, was man darüber dachte. Aber es war mir wichtig, sie in die Arbeit einzubeziehen, weil sie doch manchmal verunsichert war, und ich wusste, dass nur Wissen ihr diese Unsicherheit nehmen konnte. Denn genau wie ich war sie nicht dafür ausgebildet, Sekretärin des Abteilungsleiters zu sein. Die anderen Sekretärinnen der Abteilungsleiter 1, 3 und 4 hatten nicht das Glück eines solchen persönlichen Kontakts, aber ich dachte, die Abteilung Kunst kann ruhig eine Ausnahme machen. Als sie das SMWK verließ, sandte ich ihr einen Dankesbrief (siehe Anhang).

Zwei Prozent – wer soll die bezahlen?

Der Sächsische Landtag hatte Ausschüsse gebildet. Entsprechend der Sitzverteilung im Parlament saßen dort Abgeordnete aller im Plenum vertretenen Parteien, also CDU, SPD, PDS und Grüne. Die Grüne „Gärtnerin" Leonore Ackermann war die Vorsitzende des Kultur- und Medienausschusses. Der Minister kannte das Spiel bereits aus der letzten DDR-Volkskammer, während ich mich erst daran gewöhnen musste, wie Fraktionen ticken.

Dennoch fanden sich die meisten Abgeordneten immer wieder kompromissbereit, wenn es z. B. um die Einrichtung einer Kulturstiftung des Freistaates oder um die Personalsuche für einen Kultursenat des Freistaates ging. Allerdings machte das Parlament auch viel Arbeit: Die Oppositionsparteien hatten das Recht, von der Regierung Auskunft zu verlangen, und formulierten Kleine und Große Anfragen, die schriftlich eingereicht wurden, deren Antworten in der Ministerialbürokratie lange Wege zurücklegten: vom Bearbeiter über Abteilungsleiter, Staatssekretär und Minister in die Staatskanzlei und von dort ins Parlament, wo der Minister die Antworten dem Plenum vorzutragen hatte. Große Anfragen blockierten manchmal die Arbeit der ganzen Abteilung und waren ausführliche Opera. Sie waren wiederum so diplomatisch abzufassen, dass sie der Opposition keine Handhabe gaben, weitere Fragen zu stellen. Manchmal stellte aber auch die CDU-Fraktion eine Große Anfrage, um dem Ministerium Gelegenheit zu geben, eine Sache ausführlich darzustellen. Ich habe 1998 einmal eine solche Anfrage zur

Kulturfinanzierung selbst maßgeblich ausgearbeitet, weil mich immer wieder die Schlampigkeit der Journalisten ärgerte, die irgendwelche Zahlen herbeiholten und enorme Verwirrung stifteten. Für einige Monate hatte ich es tatsächlich geschafft, dass in der Presse die Zahlen zur Kulturfinanzierung in Sachsen korrekt wiedergegeben wurden, da man aus unserer vom Landtag veröffentlichten Antwort zitieren konnte.

Man sollte nicht glauben, wie kompliziert sich eine solche Übersicht darstellt. Was alles und was alles nicht zur Kultur gerechnet wurde, wenn es darum ging, dem SMWK, Abteilung Kunst, nachzuweisen, dass wir viel zu viel Geld für Kultur ausgaben!

Das Sächsische Staatsministerium der Finanzen (SMF) mit seinem Minister Prof. Dr. Georg Milbradt sah seine Aufgabe richtigerweise darin, die Nettokreditaufnahme, also die Pro-Kopf-Verschuldung, möglichst gering zu halten, damit nicht die nächsten Generationen unsere Schulden bezahlen müssten. Unsere Aufgabe sahen wir hingegen darin, die Kultur in Sachsen möglichst gut zu unterstützen, weil sie ein wesentlicher Faktor der Gesellschaft in Sachsen war und ist. Diese Auffassungen waren die Grundlage des Dauerstreites zwischen dem SMF und dem SMWK (auch mit den anderen Ressorts). Dabei verwiesen wir immer darauf, dass der prozentuale Anteil am Staatshaushalt selbst mit dem im Ländervergleich hohen Betrag von ca. zwei Prozent des Landeshaushalts lächerlich gering war und die Auseinandersetzungen eigentlich gar nicht lohnte, verglichen mit den Beträgen für Sozialleistungen und anderem, aber wir wollten nicht ein Ressort gegen ein anderes ausspielen, sondern setzten darauf, dass die Leistungen der sächsischen Kultur für sich sprachen. Sachsen nimmt bis heute bundesweit die Spitzenstellung in den Kulturausgaben pro Kopf der Einwohner ein, woraus man ersehen kann, wie es in den anderen Ländern um die Kulturfinanzierung bestellt ist. Mir war das immer bewusst, aber wir waren es dem Kulturland Sachsen schuldig, was der Minister und ich bei jeder Gelegenheit betonten.

Wir standen vor der Aufgabe, die Kulturförderung auf eine völlig neue Grundlage zu stellen. Das Wesen der DDR-Kulturpolitik bestand darin, sehr viel Geld in viele ideologisch konforme Projekte und Einrichtungen zu stecken, die Betriebe anzuweisen, eigene Kulturetats, und, sofern es sich um Kombinate handelte, eigene Kulturhäuser zu führen, die „Volkskunst", also die Beteiligung von Laien, zu fördern. Gleichzeitig sah sich die DDR-Führung einem hohen selbstgestellten Anspruch gegenüber, das humanistische Erbe zu fördern. Denn die überlieferte reiche Kulturlandschaft mit ihren z. T. Jahrhunderte alten Einrichtungen besonders in Sachsen, wie Thomanerchor und Kreuzchor, die großen Orchester in Leipzig und Dresden, die großen Museen, aber auch die ehemals bürgerlichen Kultureinrichtungen wie die vielen Theater und

Orchester, sollten trotz ständiger ökonomisch angestrengter Lage erhalten und der werktätigen Bevölkerung erschlossen werden. Und das war teuer. Man behielt die 1934 von Joseph Goebbels verordnete Verstaatlichungen von Theatern und Orchester bei und unterstellte diesen, wie die Museen und Kulturhäuser, den Kommunen. (Pikanterweise versuchte der Rat des Bezirkes Dresden 1986 die Staatsoper Dresden nach ihrer Eröffnung in seine Obhut zu nehmen, die ihm eigentlich zustand, was aber vereitelt wurde.) Private Galerien waren Ausnahmen und wurden vom Ministerium für Staatssicherheit ausgespäht.

Vereine waren in der DDR nicht zugelassen, dafür gab es die Arbeitsgemeinschaften und Zirkel in den Betrieben, die auch Betriebsfremden offenstanden. Professionelle Künstler leiteten die Laien an. Der Kulturbund der DDR, ein verlängerter Arm der SED, sammelte die anspruchsvollen Kunstinteressenten, die nicht Mitglieder der SED waren, und machte sie zu Partnern der Künstler (und der Partei), beobachtete sie für die Stasi – alles vom Staat finanziert.

Wegen fehlender materieller Grundlage lebten die äußeren Hüllen der Theater und Museen von der Substanz. Hätten unsere Großväter nicht so solide gebaut, wäre manches Haus viel schneller verschlissen und geschlossen worden. So arbeiteten viele Bühnen jahrzehntelang mit Ausnahmegenehmigungen der technischen Sicherheitsbehörden – es durfte eben nichts passieren. Aber ein gelernter DDR-Bürger war auch ein gelernter Improvisator. Wir hatten noch Jahre zu tun, um die finanziellen Mittel zu beschaffen, Kulturbauten nach 1990 sanieren zu lassen.

Die Partei setzte auf einige Repräsentationsbauten wie die Oper Leipzig (1961) in der Geburtsstadt Walter Ulbrichts, das Schinkel´sche Schauspielhaus in Berlin (1984), das Neue Gewandhaus zu Leipzig (1981) und schließlich die Semperoper (1985). Es wurden weder Mühen noch Kosten gescheut, diese Bauten prächtig zu errichten bzw. wiedererstehen zu lassen. Kurt Masur nutzte die Gelegenheit, das Gewandhausorchester bei Eröffnung des Hauses auf über 180 Musiker zu vergrößern, es damit zum größten Orchester der Welt hochzustilisieren, was der neuen Stadtverwaltung ab 1991 Probleme bereitete. Auch im Falle der Semperoper wurde getrickst: Man erprobte die Akustik verschiedener Modelle, und es war klar, dass die Akustik des Originals von Semper die beste war. Nur so konnte die feudale Hofoper wiedererstehen. Ihr Wiederaufbau rettete auch das Dresdner Residenzschloss: Als die Semperoper in neuem Glanz erstrahlte, fiel die Ruine des gegenüberliegenden Schlosses umso mehr auf. Hans Modrow als SED-Bezirkschef hörte auf die Dresdner Denkmalpfleger und erreichte, dass ab 1986 Sicherungs- und Erhaltungsarbeiten an der Ruine durchgeführt wurden. So kam ein Gerüst vor die Fassade, und im Inneren wurden Mauern hoch- und Decken eingezogen, um den weiteren Verfall der Ruine aufzuhalten.

Aber neben diesen Prachtbauten war der morbide Zustand aller übrigen Gebäude einschließlich der Altbauten in den Stadtzentren unübersehbar. Vor 1991 behalf man sich, indem man solche Altstadtbezirke z. T. flächig abriss, wie etwa in Zwickau. Nach 1991 haben hier die Kollegen des Innenministeriums in ihrer Verantwortung für den Denkmalschutz viel Geld für die Sanierung von Gebäuden bereitgestellt, wobei auch der Anteil der privaten Hauseigentümer nicht vergessen werden darf, wenn man heute die vielen sanierten Wohnquartiere ansieht.

Eine unserer ersten Aufgaben bestand darin, die Rechtsträgerschaften eindeutig zu klären. Die **Sächsische Staatsoper** und die **Sächsische Staatskapelle** sind selbstverständlich Einrichtungen des Freistaates Sachsen als Rechtsnachfolger des Königreichs Sachsen. Bis 1831 wurde die Hofoper, die ja nicht regelmäßig Repertoire spielte, sondern eher im stagione-Betrieb lief, aus den Mitteln des Kurfürstentums bzw. des Königreichs finanziert. Das erste Parlament von 1831 hatte kein Interesse an einem Hoftheater und verwies die Finanzierung an die königliche „Zivilliste", also an die Mittel, über die der König im Rahmen der konstitutionellen Monarchie für die Hofhaltung frei verfügen konnte. 1919 übernahm der erste demokratische sächsische Freistaat die Verantwortung für Oper, Schauspiel und **Staatliche Kunstsammlungen**. In diese Verantwortung trat 1990 wiederum der Freistaat Sachsen. Zusätzlich übernahm er noch die **Landesbühnen Sachsen**, ein Reisetheater, das 1949 gegründet worden war, um Theaterkunst in die letzten Winkel Sachsens zu tragen.

Endlich konnten Vereine und Verbände Träger eines breiten Kulturlebens werden. Sie gezielt und ausgewählt zu unterstützen, war eine vordringliche Aufgabe der Abteilung Kunst. Es gab von allen Seiten Vorschläge und Projekte unterschiedlicher Kunstsparten, die zumeist mit dem Wunsch oder der Forderung verbunden waren, vom SMWK gefördert zu werden. Wir versuchten indessen deutlich zu machen, dass die meisten Projekte auf kommunaler Ebene durchgeführt und dort unterstützt werden müssten, dass der Freistaat sich in der Hauptsache um solche Verbände bemühen müsse, die Landesaufgaben wahrnehmen müssen wie **Sächsischer Musikrat**, **Literaturrat**, **Filmverband** oder **Landesverband Soziokultur**.

Kurt Biedenkopf wollte anfänglich die gesamte Kulturförderung einer Stiftung übergeben, statt sie einem Ministerium zu überlassen. Doch gelang es, ihn von dieser Idee abzubringen. Dafür gab es auch einen ordnungspolitischen Hintergrund: Wenn eine solche Stiftung als Betreiber z. B. der großen staatlichen Einrichtungen bei Haushaltsverhandlungen dem Finanzministerium gegenübersitzt, so ergäbe sich da ein unüberbrückbarer Rangunterschied, der bei zwei gleichberechtigten Ministerien nicht aufkommen konnte. Wir hatten es zwar in der Sache schwer genug, aber wurden immer als gleichwertige ministerielle Partner angesehen.

Daher sollte eine Kulturstiftung als Instrument zusätzlicher Förderung kultureller Projekte gegründet werden. Es gab ein Vorbild: Die Kulturstiftung der Länder und des Bundes, die ihre Mittel aus dem Bundeshaushalt erhielt, und die vor allem den Verbleib von wertvollem Kulturgut in den Einrichtungen der Bundesrepublik garantierte.

Dem Minister Prof. Hans-Joachim Meyer wurde Dr. Jürgen Uwe Ohlau empfohlen, der weltweit in verschiedenen Funktionen an Goethe-Instituten viele Erfahrungen mit Sponsoren sammeln konnte und nun als Gründungsdirektor den Aufbau einer Stiftung vorbereitete. Mit Gesetz vom 17. Mai 1993 beschloss der Landtag sowohl die Gründung eines **Sächsischen Kultursenates** als auch die Errichtung der **Kulturstiftung des Freistaates Sachsen**. Die 24 Senatoren des Kultursenats sollten zu grundsätzlichen Fragen der Kulturpolitik, zur Förderpolitik des Landes und der Kommunen sowie zu regionalen Schwerpunktsetzungen Stellung beziehen. Der Präsident ist zugleich Mitglied im Vorstand der Kulturstiftung. Diese sollte neben der Allgemeinen Kunst- und Kulturförderung des SMWK zusätzliche Fördermöglichkeiten durch Kooperation mit anderen Stiftungen sowie der Einwerbung von Drittmitteln erschließen. Zu Beginn ihrer Arbeit gab es noch kein Stiftungskapital, aus dessen Erträgnissen die Projekte hätten finanziert werden können, was normalerweise für Stiftungen die finanzielle Arbeitsgrundlage ist. So wurde durch das Stiftungs-Gesetz das Finanzministerium verpflichtet, nicht nur für die Kulturförderung des SMWK, sondern auch zusätzlich für die Stiftung Landesmittel aus dem Haushalt bereitzustellen. Das war dem Finanzminister immer ein Dorn im Auge. Abhilfe kam, als die Mittel der Stiftung Kulturfonds aus dem „Kultur-Fünfer" der DDR an die neuen Länder verteilt wurde. Zur Erinnerung: Das DDR-Kulturministerium erhob auf jede verkaufte Karte, ob Kino oder ein „Kessel Buntes", auf jede Schallplatte u. ä. eine kleine Sonderabgabe von fünf Pfennigen, was schließlich eine erhebliche Summe ergab. Aus dem für Sachsen entfallenden Anteil konnte der Kapitalstock für die sächsische Kulturstiftung, die nunmehr den schwankenden Kursen des Kapitalmarktes ausgesetzt war, gewonnen werden.

Bevor Sachsen definitiv die Stiftung Kulturfonds verließ, gab es im Stiftungsrat, der aus den Abteilungsleitern der Kulturabteilungen der neuen Länder bestand, um eine Sonderlösung eine heftige Diskussion. Die ostdeutsche Stiftung sollte, erweitert um Mittel aus den westdeutschen Ländern, für die Förderung der zeitgenössischen Kunst, und die westdeutsche Kulturstiftung für die Sicherung national wertvollen Kulturguts wie bisher zuständig sein. Ich war als Emissär bei meinen westdeutschen

Kollegen unterwegs, um sie für eine solche Idee zu gewinnen: Natürlich scheiterte dieser Plan daran, dass kein westdeutsches Land Mittel bereitstellte. (Man wartete gern auf den Bund, der sich schließlich entschloss, eine eigene **Kulturstiftung des Bundes** für die Förderung zeitgenössischer Kunst mit Sitz in Halle zu gründen.)

Im Unterschied zur Förderpraxis des Ministeriums, das vorrangig Projekte der Landeskulturverbände unterstützte, sah die neue sächsische Kulturstiftung ihre Aufgabe darin, Verbindungen zwischen öffentlichen und privaten Förderern zu knüpfen. Für sparten- oder länderübergreifende Projekte wurde ein Netzwerk mit anderen Stiftungen aufgebaut. Voller Umsicht hat Dr. Jürgen Uwe Ohlau den Aufbau der sächsischen Kulturstiftung geleitet. Ihm gelang es, andere Stiftungen und Geldgeber zu finden, die nach dem Subsidiaritätsprinzip dort mitfinanzierten, wo eine Grundfinanzierung nachgewiesen werden konnte. Auf diese Weise erhielten wir eine zweite Säule der Projektfinanzierung, die viele weitere Aktivitäten ermöglichte. Nachdem Dr. Ohlau für die Stiftung eine geeignete Immobilie gefunden hatte, überzeugte er die Wüstenrot-Stiftung, zwei der Professoren-Häuschen auf dem Gelände des Festspielhauses Hellerau denkmalgerecht zu sanieren und zu einem ansehnlichen, feinen Stiftungssitz auszubauen.

Neben der Hilfe für viele Projekte gelang es Herrn Ohlau unter anderem, den Konzertflügel Clara Schumanns aus Privatbesitz für das Schumann-Haus in Zwickau zu erwerben. Auf dem legendären 100-DM-Schein der Bundesbank war das Porträt von Clara Schumann graviert, auf der Rückseite ihr Flügel. Dazu meinte der damalige Zwickauer Oberbürgermeister Rainer Eichhorn, dieser Geldschein sei eine „Fälschung", weil der Flügel vier Pedale zeige, während das Original in Zwickau nur mit drei Pedalen ausgestattet sei. Ich versuchte einmal meinen Minister zu überzeugen, gelegentlich einer gemeinsamen Kabinettssitzung von Sachsen und Thüringen im renovierten Saal des Schumann-Hauses in Zwickau und angesichts des dort ausgestellten Flügels, den Ministerpräsidenten zu bewegen, mit einem 100-DM-Schein die Minister und Biedenkopfs Freund Bernhard Vogel zu überraschen, aber das schien ihm doch zu albern.

2002 entschied Georg Milbradt als neuer Ministerpräsident, dass die Allgemeine Kunst- und Kulturförderung durch das SKMW beendet und der Kulturstiftung des Freistaates übergeben werden müsse – eine kulturpolitisch kurzschlüssige Entscheidung, da dem Ministerium die Möglichkeit genommen wurde, Schwerpunktbildungen in bestimmten Kunstsparten zu unterstützen. Der neue Minister für Wissenschaft und Kunst, Matthias Rößler, nahm diese Entscheidung widerspruchslos hin. Die Kulturstiftung wirkt nunmehr in allen Bereichen von Projekten der Bildenden Kunst, der Darstellenden Kunst und Musik, Film, Literatur,

Soziokultur sowie bei spartenübergreifenden Vorhaben. Sie vergibt Arbeits- und Aufenthaltsstipendien zur Förderung von Künstlern und künstlerischem Nachwuchs und finanziert Ankäufe von Kunstwerken und Musikinstrumenten.

Anfangs verfügten wir in diesem Haushaltstitel der Allgemeinen Kunst- und Kulturförderung über etwa 20 Millionen DM, um Vereine und Verbände zu unterstützen, deren Projekte im Landesinteresse waren. Dies zu beurteilen war eine schwierige Sache, weil natürlich jeder Antragsteller bestrebt war, die Bedeutung seines Projekts zu betonen. Nun sollte es auch nicht Aufgabe der Ministerialbürokratie sein, aus inhaltlicher Sicht über Projekte zu entscheiden. Damit wären wir wieder in die Arbeitsweise der Kulturabteilung des Rates des Bezirkes zurückgefallen, der bestimmte politische Ziele mit der Förderung verband. Meine Vorstellung war es deshalb, dass die Verwaltung lediglich die Voraussetzungen zu schaffen habe, damit kulturelle Projekte stattfinden können. Daher wurden Beiräte aus Fachleuten berufen, die einen besseren Überblick hatten, was sich z. B. in der Bildenden Kunst, in der Soziokultur oder der Musik tat. Hier bildeten sich allmählich normale Verfahren heraus, die den Mitarbeitern meiner Abteilung Grundlagen für ihre Fördertätigkeit lieferten. Ich will nicht in Abrede stellen, dass wir ganz zu Anfang auch unserem Wissen und unseren Gefühlen vertrauen mussten, ob ein Projekt förderwürdig war oder nicht. Es ging darum, erst einmal vielen die Chancen zum Beginn ihrer Tätigkeit zu geben. Zahlreiche Projekte mussten ausschließlich von den Kommunen gefördert werden, weil der Freistaat nicht alles und jedes mitfinanzieren sollte und wollte. Nach dem Subsidiaritätsprinzip, einer klugen Förderpolitik-Maßnahme, achteten wir wohl darauf, dass wir bei den meisten Projekten nicht allein und ausschließlich förderten, sondern dass andere Partner, Kommunen, Kreise und Einrichtungen ihren Teil beitrugen. Auch muss ich zugeben, dass ich mitunter dankbar war, nicht bei jeder Entscheidung in der allerersten Reihe zu stehen, sondern die Verantwortung für bestimmte Projekte dort zu lassen, wo sie hingehört: in die Kommunen. Inzwischen gab es bereits einige Landesverbände wie den **Sächsischen Musikrat**, dessen Struktur wir gemeinsam mit dem Kultusministerium (wegen der musikalischen Kinder- und Jugendprojekte) aufbauten. Das System dieser Projektförderung änderte sich zum Teil ab 1995 mit Beginn der **Kulturraumförderung**.

Am 25. und 26. Oktober 1991 hatte der Bund zu einer bundesweiten Veranstaltung über „Neue Kulturpolitik" nach Loccum in die Nähe von Hannover eingeladen. Ich stellte mir eine neue Kulturpolitik so vor, dass die neue Bundesrepublik sich auf ihre demokratischen Wurzeln beriefe und mit den Denkmalen der deutschen Einheit aus West und Ost im Ausland werben solle. Und ich wies nach, dass die meisten

Denkmale dieser Art im Osten Deutschlands stehen: Wartburg, Schauspielhaus Berlin als Uraufführungsort der deutschen Nationaloper „Der Freischütz", Goethe und Schiller in Weimar, Bach in Leipzig u. a. m. Ich zeigte dem Minister meinen Beitrag, er lächelte hintergründig und ließ mich ziehen. Tatsächlich ging es in Loccum um Ansätze zur weiteren **Entwicklung der Soziokultur**. Das wusste ich nicht. Wie nicht anders zu erwarten, erntete ich für meinen Beitrag höfliches Schweigen in der Runde. Willy Brandts „Jetzt wächst zusammen, was zusammengehört!" war dort noch nicht angekommen. Dennoch hielt ich und halte auch heute noch einen solchen Gedanken für bedenkenswert.

Mir war im Herbst 1991 noch nicht klar, welchen Stellenwert die Soziokultur im Westen der Republik hatte. Das änderte sich aber bald, indem die vielfältige „freie Szene" ihren Platz im kulturellen Aufbau Sachsens beanspruchte. Das war nicht einfach der Ersatz für die Möglichkeiten, die die inzwischen aufgelösten Kulturhäuser geboten hatten, sondern für viele, vorzugsweise junge Künstler die sich neu eröffnende Freisetzung ungehinderter Produktivität. Sie legten zugleich wenig Wert auf äußere komfortable Bedingungen, sondern übernahmen das marode bauliche Erbe der DDR und richteten sich mit lange geübter Improvisationskraft ein. Zwei Projekte sollen hier stellvertretend für die neue Entwicklung genannt werden.

In Dresden war wohl im Februar 1990 die Besetzung einer alten Fabrikhalle in der Louisenstraße der Dresdner Neustadt so eine Art Initialzündung für den Start der freien Theaterszene. Michael von Oppen und Steffen Rinka, später Julius Skowronek, richteten das **„Projekttheater"** als Spielstätte mit Kneipe ein, um der freien Szene ein erstes Podium zu geben. Ich erinnere mich an den kuriosen Umstand, dass während einer Sitzung von Kulturinteressierten im Herbst 1990 die telefonische Nachricht von der Hausbesetzung kam. Wir tagten in der ehemaligen Bezirksparteischule der SED in der Maternistraße, die nun nicht mehr benötigt wurde. Doch das passende Geschirr gab es noch: Zum Mittagessen wurde Suppe in roten Plasteschüsseln ausgegeben. Mir lag das Projekttheater sehr am Herzen, wir unterstützten es im Rahmen der Allgemeinen Kunst- und Kulturförderung und achteten darauf, dass die Stadt Dresden sich auch beteiligte. Doch diskutierte ich mit Michael von Oppen auch über den Spielplan und fragte einmal: *„Wollt ihr kleines Hoftheater werden?"* Das ist das Projekttheater jedoch niemals geworden.

Der **riesa efau**, Ecke Riesaer Straße/Adlergasse 14 in der Nähe des Bahnhofs Dresden-Mitte gelegen, entwickelte sich, ebenfalls aus einer Hausbesetzung, zu einem Zentrum für freie Kunst. Ende der 1980er Jahre wollten die Gründungsmitglieder die Kneipe im Erdgeschoss weiter betreiben und eine eigene Galerie und einen Kinderladen auf eine finanziell gesicherte Basis stellen, was zu DDR-Zeit schwierig war. Es sollte ein sozialer Raum als Treffpunkt für Künstler und Kunstinteressierte geschaffen werden. Der Verein riesa efau konnte im März 1990 gegründet werden. Inzwischen ist er das größte freie Kunst- und Kommunikationsforum in Dresden, das, im Gegensatz zu anderen Aktivitäten, die Zeitläufte überstanden und sein Angebot kontinuierlich erweitert hat.

Überall in Sachsen entstanden soziokulturelle Zentren auf Vereinsbasis, die ein vielseitiges künstlerisches Angebot entwickelten. Die **Landesarbeitsgemeinschaft Soziokultur** hatte ein Auge auf diese Vereine und vertrat sie gegenüber dem SMWK oder den Kulturräumen.

Dass die Arbeit der Abteilung Kunst in das parlamentarische System des Freistaates und in das föderale System der Bundesrepublik Deutschland mit ihren Gremien und ihren Verfahrensvorgängen einbezogen war, versteht sich von selbst, brachte zugleich viele Aufgaben mit sich: die Beantwortung parlamentarischer Anfragen, die inhaltliche Vorbereitung von Kabinettssitzungen, von Minister-, Staatssekretärs- und Abteilungsleiterrunden innerhalb der Ständigen Konferenz der Kultusminister der Länder und vieler anderer Gremien, welches zum Alltag der Staatsbürokratie gehören.

Dass aber diese Staatsbürokratie eine Aufgabe nicht bediente, das unterschied sie von den vorangegangenen DDR-Behörden: Sie enthielt sich jeglicher inhaltlicher Einflussnahme auf die ihr zugeordneten Einrichtungen. Dieser Ansatz war mein Grundverständnis eingedenk der Erfahrungen der gegängelten Kultur in der Vergangenheit. Ich war guten Mutes, hatte meine eigenen Erfahrungen mit der DDR-Kulturbürokratie und gelobte mir, es anders zu machen.

Intermezzo 2: „Sabotage"

Seit 2017 hat mich die Johannes-Albers-Stiftung aus Königswinter am Rhein jedes Jahr zu Vorträgen über sächsische Kulturpolitik ab 1991 vor Seminarteilnehmern gebeten, die ausschließlich aus den westdeutschen Ländern kamen. Ich begann meine Ausführungen mit dem Hinweis, dass ich die Ausnahme sei: ein Ostdeutscher in verantwortungsvoller Position, und ich erklärte meine politische und kulturpolitische Herkunft aus der DDR. Da ich nach meinen Studien der Musik-, Theaterwissenschaft und Kunstgeschichte 1960 bis 1965 im Musikverlag VEB Edition Peters Leipzig arbeitete, war ich in die kulturpolitischen Auseinandersetzungen im DDR-Verlagswesen einbezogen, gewiss weniger prominent als in den Buchverlagen, aber durchaus oft im Fokus der Öffentlichkeit, wenn neue „misstönende" Werke uraufgeführt wurden, deren Aufführungsmaterial der Verlag hergestellt hatte. Denn einerseits gab es auch Musik mit Texten, die in der Hauptverwaltung Verlage und Buchhandel, der Obersten Zensurbehörde, kritisch geprüft wurden, und andererseits brach nach 1968 eine heftige landesweite Diskussion um die neue Musik aus, da sich vor allem einige junge DDR-Komponisten an der neuen Musik aus Polen (Krzysztof Penderecki, Witold Lutosławski u. a.) orientiert haben, die wiederum von der westeuropäischen Moderne beeinflusst waren. Diese „Neutöner" zu publizieren und zu unterstützen, sahen wir als eine wichtige Aufgabe an, und sie stand im Widerspruch zu den Werken der durchschnittlichen, blassen DDR-Komponisten, die sich der Volkstümlichkeit der zweit- und drittrangigen sowjetischen Komponisten anschlossen, die aber in der Partei und in den Gremien den größeren Einfluss hatten. Hier lernte man geschickt zu argumentieren. In meiner Stasi-Akte, von der noch zu sprechen sein wird, las ich zu meiner Überraschung: *„Zimmermann hat sich als ein Anlaufpunkt der modernistischen Komponisten entwickelt. Er versucht, progressive Entwicklungen im Verlag zu stoppen und es wird berichtet, er habe zur Sapotage* [!] *der Leitungsanweisungen des Verlagsdirektors aufgerufen."* Sabotage war schon ein hartes Wort für unseren sparsamen Umgang mit den geringen materiellen Ressourcen, konnte aber als Totschlagargument verwendet werden, wenn man ideologisch allzu quer lag. Hin und wieder wurden nach dem Zinsgroschen-Prinzip – in einem „volkseigenen Verlag" – auch Werke der Parteikader veröffentlicht.

Unsere Verlagstätigkeit beschränkte sich jedoch nicht auf die Druck- und Leihmaterialproduktion oder auf den regelmäßigen Besuch von Konzerten mit neuer Musik, sondern die Verlagsmitarbeiter sorgten selbst für Programme, z. B. in Zusammenarbeit mit bildenden Künstlern, die wegen ihrer abstrakten Kunst ebenfalls keine Öffentlichkeit hatten. Ich bin noch heute erstaunt, was da alles an avantgardistischer Kunst unterhalb des Parteiradars, gewissermaßen mit „Tarnkappe", durchging. Denn die wachsamen Augen der Partei und der Staatssicherheit waren zwar überall, aber immer wieder gab es Lücken, die zu nutzen waren. Man musste sie nur erkennen.

Damit soll keineswegs gesagt werden, dass es im Kulturbereich nur „Widerstandskämpfer" gegeben habe, wie mancher nach 1990 von sich behauptete, sondern die meisten passten sich dem System an und schauten, wo ihr Platz war, wenn sie etwas erreichen wollten. Damit unterschätze ich nicht diejenigen, die wegen ihrer unbeugsamen Kraft in schwere Konflikte mit Partei und Staat kamen und persönliche Nachteile in Fülle hatten.

Wir waren trotzdem zumeist unverdrossen, die jeweils neue Musik zu publizieren. Auch Kollegen des DDR-Rundfunks, dazu Herbert Kegel als Chefdirigent des Leipziger Rundfunksinfonieorchesters, standen an vorderster Front, nicht nur mit Uraufführungen avantgardistischer Werke – u. a. von Georg Katzer, Friedrich Goldmann, Fritz Schenker, Reiner Bredemeyer, – sondern der DDR-Rundfunk lud auch geachtete Komponisten der westeuropäischen Moderne, wie Hans Werner Henze oder Christobal Halffter, ein. Das Interesse war sehr groß, die Wirkung erstaunlich, weil im Publikum genügend Leute saßen, die schon aus Opposition alles Moderne feierten. Die offiziellen Kulturfunktionäre hatten es schwer, an allen diesen Fronten gleichzeitig zu wachen und ihre Forderungen durchzusetzen. Allerdings blies die Parteiführung in größeren Abständen zum Rundumschlag und griff mit Verboten rigoros ein. Aber die Zwischenräume wurden immer wieder intelligent genutzt, wie man es im DDR-Theater, in der Literatur, den Filmen und der Malerei erleben konnte.

Das schult, und so gingen diese vielfältigen Einflüsse nicht spurlos an mir vorüber – im Gegenteil, wir waren allzeit sehr wach. Meine Friseuse sagte mir 1991, dass man den Kopf nicht nur dazu habe, um ihn zum Haareschneiden zu tragen. Das konnte ich bestätigen, denn ich habe sehr oft darüber nachgedacht, welchen Umgang das DDR-Regime mit uns pflegte.

Da in der DDR die Auswahl in allen Lebensbereichen sehr beschränkt war, hatten sich viele daran gewöhnt, dass man für sie dachte und entschied (und viele wünschen sich eine solche „Fürsorge" noch heute). Es gab nur eine Sozialversicherung, nur eine Gewerkschaft usw., von allem nur eines: bloß keine Auswahl. In der Kunst war die Vielfalt groß und forderte Entscheidungen. Hätte ich ab 1991 immer darauf gewartet, dass mir jemand sagt, was zu tun sei, wäre ich fehl am Platze gewesen. Es kam hinzu, dass in der DDR zu jedem aufmerksamen Künstler auch ein aufmerksamer Zuhörer gehörte, der nicht nur bei Marquis Posas Worten von der Gedankenfreiheit Beifall klatschte, sondern gelernt hatte, zwischen den Zeilen zu lesen. In solchem Einverständnis lag die Bedeutung vieler Kunstformen in der DDR, und solche Erkenntnisse wurden nicht sofort vergessen. Nur so war es mir möglich, mich mit meinem ganzen Wissen, meinen erworbenen Kenntnissen und Fähigkeiten der neuen Aufgabe zu stellen, die eben nicht auf Zensur aufbaute. Es erleichterte die Arbeit ungemein und schuf erstmals Vertrauen zwischen Kulturschaffenden und Verwaltung: ein hohes Gut eines demokratisch verfassten Gemeinwesens, das durch Arroganz und Ignoranz der Behörden rasch verspielt werden kann. Meine Referentin für Bildende Kunst, Sonhild Burghardt, erzählte mir gern, dass sie abends zu Hause Anrufe von Künstlern erhielt, die Ratschläge von ihr erbaten – ein Beweis für ihre Vertrauenswürdigkeit.

Breitgefächerte Aufgaben

Die Abteilung hatte fünf Referate, jedem oblagen spezielle Aufgaben. Zu Beginn war meine Abteilung Kunst, da sie erst später dem Wissenschaftsbereich zugeordnet wurde, die fünfte Abteilung neben der Haushalts-, Rechts-, Hochschul- und Forschungsabteilung. Im Zuge bürokratischer Umstrukturierungen, die generell ohne Bezug zu inhaltlichen Fragen vorgenommen wurden, rangierte dann die Kunst als Abteilung 2 nach der Haushaltsabteilung, in einem Ministerium für Wissenschaft und Kunst.

Im Referat 5.1 wurden alle Finanzströme geleitet und kontrolliert, hier wurden die Haushaltspläne der Einrichtungen koordiniert, die dann Eingang in den Staatshaushaltsplan fanden, dessen Entwurf das Finanzministerium zusammenstellte und dem Parlament und den Ausschüssen zuleitete, nachdem er im Kabinett Zustimmung gefunden hatte. Dem Referat oblag auch die Kontrolle der ausgegebenen Mittel für alle Förderprogramme, weil wir dem Parlament Rechenschaft schuldeten und der Landesrechnungshof bzw. bei Bundesprogrammen der Bundesrechnungshof die ordnungsgemäße Ausgabe der Steuergelder überprüften, sowie rechtliche Fragen. Meine erste Haushaltsverhandlung führte mich, noch ziemlich ahnungslos im Geschäft, im Mai 1991 ins damals noch unsanierte Finanzministerium. Mit Heide Gneipel saß ich ziemlich verloren vor vielen Kollegen des Finanzministeriums, und auf die Frage von Abteilungsleiter Mende, wofür wir das Geld brauchten, antwortete ich wahrheitsgemäß: auch zur Unterstützung kommunaler Theater und Orchester. Worauf mir lächelnd geantwortet wurde: Die Kommunen haben doch Geld. Das war gewiss eine unqualifizierte Antwort für den Beginn, aber wir wurden bald professioneller und verhandelten manchmal ziemlich zäh.

Die folgenden Haushaltsverhandlungen im Finanzministerium waren eine Klasse für sich. Der Finanzminister Prof. Georg Milbradt saß mit seinen Haushältern an der einen Seite des Tisches, wir Abteilungsleiter und wenige Referenten mit unserem Minister und unserem Staatssekretär auf der anderen Seite. Milbradt verteidigte hochroten Kopfes seine Sparmaßnahmen; unser Minister saß bleich und beredt schweigend da, bis Milbradt die Sitzung unterbrach und mit kleineren Angeboten wieder erschien. Das war zäh und konnte bis in die Abendstunden gehen. Es blieb im Rahmen der Haushaltsdiskussionen im Landtag immer noch die Möglichkeit, über die Abgeordneten des Kultur- und Wissenschaftsausschusses kleine Korrekturen anzubringen. Dagegen wurden wir im Finanzausschuss, in dem der Finanzminister seine Getreuen versammelt hatte, immer sehr streng nach unseren Ausgabewünschen befragt. Es wurde oft über einen fünfstelligen Betrag erbittert gestritten, aber die 150 Millionen DM bzw. 86 Millionen Euro für die Kulturraumfinanzierung ab 1995 wurden bei diesen Verhandlungen nie erwähnt, weil sie Gesetzestext und damit unangreifbar waren.

Man darf nicht vergessen, dass die Steuereinnahmen anfangs sehr spärlich flossen, dass große Transferleistungen im Rahmen des Solidarpakts von West nach Ost nötig waren, um den Osten und damit auch unser Land zu finanzieren. Zudem ließ der Ministerpräsident bei seinem jährlichen Treffen mit den Abteilungsleitern aller Ministerien im Raum 333 unseres Hauses immer den Finanzstaatssekretär das Gespenst der völligen Verarmung Sachsens an die Wand malen, wenn der Solidarpakt 2019 enden würde. (Inzwischen sind neue Regelungen des bundesstaatlichen Finanzausgleichs verhandelt worden, die Sachsen auch nach 2019 weitere Mittel garantierten.) Bei einer solchen Gelegenheit konnte ich es mir nicht verkneifen, den Ministerpräsidenten an seine eigenen Worte zu erinnern, dass Wirtschaft, Wissenschaft und Kultur die drei Säulen seien, auf denen der Freistaat ruhe. Ich fragte dann scheinheilig, wie sich dies auch für die Kultur im Staatshaushalt abbilden könne (wobei ich genau wusste, dass Sachsens Kulturhaushalt mit seinen zwei Prozent bundesweit eine Spitzenstellung einnahm). Biedenkopf parierte lächelnd mit ebendiesem Hinweis.

Das Referat 5.2 war verantwortlich für Museen, Denkmalpflege und Bildende Kunst. In Dr. Heinrich Douffet, einem ehemaligen Geologen und ehrenamtlichen Denkmalpfleger, hatte die Abteilung einen fähigen und versierten Anwalt der Museen und der Denkmalpflege. Er kannte offenbar jedes Museum in Sachsen, und das waren damals ca. 300, er kannte sich in den Staatlichen Kunstsammlungen Dresden und im Dresdner Residenzschloss aus, er schrieb mit den Direktoren der Museen die Kabinettsvorlagen und diskutierte kenntnisreich die neuen Strukturen. Ohne seine stets hilfreichen beiden Damen Regine Lötsch und Ursula Köhn wäre er allerdings in seinem Papierwust untergegangen: sie wussten immer, wo ein Vorgang zu finden war. Und wenn ein Problem auftauchte, sagte er: *„Dann schreibe ich einen Vermerk".* Es war wichtig, dass die vielen komplizierten Vorgänge auf diese Weise dokumentiert blieben und der Amtsspitze zur Kenntnis gegeben werden konnten.

Dass die **Staatlichen Kunstsammlungen** in Dresden, das **Völkerkundemuseum** in Leipzig mit Dependance in Herrnhut sowie das **Staatliche Naturkundemuseum** in der Obhut des Freistaates verblieben, akzeptierte man unbestritten. Aber aus der Konkursmasse des DDR-Ministeriums für Verkehrswesen war uns das **Verkehrsmuseum in Dresden** zugefallen, das seit 1956 seinen Platz im Johanneum bis heute hat. Dieses mehrstöckige Gebäude neben der Frauenkirche, 1586 bis 1590 erbaut, diente ursprünglich der Unterbringung der kurfürstlichen Kutschen und Pferde sowie der Rüst- und Harnischkammer. 1747 zogen im aufgestockten Oberbereich die Gemäldesammlung, 100 Jahre später die Antiken ein. Für Autos, Eisenbahnen, Flugzeuge und ähnliche Großgeräte ist dieses Haus ungeeignet. Daher suchten wir eine bessere Lösung und glaubten sie auf dem Gelände des Alten Leipziger Bahnhofs gefunden zu haben. Das ist eine Industriebrache zwischen Marienbrücke und Neustädter Bahnhof, wo im 19. Jahrhundert die neue Eisenbahn aus Leipzig endete, bevor man die Fortsetzung der Strecke nach Böhmen baute. Es gab noch Reste der ursprünglichen flachen Gebäude von ca. 1870, und Heinrich Douffet und ich stellten uns vor, dass man durch eine Bahnhofshalle aus dieser Zeit auf ein ebenerdiges Gelände trifft, wo auf noch vorhandenen Schienen Loks und Waggons zu betrachten wären, und wo Autos und Flugzeuge einfach zugänglich sind. Mehrfach besichtigten wir mit dem damaligen Wirtschafts-Staatssekretär Wolfgang Zeller das Areal, konnten von ihm aber keine Zustimmung zu unseren Plänen erreichen. Dabei hätte ein Signal aus dem Wirtschaftsministerium von Minister Kajo Schommer, das erfolgreich moderne Industrieansiedlungen betrieb, gewiss Firmen zur Unterstützung veranlassen können, zumal sich die Kosten mit Leichtbau-Hallen in Grenzen gehalten hätten, da man keinen mehrstöckigen Massivbau benötigte. Leider mussten wir von unseren Träumen lassen. (Heute würde ich Herrn Zeller im Vieraugengespräch sehr viel hartnäckiger zureden, aber damals traten wir wohl zu zurückhaltend auf, allein der Überzeugungskraft unserer Argumente vertrauend. Das Gelände liegt übrigens 2022 immer noch brach, erst jetzt denkt man in der Stadt über eine Nutzung nach.) Das Museum selbst wurde aus der Verantwortung des Ministeriums entlassen: Es wurde 2006 in eine GmbH umgewandelt.

Um den kommunalen Museen, die mit geringem Personal und oft nur ehrenamtlich betrieben werden, substantielle Hilfe bei der wissenschaftlichen Vorbereitung, bei der Ausstellungsgestaltung und bei der Vermehrung ihrer Exponate zuteilwerden zu lassen, setzte sich Heinrich Douffet vehement für die Bewahrung der **Landesstelle für Museumswesen** ein, einer ehemals bezirksgeleiteten Einrichtung aus DDR-Zeit. Sie agierte von Chemnitz aus als kleine eigenständige staatliche Einrichtung und geriet deshalb immer wieder in die Schusslinie des SMF, das nicht einsah, dass der Freistaat mehr für die kommunalen Museen tun müsse als im Kulturraumgesetz ohnehin vorgesehen war. Aber gerade die individuelle Betreuung der kleineren Museen erwies sich als Motor für qualifizierte Museumspräsentationen. Die Landesstelle veranstaltete außerdem wissenschaftliche Konferenzen und lud dazu jedes Mal Experten aus den Nachbarländern Polen und Tschechien ein – und sie existiert heute noch.

Es gibt **Denkmalpflege** und **Denkmalschutz**, und das ist zweierlei. Wir waren die Dienstherren des Landesamtes für Denkmalpflege, das die wissenschaftliche Erforschung und Betreuung der unzähligen Denkmale in Sachsen gewährleistet und wesentlichen Anteil an der Planung und dem Wiederaufbau im Krieg zerstörter oder beschädigter Gebäude hat. Landeskonservator Gerhard Glaser, lange im Institut für Denkmalpflege Dresden tätig und herausragender Kenner der sächsischen Kulturlandschaft, leitete das Amt als streitbarer und zugleich praktisch denkender Architekt mit Sinn für das Baubare, z. B. wenn Investoren gegen den guten Geist städteplanerischer Regelungen verstoßen wollten: Dann zog Gerhard Glaser mit dem Lineal „rote" Linien, um Sichtachsen im Stadtbild zu erhalten. Wir hatten in ihm einen überaus fähigen und eloquenten Partner für alle Fragen der Denkmalpflege, und er wiederum hatte im Minister einen Partner, der seine Intentionen bestens verstand. Zugleich war uns das 1991 per Denkmalschutzgesetz gegründete **Landesamt für Archäologie** mit dem angeschlossenen **Landesmuseum für Vorgeschichte** zugeordnet. Durch die zahlreichen Erschließungen von Baugrund für Neubauten aller Arten wurde stets die Suche nach archäologischen Befunden vor Freigabe an die Nutzer organisiert. Einige dieser überraschenden Funde sind im 2014 eröffneten **Staatlichen Museum für Archäologie** in Chemnitz zu sehen. Dass es zwischen den Ämtern, oder eher zwischen ihren Leitern, immer wieder zu lautstarken Auseinandersetzungen kam, lag in der Person der Landesarchäologin Judith Oexle begründet, die keine Gelegenheit ausließ, sich zu profilieren und gewissermaßen mit dem Zentimetermaß die Bereiche oberhalb und unterhalb der Null-Linie bei Bodendenkmalen festlegte. Andererseits bat sie die Investoren zur Kasse, damit diese sich an den Kosten von Ausgrabungen beteiligten, die zeigten, dass die Umgebung von Dresden schon vor Jahrtausenden besiedelt war.

Denkmalschutz war im Innenministerium angesiedelt und verantwortete die Mittelverteilung der Bundes- und Landesprogramme, die die Aufgabe hatten, die in der DDR lächerliche, weil materiell nicht untersetzte Losung „Schöner unsere Städte und Dörfer" nun endlich zu realisieren. Diese gewaltige Aufbauleistung kann heute jeder aus eigener Anschauung in den sächsischen Städten und Dörfern wahrnehmen. Dank guter persönlicher Kontakte zwischen den beiden Referatsleitern Siegbert Ludwig und Heinrich Douffet liefen die Abstimmungen meist telefonisch und reibungslos. So konnte auch ein vorbildliches **Sächsisches Denkmalschutzgesetz** entstehen, das leider in den letzten Jahren zugunsten von Investoren-Interessen aufgeweicht wurde. Es war gewiss kein Schaden, dass wir zwei Minister für die Fragen des Denkmalschutzes hatten: den Innenminister und Prof. Meyer. Er war außerdem eine Zeit lang Präsident des Deutschen Nationalkomitees für Denkmal-

Referatsleiter Siegbert Ludwig und Prof. Dr. Gerhard Glaser, Präsident des Landesamtes für Denkmalpflege Sachsen, auf dem Turm des Ständehauses, 26. Mai 1998

schutz. Dankbar waren wir für das Engagement der Deutschen Stiftung Denkmalschutz, die unglaublich viel für die Sanierung der ostdeutschen Städte mit ihren Baudenkmalen getan hat. Besonders Görlitz hatte es dem Vorsitzenden des Stiftungsrates, Prof. Gottfried Kiesow, angetan. Er eröffnete dort „Im Karpfengrund" eine Tagungsstätte, in die ich auch den Kulturausschuss zu einer Sitzung lockte. Görlitz wurde zur Vorzeigestadt dessen, was an städtischen Baudenkmalen aus mehreren Jahrhunderten vorhanden war und saniert werden konnte, auch dank einer Zuwendung in Millionenhöhe, die jahrelang von einem anonymen Spender überwiesen wurde. Es gab einen inneren Kern aus Gotik und Renaissance, darum gruppierten sich die Häuser des Barock, die Wohnquartiere der Gründerzeit und des Jugendstils, am Stadtrand standen die Plattensiedlungen der DDR – alles erhalten. Die Stadt hatte Glück, weil sie zwar den Zweiten Weltkrieg unbeschadet überstanden hatte, wohl kaum die DDR, wenn diese noch länger existiert hätte. In einem der prachtvollsten Häuser am Untermarkt, dem Schönhof, ließ Dr. Douffet das „**Schlesische Museum**" einrichten.

Dank der guten Beziehungen der beiden Referate Denkmalschutz und Denkmalpflege konnte u. a. innerhalb eines halben Tages die einmalige wertvolle **Kamelien-Sammlung in Pirna-Zuschendorf** gerettet werden. 1988 hatte ihr schon einmal das Aus gedroht, da die berüchtigte Kommerzielle Koordinierung von Alexander Schalck-Golodkowski, eine geheime DDR-Einrichtung zur Beschaffung dringend benötigter Devisen, auf diesem Gelände ein Depot des Antikhandels einrichten wollte. Das Vorhaben kam nicht zustande, stattdessen konnte der VEB Saatzucht die Sammlung übernehmen. Hierfür wiederum hatte 1990 die Treuhand keinen Nerv und wollte alles verschleudern. Doch auf den Hilferuf aus Zuschendorf reagierten der Referatsleiter Siegbert Ludwig sowie der Staatssekretär Dr. Albrecht Buttolo vom Innenministerium sofort: Innerhalb weniger Stunden wurde die Sammlung von ihnen unter Denkmalschutz gestellt und somit bis heute bewahrt.

Die **Bildende Kunst** wurde von der Referentin Sonhild Burghardt betreut. Sie gehörte zu den wenigen unbelasteten Mitarbeiterinnen des ehemaligen Rats des Bezirkes, Abteilung Kultur, wo sie als junge Sachbearbeiterin tätig gewesen war und manchmal vor den Eröffnungen der DDR-Kunstausstellungen in Dresden unliebsame Gemälde abhängen musste. Ihre Aufgabe war nunmehr u. a. das Sammeln der Kunstwerke zu veranlassen, die zu DDR-Zeit als Auftragswerke der Bezirke Dresden, Leipzig und Karl-Marx-Stadt entstanden waren und nun dem Freistaat Sachsen als Rechtsnachfolger zustanden. Im **Kunstfonds des Freistaates Sachsen**, zunächst in Dresden-Strehlen, füllte sich eine großzügige Wohnung mit Bildern und Plastiken. Sie wurden katalogisiert und dann allen Bediensteten des Freistaates zur Ausgestaltung ihrer Dienstzimmer angeboten, so dass z. B. auch im Amtsgericht Zwickau sächsische zeitgenössische Künstler ihren Platz fanden. In meinem Arbeitszimmer hing ein wunderschönes Gemälde von Gerda Lepke, ein Blick aus ihrem Atelier. Ich hatte täglich meine Freude daran. Einem Kollegen aus einer anderen Abteilung, mit dem ich wegen Personalfragen viel zu tun hatte, und dem es ebenfalls sehr gefiel, begann das Gespräch mit dem Standardsatz: *„Dieses Gemälde gehört eigentlich in mein Zimmer"* (was meiner Meinung nach viel zu klein war für ein solches Gemälde.) Erst dann kam er zur Sache. Für ein Jahr musste ich das Bild entbehren, da es die Bonner Zentrale der Kultusministerkonferenz schmückte, als unser Minister turnusgemäß den Vorsitz übernahm – der Kunstfonds stattete das Haus ausschließlich mit sächsischer Kunst aus. (Später hängte mein Nachfolger statt des Gemäldes Plakate auf ...)

Eine weitere Aufgabe bestand darin, die lebenden sächsischen Künstler durch Ankäufe zu unterstützen, also nicht Aufträge zu vergeben, sondern aus vorhandenen Angeboten auszuwählen. Hierfür berief Frau Burghardt eine kleine Kommission, die aufgrund ihrer Kenntnisse der

Dr. Reiner Zimmermann und Sonhild Burghardt, 1993

Szene eine jährliche Ankaufsliste zur Erweiterung des Bestandes des Kunstfonds zusammenstellte. Auch bemühte sie sich um die Vermittlung von Aufträgen an geeignete Künstler, die aus der anfänglichen Verpflichtung des Freistaates erwuchs, zwei Prozent der Bausumme von öffentliche Bauten für Kunst am Bau bereitzustellen. So war sie u. a. Mitglied der Baukommission für die künstlerische Ausgestaltung des neuen sächsischen Landtagsgebäudes.

Besonders stolz konnte sie auf die Jahresausstellung des Deutschen Künstlerbundes 1993 sein, die sie nach Dresden geholt hatte und die unter dem Titel „Abstrakt" im **Militärhistorischen Museum** und an anderen Orten in der Innenstadt zu sehen war. Der Dichter Eugen Gomringer war für die Eröffnungsrede gewonnen worden. Zu meiner Erleichterung ist das Bundesverteidigungsministerium 1990 Träger des Museums geworden und wird von kultivierten, geschichtsbewussten Offizieren geleitet.

Als sich die 1925 in Dresden gegründete Studienstiftung des Deutschen Volkes 2000 an Frau Burghardt wandte, in Dresden eine Ausstellung mit Arbeiten der Stipendiaten zu veranstalten, fand sich der Finanzminister Georg Milbradt als ehemaliger Absolvent dieser Stiftung bereit, binnen kurzer Zeit das Oktogon der Kunsthochschule auf der Brühlschen Terrasse zu Ausstellungszwecken so herrichten zu lassen, dass zwar alle Kriegsschäden an den Wänden sichtbar blieben, aber die Wände konserviert

Eugen Gomringer zur Eröffnung der Ausstellung „abstrakt" des Deutschen Künstlerbundes in Dresden am 18. September 1993

und neue Fußböden eingezogen wurden. Bis heute hat die Hochschule damit großzügige Ausstellungsflächen.

Mit ihrem beruhigenden Satz „*Das wollen mal wir ganz emotionslos sehen*", nahm Sonhild Burghardt die aufgeregte Debatte über die DDR-Kunst zur Kenntnis. Während westdeutsche Künstler, von geringen Kenntnissen belastet, die ehemaligen DDR-Maler allesamt als korrumpierte Staatskünstler diffamierten, dachte sie darüber nach, wie man diese Hinterlassenschaft sinnvoll nutzen könnte. Beim Bundesfi nanzministerium hatte sich als „Sondervermögen" ein riesiges Konvolut von Auftragswerken, vorzugsweise Bilder und Plastiken, angesammelt, die einst die Häuser, Ferienobjekte und Büros der Parteien, staatlichen Organen, des FDGB und anderer Massenorganisationen schmückten. Zwar zeigte das Fernsehen aus diesem versammelten „Sondervermögen" selektiv nur einen Stapel Geschenke an Erich Honecker, darunter sein Porträt auf Wildschweinleder, aber gerade das wurde zum Synonym für die verachtenswerte Auftragskunst der DDR und mit den Malern des NS-Zeit gleichgesetzt. Man konnte sich ja im Westen mit den Traditionen der abstrakten Kunst, des Informel, leicht über die traditionelle handwerkliche Art der hiesigen Kunst überlegen fühlen. (Zur Ausstellung „Aufstieg und Fall der Moderne" 1999 in Weimar wird später noch zu berichten sein.) Aber nun lagen Hunderte von Kunstwerken vor, und die suchten neue Besitzer. Das Bundesfinanzministerium versicherte sich der Hilfe einiger Bundestagsabgeordneter, die die Vertreter der neuen Länder zusammenriefen. Wir wurden streng befragt, ob wir etwa die Absicht hegten, ein „Mausoleum der DDR-Kunst" zu errichten, was wir guten Gewissens verneinten. Wie üblich wurde lange und zäh verhandelt, und ich bin wohl 1995 sechs Mal mit Sonhild Burghardt zur Treuhand gefahren, die sich damals im ehemaligen Reichsluftfahrtministerium, heute Bundesfinanzministerium, befand. An Details der Verhandlungen kann ich mich nicht mehr erinnern. Nur, dass ich damals Thomas de Maizière zum ersten Mal begegnete, der als Staatssekretär das Land Mecklenburg-Vorpommern vertrat, bevor er in Sachsen Finanz- und Justizminister wurde. Das Ergebnis schließlich war zufriedenstellend: Herbert Schirmer, letzter Kulturminister der DDR unter Lothar de Maizière, baute auf der Burg Beeskow ein Zentrum zeitgenössischer Kunst auf und übernahm alle Arbeiten von Künstlern, die in den drei nördlichen Ländern beheimatet waren, während Sachsen die Werke der Künstler aus Sachsen-Anhalt, Sachsen und Thüringen übernahm. Das SMF baute auf der Festung Königstein ein Depot aus, welches Frau Burghardt ausgeguckt hatte – daselbst lagen die Kunstwerke absolut sicher; eine Auswahl wurde dort in einer Ausstellung gezeigt, in der der Kultursoziologe Prof. Siegfried Rehberg eine ausführliche Einführung gab. Übrigens war er damals einer der wenigen Wissenschaftler aus dem Westen, der DDR-Kunst als ernsthaften Forschungsgegenstand und nicht als ideologische Keule verstand. Der **Kunstfonds** katalogisierte alle Werke und stellte den drei Ländern für ihre Museen eine CD-ROM zur Verfügung, so dass sich alle Museen Werke heraussuchen konnten, die in ihr Sammlungsprofil passten. So fanden diese Kunstwerke dann doch noch eine neue Heimat, und die war nicht durch eiserne Tore verschlossen wie einst die geheimen Etablissements der SED-Oberen.

Ein erfreulicher Ansatz, den Sonhild Burghardt auch intensiv seit 1994 verfolgte, war ein Austauschprogramm von Künstlern aus Dresden und Ohio/USA. Diese konnten im „Raskolnikoff", einer Szenegaststätte in der Dresdner Neustadt, arbeiten und wohnen. Im Gegenzug durften einige sächsische Künstler in die USA reisen und ihren Blick im wahrsten Sinne des Wortes weiten, eine Möglichkeit, die fünf Jahre zuvor undenkbar gewesen war. Gleichfalls ergaben sich für sächsische Künstler weitere Möglichkeiten des internationalen Austauschs. Sonhild Burghardt war verantwortlich für die Auswahl der Stipendiaten für die Villa Massimo in Rom, für das Schloss Wiepersdorf oder die Cité Internationale in Paris. Leider haben wir Sonhild Burghardt viel zu früh verloren: ein unerbittlicher Krebs riss sie mitten aus ihrer Tätigkeit.

Das Referat 5.3 Theater, Orchester, Musikpflege unter der Leitung von Frigga Schnackenburg, die gleichfalls aus dem Rat des Bezirkes übernommen wurde, stand einer großen Aufgabe gegenüber. Einerseits waren die Landeseinrichtungen Sächsische Staatsoper mit Sächsischer Staatskapelle und Staatsschauspiel zwar finanziell große Posten, aber andererseits waren es kulturelle Flaggschiffe, deren Unterstützung nie infrage gestellt wurde. Dass der Freistaat auch noch ein „Reisetheater" übernahm, die **Landesbühnen Sachsen**, war wohl dem Namen und der Aufgabe des Theaters geschuldet. Es hatte sein Stammhaus zwar in der „Goldenen Weintraube" in der Stadt Radebeul und spielte hauptsächlich für deren Einwohner, aber war zugleich ein Reisetheater für den sächsischen Raum seit den frühen 1950er Jahren, wo es in ca. 80 Spielorten auftrat, weil es nach 1945 zur sozialistischen Pflicht gehörte, Kultur in alle möglichen und unmöglichen Orte zu tragen. Daran hielten sich die Landesbühnen auch weiterhin und bespielten außerdem im Sommer die Felsenbühne Rathen u. a. mit beliebten Karl-May-Aufführungen oder Carl Maria von Webers „Freischütz". Vergeblich versuchten wir, die Stadt Radebeul mit ins Boot zu bekommen, was immer wieder scheiterte, bis 2012 durch eine Änderung im Kulturraumgesetz die Stadt zur Mitfinanzierung verpflichtet wurde.

Das größere Problem waren die vielen kommunalen Theater und Orchester, die zwar nicht in unserer Verantwortung lagen, die aber Hilfe vom Freistaat erwarteten. In einem langen Prozess wurde das **Kulturraumgesetz** geschaffen, über das die wesentlichen Kultureinrichtungen der Kommunen gefördert werden und über das noch ausführlicher zu berichten sein wird.

Nach westdeutschem Vorbild sollte auch ein **Sächsischer Musikrat** gegründet werden. Dieser ist ein Landesverband, der alle Musikausübenden – Orchester, Chöre, Musikschulen, freiberufliche Lehrer, Kirchenmusiker usw. – vereint, um gegenüber der Politik mit einer Stimme zu sprechen.

Der Chefdirigent der Dresdner Philharmonie, Hans-Peter Weigle, lud mich kurzerhand ins Auto, und wir fuhren nach Bayern, genauer nach Nordfranken, nach Hof, um den dortigen Intendanten der Hofer Sinfoniker, Winfried Anton, zu besuchen, den Vorsitzenden des Bayerischen Musikrates. Er beriet uns, und noch im Sommer 1990 konnte der Musikrat gegründet werden. Heute ist er eine feste Größe im sächsischen Musikleben mit einer leistungsfähigen Geschäftsstelle und vielen guten Ideen, der sich immer auch ins aktuelle politische Geschäft einmischt. Er vertritt gegenwärtig etwa 165.000 Personen, die musikalisch interessiert oder tätig sind. 1999 beförderte sein Präsident, Ingo Zimmermann, eine Idee des anerkannten Chorleiters und Rektors der Kirchenmusikhochschule Dresden, Christfried Brödel, das Bach-Gedenkjahr mit einer einmaligen Aktivität zu beleben: An jedem Sonn- und Feiertag fand, vom 1. Januar bis 31. Dezember 2000 in irgendeiner Kirche in Sachsen die Aufführung einer Kantate von Johann Sebastian Bach statt (der Vorrat an über 200 Kantaten reichte für die ca. 60 Aufführungen). Ausführende waren Kantoreien, Chöre, professionelle Musiker und Laien. Gibt es einen besseren Beweis für die Leistungsfähigkeit des Musiklandes Sachsen?

Noch als ich bei den Dresdner Musikfestspielen arbeitete, hatte Ludwig Güttler die Idee, das „**Musikjahr in Sachsen**" zu begründen. Es sollte eine Marke im Sinne des Werbemarketings werden, die neben der Musik auch andere Produkte wie Weinsorten und weitere Verkaufsartikel umfasste. Ich trug diese Idee in die Direktion Dresdner Musikfestspiele und begründete ein Periodikum, das „Musikjahr in Sachsen", das zunächst ein Veranstaltungskalender war, der möglichst viele Konzert-, Bühnen- und Kammermusikveranstaltungen im ganzen Land erfassen sollte. Der Sächsische Musikrat übernahm das Projekt und veröffentlichte viele Jahre eine Zeitschrift mit Berichten aus dem Musiklebens Sachsens sowie einem üppigen Veranstaltungskalender, später online zugänglich. Eine Weinsorte ist allerdings nicht so bezeichnet worden. Auch die Einbeziehung des ernestinischen Sachsens, also Thüringer Aufführungsort wie Weimar, wurden außerhalb der jetzigen Landesgrenzen nicht gern gesehen.

Wichtig für das Kulturland Sachsen waren die Festivals wie das **Bachfest Leipzig**, die **Chemnitzer Begegnungen**, die **Dresdner Musikfestspiele**, das Zwickauer **Schumann-Fest**, die **Silbermann-Tage** in Freiberg oder das **Musikfest Erzgebirge**. Selbst im durch die Grenzlage zwischen Franken und Sachsen bislang völlig abgelegenen Winkel des Vogtlandes, in Mißlareuth, entwickelte sich ein Festival mit dem programmatischen Namen „**Mitte Europa**". Der Bariton Thomas Thomaschke hatte es sich zur Aufgabe gemacht, diese einst vergessene Region durch ein Festival zu beleben. Er kam direkt aus der Staatskanzlei im April 1991 zu mir, um mir seine Pläne vorzustellen, die ich zunächst nur zur Kenntnis nehmen konnte, bevor wir Förderinstrumente entwickelt hatten. Es bleibt eine ständige Aufgabe der Festivalleitungen, sich um weitere Finanzierung zu bemühen, dafür Firmen als Sponsoren zu gewinnen, was im Osten Deutschlands generell auf Probleme stößt. Zentralen großer Firmen liegen nun einmal nicht auf ostdeutschem Territorium, und andererseits sind genuin ostdeutsche Firmen zumeist nicht solvent genug für großzügiges Sponsoring. Hier war und ist viel Fantasie gefragt, sollte ein anspruchsvolles Programm ohne wesentliche Abstriche präsentiert werden. Diese Zwänge führten dazu, dass sich die Findigkeit vieler Veranstalter freier Projekte erstaunlich gut entwickelte. So zum Beispiel bei der Planung und Durchführung eines Festivals „**Schalom Sachsen**", das 1996 jüdische Künstler einlud, mit Schwerpunkt in Chemnitz: Es gelang, kurzfristig das Gastspiel eines israelischen Ballettes in Zwickau als Abschlussveranstaltung zu organisieren. Ein weiterer Höhepunkt war einer der letzten Auftritte des Wiener Chansonniers Georg Kreisler, den wir im Dresdner Theaterkahn am 12. März 1996 erleben durften.

Die **Chemnitzer Oper** – 1992 wurde das Gebäude am Theaterplatz geschmackvoll saniert – behauptete ihren Rang neben Dresden und Leipzig sehr selbstbewusst unter anderem durch Aufführungen des „Ring des Nibelungen" von Richard Wagner, die viele auswärtige Gäste, auch den Bayreuther Chef Wolfgang Wagner, anzogen. Für das Jahr 2000 plante das Haus die deutsche Erstaufführung eines biblischen Werkes von Kurt Weill und Franz Werfel „Der Weg der Verheißung", dessen Uraufführung 1933 der Machtergreifung Hitlers zum Opfer gefallen war. Die Weill-Foundation in New York gab die Erlaubnis zur Erstaufführung, nur fehlte eine deutsche Bühnenfassung. Auf einer Sitzung des Verwaltungsrates des Deutschen Bühnenvereins in München brachte ich die Chemnitzer Theaterleitung mit dem Dramaturgen des Leipziger Gewandhausorchesters zusammen, woraus eine fruchtbare Kooperation entstand. Mit diesem Werk gastierte das Chemnitzer Opernhaus als Repräsentant des Freistaates Sachsen, unterstützt von der Abteilung Kunst, zur Weltausstellung 2000 in Hannover, in den USA und in Israel. Die Chemnitzer hatten darüber hinaus den Vorzug und das Vergnügen, eines der letzten Gastspiele von Loriot zu erleben mit seiner Kurzfassung von Wagners „Ring". Auch bei solchen besonderen Projekten kam ein Teil der Mittel vom SMWK.

Ein besonderes Augenmerk richteten wir auf das **Bach-Archiv** in Leipzig. Die DDR-Kulturpolitik hatte das Archiv, das 1950 gemeinsam mit dem Bach-Institut in Göttingen gegründet worden war, zur „Nationalen Forschungs- und Gedenkstätte Johann Sebastian Bach", analog den Forschungsstätten der Weimarer Klassik, hochstilisiert. Nach 1990 konnte die Stadt Leipzig das Archiv mit 80 Mitarbeitern nicht halten. Die neue Lösung bestand in einer finanziellen Verteilung der Verantwortung auf Bund, Land und Stadt. Oberbürgermeister Hinrich Lehmann-Grube, zuvor Stadtdirektor in Hannover und also erfahren im Umgang mit staatlichen Behörden, betonte mir gegenüber ganz stolz, dass er es geschafft habe, eine Stiftung zu gründen. Die Wahrheit war dreigeteilt: Ohne das große Engagement von Dr. Gerti Peters aus der Kulturabteilung des Bundesinnenministeriums und unser Zutun sowie des gleichfalls großen Engagements von Dr. Georg Girardet, des Leipziger Kulturdezernenten, wäre das Projekt nicht zustande gekommen. Bereits im Mai 1991 stellten sich bei mir in gemessenem Abstand vor: zunächst Dr. Armin Schneiderheinze, Leitender Mitarbeiter im Bach-Archiv (und Vertreter der bisherigen Kräfte), später Cornelia Krumbiegel (u. a. meine sympathischste Kommilitonin während meiner Musikwissenschaftsstudien 1960 bis 1965 in Leipzig, Mutter des „Prinzen" Sebastian Krumbiegel, aktive Person im Kulturbereich in der aufregenden Zeit 1989/90, später Leiterin des Bach-Museums und gesuchte Gesprächspartnerin des Kulturdezernenten) sowie Dr. Hans-Joachim Schulze, „Bachs Stellvertreter auf Erden", einer der angesehensten Bachforscher überhaupt, aber als Nichtgenosse von der Leitung des Archivs bis 1989 ausgeschlossen. Mit ihren Argumenten war ich in der Lage, Frau Dr. Peters in Bonn, die gern zu uns kam, die Situation genauer zu beschreiben. Mit ihr wurde das Modell einer Stiftung erarbeitet: 50 Prozent der Kosten übernahm die Stadt, 40 Prozent der Bund und zehn Prozent die Freistaat. Dr. Schulze wurde Stiftungsdirektor. Mit Dr. Peters spann ich einen guten Faden, denn hin und wieder erbaten wir beide uns während der Stiftungsrats-Sitzungen eine kurze Auszeit, um uns im Gang des Neuen Rathauses zu Leipzig intern abzusprechen, wenn uns unser schlitzohriger Partner Dr. Girardet in bester Absicht mal wieder über den Tisch ziehen wollte. Ich übergab meinen Sitz nach meinem Ausscheiden aus dem Dienst 2004 meiner fähigsten Musikreferentin, Rodica Tines. Sie hat die Landesmittel für die Stiftung klug bemessen und erweitert und zusätzlich manches Projekt ermöglicht, was bei bürokratischer Lesart der Förderung nicht möglich gewesen wäre. Leider musste sie ihren Posten abgeben, als man im SMWK feststellte, dass die „Kleiderordnung" nicht stimme und ein solcher Sitz eher der Ministerin – damals Sabine Freifrau von Schorlemer – gebühre.

Das Referat 5.4 betreute Literatur und Film. Auch wenn Sachsen kein Filmland von der Potenz Hamburgs oder Nordrhein-Westfalens ist, so gehörte es zu den Aufgaben der Kunstabteilung, sowohl die Filmautoren, die Filmfestivals (an erster Stelle das Leipziger Dokumentarfilmfestival neben dem Dresdner Filmfest und weiteren kleineren Veranstaltungen auch im Umland) und die Kinos selbst zu unterstützen. Hedda Gehm, bisher Dramaturgin im DEFA-Trickfilmstudio, hatte alle diese Aufgaben im Blick, als ich sie in die Abteilung berief. Der MDR sah es nicht als seine vordringliche Aufgabe an, sächsischen Autoren Sendezeit zur Verfügung zu stellen, aber mit Hilfe der Sächsischen Landesmedienanstalt und anderer Fördermaßnahmen konnten viele interessante Streifen entstehen. Für die Kinos war es wichtig, sich durch Anschaffung von Digitaltechnik auf moderne Vorführweisen einzustellen, zumal es die Kinos waren, die in dem gesellschaftlichen und ökonomischen Umbruch in kleineren Gemeinden oft die einzigen Kulturstätten waren. Auch hierfür stellte das SMWK Fördermittel bereit. Da bekanntlich in Dresden das **DEFA-Trickfilmstudio** bis 1990 seinen Sitz hatte, bestand die Notwendigkeit, alle Produktionen und darüber hinaus viele andere Werke des Audiovisuellen Erbes zu archivieren. Diese Aufgabe übernahm das **Deutsche Institut für Animationsfilme** (DIAF), dessen Gründung und Arbeit vom Filmreferat des SMWK unterstützt wurde. Weiterhin war Hedda Gehm bei der Gründung des **Filmverbandes Sachsen e. V.**, bei der Organisation des 1. Internationalen Symposiums zum deutschen Animationsfilm und ähnlichen Veranstaltungen, zu denen wir in das Kulturzentrum Pentacon in Dresden-Striesen eingeladen wurden, stets eine gesuchte Partnerin des Landesverbandes, der schließlich durch ihre Aktivität Mittel des SMWK bekam. Mein Sohn Christian arbeitete nach 2000 – ohne mein Zutun – in der Geschäftsstelle an vielen erfolgreichen Projekten mit, nachdem er seinen vierjährigen Dienst im Taktikzentrum der Bundeswehr beendet hatte.

Mit der Gründung des Literaturinstituts 1955 auf Beschluss des SED-Zentralkomitees in Leipzig hatte die DDR-Kulturpolitik ein Zeichen ihrer Einflussnahme auf die „gefährlichste" aller Kunstgattungen, die Belletristik, gesetzt. Das SMWK stand vor der Aufgabe, über den Fortbestand zu entscheiden, und bekannte sich nach Schließung der alten DDR-Einrichtung zu einem neuen Profil unter der organisatorischen Obhut der Universität Leipzig und unter einer neuen Leitung durch den Schriftsteller Bernd Jentzsch. Neben dieser Spitze der Literaturentwicklung war es indessen notwendig, das Interesse am Lesen sowohl durch die Anschaffung neuer Literatur in öffentlichen Bibliotheken als unmittelbare Folge des Infrastrukturprogrammes des Bundes ab 1991 als auch durch weitere Maßnahmen der Leseförderung zu unterstützen. So gelang es, das ehemalige historische Kornhaus in Zittau, das ein Investor zu einer Hochgarage umbauen wollte, als ein **Haus der Literatur** mit einer Bibliothek in mehreren Etagen einzurichten. In Kamenz wird seit 1993 aller zwei Jahre der **Lessing-Preis** des Freistaates Sachsen verliehen. Er besteht aus einem Hauptpreis, der herausragende Leistungen im Geiste Lessings auf dem Gebiet der Literatur, der Literaturkritik und des Theaters würdigt. Zusätzlich werden zwei Förderpreise vergeben. Die Verleihung erfolgt meist am Vorabend von Lessings Geburtstag am 22. Januar im Rahmen der Lessing-Tage. Die Begegnungen mit den Preisträgern wie Hans Sahl (1993), Rolf Hoppe (1995), Wolfgang Hilbig (1997) oder Adolf Dresen (2001) waren immer auch für mich ein Gewinn. Die Arbeit der Jury wurde vom Referat Literatur, Film, von Renate Brendel, der ehemaligen Cheflektorin des Leipziger Verlages Diederichs, jeweils gründlich vorbereitet und begleitet. Sie unterstützte auch die Gründung eines **Sächsischen Literaturrates**.

Nach den ersten Monaten meiner Tätigkeit wurde die Abteilung um ein weiteres Referat erweitert, zugleich gab ich eines an die Hochschulabteilung ab: Die Verantwortung für die künstlerischen Hochschulen. Hier hatte sich gezeigt, dass die komplexen Vorgänge der Hochschulerneuerung auch die **Musik- und Kunsthochschulen** sowie die **Palucca-Schule** betrafen, so dass Dr. Tatjana Frey und Cornelia-Maria Ziesch (die aber bald darauf wieder in die Abteilung zurückkehrte und im Musikreferat eine verlässliche Stütze wurde) in die Hochschulabteilung wechselten. Das hieß aber nicht, dass ich mich mit den Kunsthochschulen nicht mehr befassen musste, im Gegenteil, meine Mitwirkung und meine Kenntnisse waren gefragt. So habe ich die Tänzerin Hanne Wandtke überzeugen müssen, die Leitung der Palucca-Schule zu übernehmen, ebenso den Komponisten Wilfried Krätzschmar, Rektor der Musikhochschule zu werden. Denn naturgemäß war Leitungspersonal aus DDR-Kadern rar, daher waren vertrauensbildende Maßnahmen wichtig. Mein Argument gegenüber beiden war: *„Ich hatte auch keine Vorbildung, um Abteilungsleiter zu werden"*. Wilfried Krätzschmar war ein Glücksgriff: Nachdem ich zwei Stunden in seiner Komponierstube in Dresden-Lockwitz auf ihn eingeredet hatte, blieb er drei Wahlperioden der Hochschule als Rektor erhalten, konnte so kontinuierliche Aufbauarbeit über zwölf Jahre leisten und den aufgeregten Bienenschwarm der Künstler beruhigen. Das schönste Zeugnis seines Dankes ist sein Beitrag in der Festschrift zu meinem 75. Geburtstag, in dem er launig und pointiert unsere Begegnungen beschreibt. Eine Episode trage ich hier nach: Während wir angeregt zu seiner Berufung als Beamter beim Minister saßen, kam die Rede auf die Uraufführung seiner 2. Sinfonie durch die Dresdner Philharmonie im Dresdner Kulturpalast. Nun ist „Neue Musik" nicht jedermanns Sache, besonders nicht in Dresden – manche Zuhörer verließen dann schon mal türenschlagend den Saal. Wir hatten westdeutsche Gäste zur Uraufführung eingeladen, die sich über diese unwirschen Reaktionen sehr verwunderten. Aber auch manche Ausführende reagierten recht speziell: Meine Schwägerin hatte vormittags einen philharmonischen Geiger gesprochen, der erklärte: *„Heute ist neue Musik, da kommt es nicht so drauf an, da spiele ich meine ‚Rathenfichtel"*, Musikerjargon für unempfindlichere Instrumente, die dem feuchten Klima der Naturbühne Rathen ausgesetzt sind, im Gegensatz zu den edlen „Stradivaris" für den Konzertgebrauch. Wilfried Krätzschmar war amüsiert.

Auch bei den komplizierteren Verhältnissen an der Dresdner Kunsthochschule war meine Gegenwart gefragt, da ja die Kunstproduktion an den Hochschulen irgendwie mit der Abteilung Kunst zu tun hatte. Prof. Meyer zog mich indessen immer heran, wenn es um schwierige Begegnungen ging, z. B. mit dem kenntnisreichen, aber nicht gerade kompromissbereiten Prof. Diether Schmidt, der einige Jahre als Rektor an der Dresdner Kunsthochschule wirkte, ebenso mit seinen Nachfolgern Prof. Horst Hirsig und Prof. Ulrich Schießl. Die Freiheit der Kunst war allerdings nicht jedermanns Sache: Als 2002 in der Leipziger Kunsthochschule Karikaturen von Minister Rößler auftauchten, wurde ich von diesem persönlich verantwortlich gemacht.

Das Referat 5.5, Angelegenheiten des sorbischen Volkes, hatten wir von der Staatskanzlei übernommen. Die Sorben leben in Brandenburg (Niedersorben) und in der sächsischen Oberlausitz (Obersorben) und sind als eine slawische Minderheit unter den besonderen Schutz des Freistaates gestellt. Deshalb gibt es eine **Stiftung für das sorbische Volk**, in der die Vertreter der Sorben ihre Vorstellungen und Forderungen äußern – neben Sachsen und Brandenburg hat der Bundesinnenminister einen Sitz im Stiftungsrat. So lernte ich auch nach 1998 den ungeduldigen Bundesinnenminister Otto Schily kennen, zu dessen Ankunft mit Bundeswehr-Hubschrauber auf einem Polizeiflugplatz bei Bautzen der ganze Stiftungsrat antreten musste, um dann in einer Wagenkolonne in die Innenstadt zu fahren. (Wir hätten natürlich auch im Haus der Sorben auf den Minister warten können.)

Es geht darum, die Sprache und die sorbischen Einrichtungen, die das Sorbische pflegen, also Tageszeitung, Zeitschriften, Schulunterricht und Brauchtum zu unterstützen. Dazu gehört das **Sorbische Nationalensemble**, das mit Chor, Solisten, Tänzern und Orchester typische Werke der sorbischen Überlieferung aufführt und damit viel gastiert, um dem Auftrag der Brauchtumspflege überall gerecht zu werden. Die Sitzungen des Stiftungsrates waren meist sehr bewegt, da gewiss zwischen den Forderungen der Sorben und den tatsächlichen Möglichkeiten wie die Anzahl derjenigen, die noch Sorbisch sprechen und schreiben wollten, gewisse Diskrepanzen auftraten. Aber das Sorben-Referat nahm die Aufgabe ernst, es bestand aus zwei Sorben namens Simon und Stanislaw Brezan, später kam Katrin Noack dazu, die täglich aus der Lausitz anreisten und die meine Sitzungen im Stiftungsrat immer gewissenhaft vorbereiteten.

Ein ungelöstes Problem bis heute ist die Existenz des **Deutsch-Sorbischen Volkstheaters** in Bautzen, das ein gutes Theater ist, aber aufgrund des sorbischen Anteils in seinem Repertoire zu keinem Kompromiss in Bezug auf eine organisatorische Verbindung mit den zwei anderen Theatern in Görlitz und Zittau bereit ist.

Nach meiner Entfernung als Abteilungsleiter durch Minister Matthias Rößler geschah es mehrfach, dass dessen freundlicher Persönlicher Referent zu mir kam und mich bat, in Vertretung des Ministers an Veranstaltungen teilzunehmen, selbstverständlich mit Grußwort. Rößler hatte zumeist zugesagt und dann kurzfristig abgesagt. Ich als arbeitsloser ehemaliger Abteilungsleiter (dazu später) nahm diese Gelegenheit gern war. Ich bekam ein Dienstfahrzeug und einen Text zum Aufsagen, den ich meist weder las noch mitnahm, weil ich genau wusste, zu welchen Veranstaltungen ich fuhr. So auch im Falle der Eröffnung der **5. Tage der Zeitgenössischen Sorbischen Musik** im Herbst 2003 in Bautzen. Meine Kollegen aus dem Sorben-Referat hatten mir ein umfängliches Grußwort über die „Rolle der Bedeutung" mitgegeben, das ich gar nicht erst mitnahm, weil mir klar war, dass der Stiftungsdirektor in seiner Begrüßung diese Dinge ansprechen würde, und Wiederholungen bei Grußworten waren und sind mir immer ein Gräuel. Denn es ging um zeitgenössische Musik. Zu Beginn spielte das Orchester des Deutsch-Sorbischen Volkstheaters eine Uraufführung von Juro Metschk. Ich kannte den Komponisten noch aus meiner Verlagstätigkeit in Leipzig. Das Werk bediente sich der Klangfarbenmelodie, also die Töne wanderten durch das Orchester, und die Sorbinnen und Sorben saßen etwas ratlos im Auditorium. Ich hatte von meinem Platz in der ersten Reihe aus gesehen, dass am Pult des ersten Cellisten ein langer Fuchsschwanz hing, den der Konzertmeister dann auch schön einbog und strich. Daran knüpfte ich in meinem Grußwort an, erklärte, dass ich so einen großen Fuchsschwanz gern in meiner Werkstatt hätte, dass er aber hier eine andere Funktion habe, nahm dem Publikum die Scheu vor dem modernen Werk und versuchte, mehr Verständnis für diese Musik zu wecken. Beim Empfang danach war ich umringt von lauter charmanten Sorbinnen, die höchst verwundert waren, dass da aus dem Ministerium jemand kam, der nicht nur etwas von Neuer Musik versteht, sondern sie auch erläutern kann, wie die Frau des Landtagsabgeordneten Heiko Schiemann anerkennend sagte. Ich fühlte mich wie der Hahn im Korbe, was mir angesichts meiner damaligen Degradierung sehr wohl tat. Und als dann noch der SPD-Landtagsabgeordnete Benedikt Dyrlich, mit dem wir manchen Strauß ausgefochten hatten, seine Verwunderung über meine Kenntnisse aussprach, da antwortete ich ihm: *„Ja, was denken Sie, ich habe doch die Zeit in der DDR nicht verschlafen."*

Die „neuen" Beamten

Jedem Minister musste daran gelegen sein, im Parlament Unterstützung für seine Regierungsvorhaben zu erhalten. In jedem Ausschuss saßen sowohl Vertreter der Mehrheitsfraktion CDU als auch die Abgeordneten aller Oppositionsparteien. Um letztlich im Landtag eine Mehrheit für ein Vorhaben zu erreichen, war es daher zwingend, bereits im Ausschuss Klarheit über das jeweilige Vorhaben zu erreichen und die Chancen bei künftigen Abstimmungen zu erkunden. Die Abgeordneten jeder Fraktion wirkten im Plenum auf ihre jeweiligen Fraktionskollegen ein, um den Vorlagen zuzustimmen oder sie abzulehnen. Im Wissenschafts- und Kulturausschuss hatten wir großes Glück, in dem Lyriker Dr. Uwe Grüning und dem ehemaligen Lehrer Friedbert Groß zwei verständnisvolle und verschmitzt handelnde Abgeordnete zu haben, die eine große Hilfe in diesen parlamentarischen Verfahren waren. Ständige Abstimmungen zwischen ihnen und unserem Ministerium fanden statt. Die Ausschuss-Vorsitzende Leonore Ackermann indessen hielt von uns Ministerialen überhaupt nichts und nährte das Bild von den schlafenden Beamten. Dabei bedachte sie nicht, dass es die hier noch gar nicht geben konnte: Erstens erhielten Ostdeutsche anfangs überhaupt nicht den Beamtenstatus. Und zweitens: Wenn ich meine gefüllten Kalender aus den Jahren 1991 bis 2004 durchblättere, dann hatte ich wohl tagsüber im Büro gar keine Zeit zum Schlafen, denn die Tage waren randvoll mit Gesprächen, Sitzungen, Reisen usw. gefüllt, und außerdem findet Kultur bekanntermaßen immer am Abend oder an Wochenenden statt. Mich traf dieser Vorwurf ebenso wenig wie meine Kollegen in den anderen Abteilungen, die z. B. in der Hochschulkommission anfangs monatelang regelmäßig sonnabends und sonntags auf Schloss Wachwitz tagten. Denn es musste eine neue Staatsverwaltung aufgebaut werden, die die unendlich vielen Einzelprobleme des Wechsels aufzunehmen, zu beraten und zu entscheiden als auch größere strategische Vorhaben in Gang zu setzen hatte. Alles musste neu durchdacht und sachgerecht entschieden werden, ohne Erfahrungen in der ministeriellen Arbeit. Fehler konnten und durften wir uns nicht leisten, und ich kann sagen, dass wir bis auf wenige Dinge, die auch schief gehen konnten, das richtige Gespür für die Probleme hatten, die richtigen Fragen stellten und unsere Entscheidungen auf der Grundlage unserer fachlichen Kompetenz fällten. Das war unser Vorteil. In meine Abteilung konnte ich mir in der Aufbauphase lauter Fachleute mit entsprechender Berufserfahrung holen, auf deren Urteil ich mich schließlich auch verlassen musste. Die für mich sinnlose, typisch ministerialbürokratische Anweisung zu Rotation von Beamten, die nur dort sinnvoll ist, wo Korruptionsketten unterbrochen werden müssten, störte unsere Abläufe ziemlich, weil wertvolles Fachwissen und damit Vertrauen unserer Partner verlorenging, wenn plötzlich eine beliebige Person an die Stelle meiner Fachleute trat oder wenn eine Musikreferentin für ein halbes Jahr im Sozialministerium Dienst schieben musste, wo sie nicht gebraucht wurde und ihre Kenntnisse nicht erweitern konnte.

Wir hatten anfangs keine Gelegenheit zur Reflexion, sondern mussten die Aufgaben angehen, wie sie ins Haus kamen: also die Klärung der Rechtsträgerschaft für die Landeseinrichtungen, Personalfragen, weil einige Leiter aus der alten Zeit nicht mehr tragbar waren, unzählige Besuche von Künstlern, die Vereine oder freie Theater gründen wollten und finanzielle Zuwendungen erhofften, die ständige Rückkopplung zu Minister und Staatssekretär – denn wir wollten und konnten uns keine Alleingänge erlauben –, die ersten Überlegungen zur Gründung einer Kulturstiftung, die Vergrößerung der Abteilung durch die Auswahl von Kandidaten, die Anhörung stasibelasteter Bediensteter im öffentlichen Dienst, die zeitweise Teilnahme an der Hochschulkommission, die hauptsächlich an den Wochenenden tagte, um eine neue Hochschulstruktur zu schaffen, in die auch die Kunsthochschulen einbezogen waren, die Vorarbeiten zur Gründung eines Kultursenats, einer Akademie der Künste und vieles andere.

Auf einer Sitzung der Hochschulkommission auf Schloss Wachwitz lernte ich den ehemaligen legendären bayrischen Kultusminister Hans Maier kennen, der als junger Mann von Franz Josef Strauß ins Kabinett geholt worden und durch viele politische Schlachten gestählt war. Er riet mir, die Hinterbänkler im Parlament nicht zu übergehen, weil diese für bestimmte Aufgaben durchaus einbezogen werden sollten – ein guter Rat. Später, als das Schloss nicht mehr benötigt wurde, riet ich bei einem Besuch im Finanzministerium dem Staatssekretär Karl-Heinz Carl, der aus dem Bundesverteidigungsministerium reaktiviert worden war: *„Verkaufen Sie Schloss Wachwitz, weil wir das Geld mal gebrauchen können!"* – Doch Carl, der uns Abteilungsleiter immer geringschätzte und keinen Rat annahm, reagierte höhnisch: *„Was der Zimmermann da erzählt!"*

Schloss Wachwitz wurde später tatsächlich verkauft und enthält heute Eigentumswohnungen.

Stasi – ein Kapitel für sich

Das Ministerium für Staatssicherheit (MfS) der DDR sah seine Hauptaufgabe darin, die gesamte Bevölkerung der DDR mit nie nachlassender Paranoia zu bespitzeln. Neben 80.000 hauptamtlichen Mitarbeitern wurden viele, die aus ihrer Abneigung gegen den Staat keinen Hehl machten, oder viele, denen man Abneigung unterstellte, zur Mitarbeit als Informelle Mitarbeiter gezwungen, in manchen Positionen war diese „Mitarbeit" auch Pflicht. Die Aufarbeitung dieses Kapitels war in den ersten Jahren nach dem Herbst 1989 ein allgegenwärtiges Thema: die Enthüllung tatsächlicher oder vermuteter früherer Tätigkeit. Es galt zumindest als ein gewisser Ausweis demokratischer Gesinnung, wenn man nicht bei der „Firma" gewesen war, und schließlich wollte der neue Freistaat im öffentlichen Dienst nicht mit dieser Sache belastet werden. Im Mai 1991 begannen daher die Anhörungen der Mitarbeiter aus dem gesamten Geschäftsbereich, die, nach einem Beschluss des Landtages, ihre Zusammenarbeit mit dem MfS in einem Fragebogen positiv beantwortet hatten. Es traten Kollegen aus den Hochschulen, den Kultureinrichtungen und den Forschungseinrichtungen an. Wochenlang gab es Arbeitsgruppen, die aus den Abteilungsleitern und jeweils einer Juristin oder einem Juristen aus dem Stuttgarter Ministerium bestanden. Mir assistierten Ministerialrat Langer bzw. Rodica Tines. Für diese Anhörungen wurde mein Dienstzimmer genutzt. Ich betonte, dass dies kein Verhör, sondern eine Anhörung durch den Dienstherrn sei.

Manche traten recht forsch auf und notierten unsere Namen, andere waren eher zurückhaltend. Was habe ich da alles erfahren über die Methoden des MfS, wie waren die Mitarbeiter mit kleinen Ungenauigkeiten erpresst worden! Andere waren überzeugt von der Richtigkeit ihrer inoffiziellen Mitarbeit.

Wir schrieben Protokolle und übergaben die Vorgänge dem zuständigen Kollegen, der dem Minister nach Rücksprache mit der Gauck-Behörde Empfehlungen über Beibehaltung oder Auflösung des Arbeitsverhältnisses gab. Interessant war, wer da alles in mein Büro kam. Es war die Zeit der großen Verwunderung.

Aber es gab, neben den Berichten der Anzuhörenden, noch eine zweite „Wahrheit", die des MfS, und die lernte ich bei dieser Gelegenheit auch kennen. Als Beispiel diene ein Bericht des „Spiegel" über Günther Fischer, ein prominenter Saxophonist und Komponist aus DDR-Zeit. Fischer war mit Manfred Krug, Armin Mueller-Stahl und Jurek Becker befreundet. Diese gingen in den Westen, zunächst nach West-Berlin, und IM Fischer durfte sie dort besuchen. Nach seiner Rückkehr berichtete er seinem Führungsoffizier, was ihm die drei erzählt hatten, dass nun die Zeit der

DDR-Privilegien vorbei wäre und man jetzt ganz auf sich allein gestellt sei. Daraus erstellte die Firma ihre neuen Dossiers, drehte an den nicht anzuzweifelnden Berichten von Fischer so lange herum (auch ein Führungsoffizier braucht Erfolge), bis Dossiers herauskamen, die dann auch im Westen über die dortigen Kanäle des MfS verbreitet wurden: drittrangiger Schriftsteller, zweitrangiger Schauspieler usw. Auf diese zersetzende Art konnte man auch noch außerhalb der direkten Reichweite des MfS den Entwichenen schaden.

Mir sind im Ministerium Fälle bekannt geworden, nach denen Ausgereiste im Westen Deutschlands keinen Fuß fassen konnten – für sie unerklärlich. Das könnte in der Tätigkeit solcher westdeutscher IM begründet sein. Mir wurde klar, dass das MfS mit der Angst der Zeitgenossen rechnete, dass man Tatsachen so lange drehte, bis daraus etwas Unrechtes konstruiert werden konnte, das man jederzeit gegen aufmüpfige DDR-Bewohner einsetzen konnte, wie ich in meiner eigenen Akte lesen konnte.

Es gab aber auch Gegenbeispiele: Wie meine Frau hatte eine meiner Kolleginnen, Dr. Tatjana Frey, „Nein" gesagt, als die „Firma" sie werben wollte. Sie hat die DDR überlebt, wenn sie auch mit gewissen Einschränkungen leben musste.

Mitunter traf es empfindlich die Einrichtungen: Wolfgang Burkmüller, Orchesterdirektor der Sächsischen Staatskapelle, musste ganz rasch die entlassenen Kollegen ersetzen, was er ohne zu murren mit einer gewissen Gottergebenheit tat. Dieser Personalwechsel ging meist relativ geräuschlos vonstatten, weil das Ministerium bewusst keine Öffentlichkeitsarbeit betrieb, wohingegen in den Medien bestimmte Personen ins Visier gerieten, manche auch zu Unrecht, wie Prof. Nollau, unser Parlamentarischer Staatssekretär, der viel auszuhalten hatte an ungerechten Beschuldigungen, bis er sich zurückzog. Eine Entschuldigung der Stasijäger in den Medien hat er nie gehört oder gelesen.

Was für die Kollegen in den Einrichtungen galt, war auch für uns bindend. Ich hatte Glück in meiner Abteilung, denn meine ehemaligen Mitarbeiterinnen des Rates des Bezirkes waren diesbezüglich ohne Tadel und verblieben im Amt, bis auf meinen Referatsleiter Allgemeine und Grundsatzangelegenheiten, den ich bedauerlicherweise verlor, denn er war eine wirkliche Hilfe in der Verwaltung gewesen. Aber es wurde rasch Ersatz geschaffen: Der Kanzler der Fern-Universität Hagen, Henning Rengshausen, eigentlich für die Verwaltung der TU Dresden unter dem fähigen Kanzler Alfred Post bestimmt, wurde vom Amtschef kurzerhand in meine Abteilung „umgeleitet". Er war ein erfindungsreicher Jurist, und ihm verdanken wir eine Reihe von Lösungen schwieriger Probleme, wie z. B. die Klärung der Restitutionsansprüche der Wettiner, die ab 1998 anstand.

Immer wieder war in den Zeitungen von neuen Fällen inoffizieller Mitarbeit für die Stasi zu lesen; auch unser Geschäftsbereich war ab und zu betroffen, und auch da wunderte man sich, bis sich diese „Enthüllungen" allmählich beruhigten und wir zur „normalen" Arbeit übergehen konnten. Ein Fall aber ist mir im Gedächtnis geblieben: Der des ehemaligen Rektors der Dresdner Musikhochschule und letzten Intendanten der Dresdner Staatsoper, Gerd Schönfelder. Er wurde im Dezember 1989 von der Sächsischen Staatskapelle gekippt, als er sich gegenüber dem Dirigenten Marek Jurowski abfällig über die Damen und Herren Musiker äußerte. Das tut man nicht! Seine Akte war zwar meterdick, aber er sandte seine Frau am 15. Oktober 1991 gegen 17.30 Uhr zu mir, um sie verkünden zu lassen, dass er keine Zuträgerarbeit für die Stasi geleistet habe, die Gauck-Behörde in Berlin habe ihm das in einem vierseitigen Brief bestätigt. Dabei hatte die Berliner Behörde ihm lediglich das Prüfungsverfahren ausführlich erläutert. Er verlor seinen Professorentitel und sein Hochschulamt. Zwar hatte die Gauck-Behörde weisungsgemäß alle Namen der ausgespähten Personen geschwärzt, doch ließen sich aus unserer Kenntnis der Zusammenhänge und der Buchstabenlänge alle Personen identifizieren, über die er der Stasi Bericht erstattet hatte. Es handelte sich um die gesamte Dresdner Musikszene, und die Einzelheiten waren schändlich, aber der Betreffende hatte offenbar kein Unrechtsbewusstsein und versuchte noch jahrelang, seine ehemaligen Untergebenen in Büchern und Artikeln anzuschwärzen.

Ich dachte, wenn man mit dem alten System so eng verbunden war, was ja jeder wusste, dann wäre es doch an der Zeit, jetzt einfach einmal still zu halten und sich nicht als Märtyrer aufzuspielen. Denn unsere Vergessensfähigkeit ist nachweislich gut ausgeprägt und sieht später über manches hinweg. Aber darauf zu hoffen, war seine Sache nicht.

Mit deutscher Gründlichkeit wurden auch internationale Verzeichnisse von Stasi-Mitarbeitern geprüft, und so erhielt ich noch lange nach meinem Dienstende 2004 die erfreuliche, amtliche Mitteilung, dass ich nicht in der in den USA geführten „Rosenholz-Kartei" als Stasi-Zuträger geführt worden sei – wie beruhigend.

Die Einsicht in meine eigene Stasi-Akte gehört zu den kuriosesten Erlebnissen. Irmgard Meyer als Leiterin der Dresdner Gauck-Behörde saß neben mir und wunderte sich über meine gute Laune, denn sie erlebte in der Regel fassungslose und schwer enttäuschte Leser. Ich fand, dass das, was ich da flüchtig lesen konnte, eher einem absurden Theaterstück glich. Dort waren u. a. Beobachtungen unserer „Blockwartin" im Prohliser Hochhaus notiert, die an Dummheit, Falschaussagen und Falscheinschätzungen nicht zu überbieten waren. Ich konnte das Kapitel Stasi abhaken, ohne dass mir Personen aus dem näheren Freun-

Dr. Tatjana Frey, Dr. Reiner Zimmermann, Henning Rengshausen, Evelyn Däberitz (v.l.n.r.) am 27. November 2001

deskreis aufgefallen wären, die mich bespitzelt hatten. Wenn ich allerdings heute die Kopien der Aufzeichnungen und „Einschätzungen" der Stasi-Offiziere über meine Frau und mich wieder lese, dann kommt ziemliche Wut hoch über die Anmaßung dieser Leute, die uns gar nicht kannten, sondern nur vom Hörensagen missgünstiger Kollegen und Kolleginnen ihre Dossiers zusammenschusterten, um ausschließlich negative Bilder von uns zu fixieren, um auf alle Fälle gegen uns etwas in der Hand zu haben, wogegen man sich schwer wehren kann. Als ich 1986 in die Direktion der Dresdner Musikfestspiele wechselte, hatte die „Firma" in Berlin diesen Wechsel verpasst. Es gab keinen Nachrichten-Transfer von Akten aus Berlin, so dass die Kreisdirektion Dresden verwundert registrierte: *„Warum haben wir die Anstellung des Z. nicht verhindert?"* Im „Auskunftsbericht" am 10. Februar 1986 hatte Hauptmann Sauer handschriftlich an Unterleutnant Schmidt vermerkt: *„Ständige operative Kontrolle durch den GMS ‚Heinz' organisieren, Einleitung M-Kontrolle zu Dr. Z., Speicher zu den BRD-Verbindungen und M-Kontrolle, KK-Erfassung, Wiedervorlage der Ergebnisse T. 29.5.86",* also ein umfassendes Programm für die nächsten Jahre, ohne dass sich im Sinne des MfS brauchbare Ergebnisse gezeigt hätten.

Aber eine Sache ist doch bemerkenswert: In meiner „Laufkarte", einem A5-Blättchen, das die wesentlichen Informationen über die beobachtete Person enthielt, stand ganz unten rechts, wohin der Blick zuerst hinfällt: *„Der Z. ist ungeeignet für Kulturpolitik".* Wenn das keine Auszeichnung und Empfehlung ist!

Desolate Bauten in Sachsen
und loyale Partner in Bonn und Berlin

Die ersten dringenden Aufgaben bestanden also u. a. in der Umsetzung der beiden Bundesprogramme: Unsere Auflistung sächsischer Kultureinrichtungen, die vom Bund unterstützt werden sollten, umfasste über 60 Einrichtungen. Mit dieser Fülle konnten die anderen vier „neuen" Länder nicht mithalten. Diese Liste sandten wir nach Bonn ins Innenministerium, Graurheindorfer Straße, und hier musste ich antreten, um diese Liste vor dem Staatssekretär Horst Waffenschmidt (dem Namen entsprechend mit strenger Miene) und dem Abteilungsleiter Sieghardt von Köckritz zu verteidigen. Denn 1991 bis 1993 ging es überhaupt erst einmal darum, mit dem Substanzerhaltungsprogramm das Personal der kommunalen Einrichtungen zu bezahlen und die dringendsten Kosten für den laufenden Betrieb aufzubringen. Die Bonner Herren hatten geringe Vorstellungen von der Kultur im Osten, und das war unser Vorteil. Nur bei der Sächsischen Staatsoper hatten sie Vorbehalte und erklärten mir, dass deren Finanzierung der Freistaat doch selbst übernehmen solle, was er auch sofort tat.

Einmal wurden wir sogar im Regierungshotel auf dem Petersberg in Königswinter bei Bonn von Bundesinnenminister Wolfgang Schäuble empfangen, der sich nicht zu schade war, uns die besonderen Leistungen des Bundes zu erläutern.

In Sieghardt von Köckritz hatten wir eine ausgeprägt kultivierte Persönlichkeit von großem Charme, der uns armen „Ossis" sehr zugetan war. Er durfte sogar im Zimmer unseres Staatssekretärs, einem strengen Nichtraucher, seine Zigaretten anstecken. Er gehörte mit den Damen und Herren seiner Kulturabteilung zum Bundesinnenministerium, hatte aber einen guten Draht ins Bundeskanzleramt, und so war er es, der die Entscheidungen des Bundeskanzlers praktisch umsetzten musste. Das Geld für die Bundesprogramme musste bei den wie immer sparsamen Beamten des Bundesfinanzministeriums locker gemacht und an die neuen Länder mit Auflagen und Anweisungen transferiert werden. Herr von Köckritz war immer wieder genötigt zu erklären, dass dies allein Folgen der Einheit seien, die er „*nicht vorsätzlich oder fahrlässig herbeigeführt habe*", wie er uns immer hintergründig lächelnd berichtete.

Außerdem hatten wir auf der mittleren Ebene der Kulturabteilung des Bundes einen weiteren Verbündeten: den Referatsleiter Dr. Manfred Ackermann. Er hatte „Ost-Erfahrung", er war nämlich eine Zeit lang Mitarbeiter der Ständigen Vertretung der Bundesrepublik in Ostberlin gewesen und somit wohl der Einzige, der als Westdeutscher dort täglich das „Neue Deutschland", das Zentralorgan der SED, gelesen hatte – selbst für hartgesottene DDR-Bürger eine Zumutung. Er zwang seine

Kollegen, ihm jeden Morgen bei einer zehnminütigen Zeitungsschau zuzuhören, wodurch sich sein Ost-Horizont sehr erweiterte.

Ich schien ihm der geeignete Partner für seine vielen Ideen zu sein, mit denen er seine neuen Minister, zuerst den 1998 von Bundeskanzler Gerhard Schröder berufenen Staatsminister für Kultur und Medien, Michael Naumann, bewog, mehr für den Osten zu tun, denn er kannte wohl die prekäre ökonomische Lage des Ostens besser als die meisten anderen Bundesbeamten. Nach der Flut 2002 holte er 100 Millionen Euro für ein Sonderprogramm Kultur im Osten heraus, und ihm verdanken wir u. a. auch ein Kulturbauten-Programm zur Sanierung der Theater- und Museums-Gebäude, denn er wusste wie wir, dass die Bausubstanz dieser Gebäude durch 40 Jahre und längeres Nichtstun völlig verschlissen war.

Dr. Ackermann war außerordentlich eloquent, so dass ich nur zuzuhören brauchte. Eines Tages im Jahr 1998 rief er aus dem neuen Bundeskanzleramt in Berlin an, wo sein zuständiger Minister saß, und fragte mich, was ich von einem **Kulturbauten-Programm** halte. Er wolle seinem Minister einen guten Start verschaffen: Bund und Rechtsträger zahlen je die Hälfte. Ich hielt sehr viel davon, zumal dieses Programm mich nicht direkt betraf, denn Bauherr zu sein, war ein Hobby des sächsischen Finanzministers Georg Milbradt, und so ließ er die meisten Landesbauten in eigener Regie sanieren. Daher konnten wir viel für die Kommunen tun. Durch meine zahlreichen Reisen im Lande wusste ich, wo dringend Handlungsbedarf bestand. Es kam hinzu, dass das sächsische Finanzministerium von den 150 Millionen DM Kulturraum-Mitteln 25 Prozent der jährlichen Zuwendungen für investive Zwecke umwidmen wollte. Das hätte die kommunalen Träger dieser Einrichtungen in große Schwierigkeiten gebracht und über Nacht zu massivem Kulturabbau geführt. Die an sich richtige Idee des SMF, auch etwas für die zu DDR-Zeit meist nur mit Ausnahmegenehmigungen arbeitenden und verschlissenen Häuser zu tun, um Technik und Theaterräume, Probensäle, Museumsbauten und anderes zu sanieren, ließ sich nicht ohne Verluste aus den Kulturraum-Mitteln realisieren. Also rief ich die Oberbürgermeister an und fragte: *„Haben Sie Geld? Sie brauchen nur die Hälfte zu zahlen."*

Das kam gut an, und so konnte ich Dr. Ackermann am nächsten Tag eine Liste 1 (es folgten noch sechs weitere Jahreslisten) übersenden, sodass viele Kulturgebäude saniert werden konnten.

Besonders Chemnitz hatte es mir angetan: Die einstige sächsische Industriemetropole hatte zu DDR-Zeit nach den Zerstörungen des Zweiten Weltkriegs sehr gelitten und stand immer im Schatten der glänzenden Schwestern Dresden und Leipzig. Nun war es Zeit, für gleiche

Chancen zu sorgen. So hatte ich ein gutes Verhältnis zum Chemnitzer Oberbürgermeister Dr. Peter Seifert, einem ehemaligen Ingenieur, der seinen beiden Vorzimmerdamen eingeschärft hatte: Wenn Dr. Zimmermann aus Dresden anruft, dann sofort durchstellen, der hat immer gute Nachrichten. (Als wir uns 2002 im Chemnitzer Industrie-Museum trafen, klagte er: *„Was soll nur werden, wenn Sie und Frau Mössinger ihren Dienst beenden?"* Nun, Ingrid Mössinger hat als Direktorin der Chemnitzer Museen länger ausgehalten als ich und ist erst 2018 in den Ruhestand gegangen.) Dr. Seifert sagte mir als erster den kommunalen Anteil für die Sanierung des König-Albert-Museums zu, da die überaus rührige Ingrid Mössinger durch Auslagerung des Naturkundemuseums den gesamten Gebäudekomplex des 1908 erbauten Museums übernehmen konnte.

Weitere ansehnliche Projekte waren das Robert-Schumann-Haus in Zwickau sowie das zauberhafte Görlitzer Theater (erbaut 1851 und überarbeitet 1874), das von Grund auf saniert werden musste. Als man dort das Zuschauerparkett abtrug, sahen die Fachleute, dass es höchste Zeit war, hing doch der Zuschauerraum nur noch an einigen Fäden. Mein Referatsleiter Dr. Günter Beick brachte viel Fantasie auf, um die Kofinanzierung der 50-Prozent-Bundesmittel zusammenzubringen. Denn Görlitz war eine arme Kommune, und ohne den Einsatz von Mitteln aus anderen Programmen wie städtebaulichem Denkmalschutz, über die das Rathaus selbst verfügen konnte, wären die städtischen 50 Prozent kaum zu realisieren gewesen. Aber es ging alles einigermaßen glatt über die Bühne. Über 50 Baumaßnahmen, die auch der einheimischen Bauwirtschaft zugutekamen, sind später ohne Beanstandungen des Bundesrechnungshofes, der die Mittelausgabe überprüfte, korrekt abgerechnet worden.

Ein weiteres Programm des Bundes, das **Infrastrukturprogramm**, war wesentlich kleinteiliger, aber ebenfalls sehr nützlich, weil es der Finanzierung von ca. 800 kleineren kommunalen Projekten wie Unterstützung oder Ankauf von neuer Literatur und von Fahrbibliotheken, Sicherungsmaßnahmen für kleinere kommunale Museen u. v. a. m. diente. Auf diese Weise wurden die Kommunen im kulturellen Bereich entlastet und die Infrastruktur gesichert. Ca. 800 Einzelbescheide wurden ausgefertigt und mussten nach Abschluss der Maßnahmen kontrolliert werden, denn es gehört zur Vergabe von Steuergeldern die anschließende Verwendungsprüfung dazu. Klaglos und ohne Tadel hat Heide Gneipel diese Aufgaben bewältigt. Auch das schafft Vertrauen.

Das Kulturraumgesetz

Einer besonderen Herausforderung sahen sich viele Kommunen und Landkreise durch die Vielzahl der Orchester und Theater gestellt. Auf damals 4,5 Millionen Einwohner in Sachsen kamen 1991 21 Orchester einschließlich Theaterorchester und 13 Mehrspartentheater (im Vergleich dazu: 18 Theater in ganz Frankreich, 12 in ganz Italien). Statistisch gesehen gab es auf einer Strecke von Görlitz bis Plauen, die mit 300 Kilometern etwa der Länge des Freistaates entsprach, alle 15 Kilometer ein Orchester. Wenn diese, wie ich es auswärtigen Journalisten anhand einer Sachsen-Karte erläuterte, bei den Proben laut spielten, könnten sie einander hören.

Daneben hatten wir auf die Liste auch die bedeutendsten Sammlungen wie die Museen in Leipzig, Chemnitz oder Zwickau, aber auch Museen aus kleineren Städten aufgenommen, denn Sachsens Kultur beschränkte sich nicht auf die ehemalige Residenzstadt Dresden und die Messestadt Leipzig, sondern infolge der historischen Entwicklung hatten auch Mittelstädte ihr ausgeprägtes Kulturbewusstsein, was ich bald zu spüren bekam, denkt man an Plauen, Görlitz, Zittau, Bautzen oder Torgau.

Es war klar, dass die Kommunen und Landkreise die finanziellen Belastungen für all ihre Kultureinrichtungen auf Dauer nicht allein tragen konnten, zumal die Übergangsfinanzierung des Bundes für die ostdeutsche Kultur 1994 endete. Auf der Suche nach Lösungswegen für dieses gravierende Problem kam mir ein Zufall (oder auch nicht?) zu Hilfe. Im Mai 1991 – in meinem Kalender fehlt leider ein genauer Eintrag – meldete sich ein Dr. Matthias Theodor Vogt, umtriebiger Musikwissenschaftler, Cellist, Regisseur von universeller Denkungsart und mit internationalen Erfahrungen, zuletzt Dramaturg bei den Bayreuther Festspielen, wo er, nach Auskunft, die mir Wolfgang Wagner am Telefon gab, zu teure Programmhefte produziert hatte. Die waren zwar von bester inhaltlicher Qualität, aber letztlich scheiterte Vogt an der Eitelkeit von Wolfgang Wagner, der keine Konkurrenz bei einer gleichzeitigen Inszenierung im Ausland duldete. Er hatte sich noch in Bonn bei Dr. Ackermann die Anschriften der Kulturabteilungen im Osten geben lassen und suchte ein neues Betätigungsfeld. In keinem Land bestand angeblich Bedarf, nur in Sachsen wurde er fündig. Seine Vorstellung war, für die vielen Theater und Orchester eine Art Treuhandanstalt, eine „Clearingstelle" zu schaffen und ihnen bei der Umstrukturierung zu helfen, so wie es die Treuhand mit den DDR-Betrieben tun sollte. Zunächst unterhielten wir uns lange, meist in den ruhigeren Abendstunden, um Gelegenheit zu haben, einander näher kennenzulernen und uns an das schwierige Gebiet heranzutasten. Die mit diesen Einrichtungen verbundenen Probleme ließen sich im Referat 5.3 allein nicht lösen. Da ich Herrn Vogt meine kleine Veröffentlichung über Johann Gottlieb Naumann überreicht hatte, kamen wir darauf, eine Kommission zu gründen, die den Namen des Dresdner Hofkapellmeisters Naumann erhielt, hatte jener doch die Dresdner Hofmusik nach dem Siebenjährigen Krieg im Sinne des Rétablissements reorganisiert und dies danach in Stockholm und Kopenhagen wiederholt. Der Auftrag bestand darin, nach einer gründlichen Analyse des Bestandes eine gesetzliche Vorlage zur Sicherung größerer kommunaler Kultureinrichtungen über Theater und Orchester hinaus zu erarbeiten. Die wenig kenntnisreiche Öffentlichkeit mutmaßte immer, dass dies alles mit der FDP-nahen Friedrich-Naumann-Stiftung zu tun hatte, aber dem war nicht so. Ich hatte lange Zeit Mühe, Herrn Vogt beim Staatssekretär als Mitarbeiter durchzusetzen, aber mithilfe des Ministers Meyer gelang es, sodass die Arbeit auf der Grundlage unserer früheren Liste der Theater und Orchester 1992 beginnen konnte. Mit seinem flotten Citroën DS brauste Vogt durch das Land, nahm alle Daten auf, verunsicherte mit seinem unkonventionellen Auftreten die Künstler und legte 1993 einen umstrittenen Bericht der **Naumann-Kommission** über die Theater und Orchester im Freistaat mit entsprechenden Empfehlungen für Umstrukturierungen vor. Die Kommission bestand aus Fachleuten, von denen wohlweislich keiner aus Sachsen kam, was natürlich kritisiert wurde. Auch innerhalb der Kommission wurde kontrovers diskutiert, und eine Dreiergruppe kündigte ein Gegengutachten an, das aber bis heute nicht vorgelegt worden ist. Im Laufe der parlamentarischen und sachsenweiten Diskussion um das Gesetz wurden neben den kommunalen Theatern und Museen auch auf Hinweise einiger Landtagsabgeordneter die öffentlichen Bibliotheken, größere soziokulturelle Zentren, Musikschulen, kurz Einrichtungen von regionaler Bedeutung in die Förderung einbezogen. Dr. Matthias Vogt war mit seinen 30 Jahre ein streitbarer und rigoroser Vorsitzender, der manchen zunächst verprellte, dem es aber stets nur um die Sache ging.

Am 15. Juni 1993 lud er auf die Rochsburg zur Gründung der Kulturräume ein. Wir saßen alle im Burghof, Vogt und der Minister hielten launige Reden. Diese Gründung war kein verwaltungstechnischer Akt, sondern eine Präsentation und Zukunftsvision, ohne dass bisher juristische Voraussetzungen geschaffen worden waren. Aber es gehörte zu Vogts Taktik, Dinge einfach in die Welt zu setzen, um sie unumkehrbar zu machen. Es dauerte dann doch noch sechs Monate bis Ende 1993, bis die parlamentarischen Hürden genommen werden konnten. Die 1994 veröffentlichte Dokumentation „Kulturräume in Sachsen" gibt einen lebhaften Eindruck von der Stimmung im Lande, angeheizt von der regionalen Presse: „Orchester-Kahlschlag" titelte „Bild" am 16. Februar 1993, „Kultur kaputt" die „Chemnitzer Morgenpost" am 17. Februar 1993, „Kulturlandschaft wird beschnitten", so die „Freie Presse" aus Chemnitz am 4. März 1993 usw. Seitens westdeutscher Juristen, auch seitens der aus dem Westen kommenden Landrätin Andrea Fischer gab es Widerstand, und Prozesse vor einem Verfassungsgericht konnten und wollten wir uns nicht leisten. Vogt fand einen angesehenen Staatsrechtler, Prof. Fritz Ossenbühl aus Bonn, der in einem Gutachten verfassungsrechtliche Bedenken ausräumte. Ein vorgesehener Eingriff des Freistaates in die Finanzhoheit der Kommunen und Kreise zugunsten der Kultureinrichtungen war daher unbedenklich.

Am 17. Dezember 1993 wurde in Sachsen ein in der Bundesrepublik Deutschland einmaliges Gesetz ohne Gegenstimmen von allen Fraktionen des Sächsischen Landtages verabschiedet, das Kulturraumgesetz, das die Beteiligung eines Staates an der Finanzierung der kommunalen Kultur dauerhaft gesetzlich regelte. Dessen Entwicklung war ein landesweiter und zum Teil recht aufgeregt geführter Prozess – Dr. Vogt konnte zeitweise nur unter Polizeischutz ausrücken. Dass ein Kulturbeauftragter Personenschutz bekam, war wohl einmalig. Die Abgeordneten des Sächsischen Landtages, der Kultursenat, die beiden kommunalen Spitzenverbände, die Bürgermeister und Landräte wurden einbezogen, vor allem aber die Künstler – ein diplomatischer Drahtseilakt. Zunächst sollte das Kulturraumgesetz befristet für eine Übergangsperiode gelten, wurde dann aber ab 2008 verstetigt. Darin verpflichtet sich der Freistaat, etwa ein Drittel der anfallenden Kosten für die bestehenden Kultureinrichtungen zu übernehmen (1995 waren das 150 Millionen DM), das zweite Drittel wurde von den Rechtsträgern, das dritte Drittel aber von allen Kreisen der sogenannten Kulturräume als solidarische Kulturumlage geleistet. Denn es gab Kreise ohne größere kulturelle Einrichtungen, deren Bewohner die kulturellen Angebote aus der Nachbarschaft nutzen, ohne dass diese Kreise sich bisher solidarisch gezeigt hätten. Das Gesetz schuf die Voraussetzungen für eine Solidar-Gemeinschaft, deren freiwillige Einrichtung bisher immer am Geld gescheitert war. Die Kreise und kreisfreien Städte außer Dresden, Chemnitz und Leipzig wurden in kulturellen Zweckverbänden zusammengefasst, in die Kulturräume, deren Grenzen etwa den früheren sächsischen Kirchenbezirken entsprachen, also damals auf regionale Besonderheiten Rücksicht nahmen.

Voraussetzung war, dass Dr. Vogt, wie der Finanzminister lobend erwähnte, nicht nur in kulturellen Dingen wie wir sattelfest war, sondern auch sehr gut rechnen konnte. Er legte zuerst eine gründliche Kostenaufstellung vor und setzte sie in Beziehung zur allgemeinen finanziellen Situation der Kreise. Denn dem Gesetz dienten als rechnerische Grund-

Ansprache von Staatsminister Prof. Dr. Hans Joachim Meyer zur Gründung der Kulturräume in Sachsen, Rochsburg, 15. Juni 1993

Dr. Heinrich Douffet auf Schloss Rochsburg bei der Gründung der Kulturräume in Sachsen, 15. Juni 1993

lage die Schlüsselzuweisungen des Freistaates aus dem kommunalen Finanzausgleich. Das sind komplizierte Berechnungen über die unterschiedliche finanzielle Leistungsfähigkeit der Kreise, abhängig von ihrer Bevölkerungsdichte und ihrer Wirtschaftskraft. Darauf beruhten die jeweils unterschiedlichen Zuweisungen an die Kulturräume, die daher auch niemals angefochten werden konnten.

Hier blende ich meine Erfahrungen mit dem Finanzminister kurz ein: Ich kam mit Georg Milbradt ganz gut zurecht, wenngleich er mich wohl immer als einen ansah, der zu viel Geld für die Kunst beanspruchte. Er gehörte ja zu denen, die uns unablässig mit den unterschiedlichsten Berechnungsmethoden vorrechneten, wie viel Kunst und Künstler kosteten. Damit stand er in dieser Republik nicht allein. Wir saßen in der ruhigen Zeit zwischen Weihnachten und Neujahr im Speisesaal des Finanzministeriums beim Essen, und Milbradt berichtete mir, dass er in der Oper Mozarts „Figaros Hochzeit" gesehen habe und sich wunderte, dass die Trompeter und der Pauker immer nur kurz vor Aktschluss im Orchestergraben auftauchten. Gut beobachtet, Herr Minister, bestätigte ich, diese Musiker sind von Mozart nur an den Schlüssen der vier Akte eingesetzt, und sie machen sich einen Sport daraus, genau nur ein paar Sekunden vor ihrem Einsatz am Pult zu sitzen. *„Ja, aber"* – nun kam das Argument des Finanzers – *„warum werden sie dann für das ganze Stück bezahlt?"*

Ich antwortete: *„Da müssten Sie mal in die Oper meines Namensvetters Bernd Alois Zimmermann, in ‚Die Soldaten‘ gehen. Hier sind ausschließlich Schlagzeuger und Bläser dran, die Streicher haben mal Pause. Das ist ausgleichende Gerechtigkeit in der Musik."*

Mit den „Soldaten" verbindet sich auch eine erstaunliche Erfahrung: Intendant Christoph Albrecht hatte für dieses sehr schwierige und komplexe Werk sechs Aufführungen geplant. Es wurden 21 Abende, und ich schickte alle Bekannten in die Oper, ging mit Eva und den Söhnen einzeln hin, habe so das Stück dreimal gesehen. Und das Ensemble war traurig, als das Werk abgesetzt wurde – ein unerwarteter Erfolg für ein avantgardistisches Stück.

Ich erinnere mich noch lebhaft der letzten entscheidenden Absprache vor der parlamentarischen Befassung zwischen Finanzminister Milbradt, meinem Minister, dem Vorsitzenden des Sächsischen Landkreistages, dem Landrat von Auerbach, Dr. Winfried Eichler, dem Vorsitzenden des Sächsischen Städtetages, Oberbürgermeister Dr. Herbert Wagner aus Dresden, Dr. Vogt und mir an einem trüben Novembernachmittag 1993, einem Sonntag 15.00 Uhr im Ministerbüro im neunten Stockwerk des Blauen Hochhauses am Carolaplatz (heute abgerissen). Die Regenschauer klatschten an die Fenster, und die Stimmung war gereizt, denn es ging um 150 Millionen DM jährlich für die nächsten Jahre. Verständlicherweise will kein Finanzminister eine solche bindende Zusage gern geben. Aber der unerschrockene Landrat machte deutlich: *„Wenn Sie diese Zusage verweigern, dann fahren wir sofort nach Hause und zeigen dann alle auf Sie als den Verhinderer der Rettung der sächsischen Kultur".* Milbradt sagte zu, und das Gesetz ging ohne Widerstand durchs Parlament. Es musste nur etwas später nochmals aufgerufen werden, weil CDU-Abgeordnete den Kulturraum im Osten, den Kulturraum Oberlausitz-Niederschlesien, als „Oberschlesien-Niederlausitz" ausgefertigt hatten, was wohl nicht ganz korrekt war.

So wie 1991 der Bund die besondere Lage der ostdeutschen Länder durch die Übergangsfinanzierung bis 1994 anerkannte, so fand sich der Freistaat Sachsen ab 1995 bereit, die außergewöhnlichen Belastungen der Kreise und Städte durch die vielfältigen kulturellen Angebote, die teilweise von überörtlicher Bedeutung sind, nicht durch Abwicklung, sondern durch Mithilfe zu fördern und qualitativ zu verbessern.

Einerseits sollte also dieses Kulturraumgesetz zu einer Stabilisierung der Einrichtungen und ihrer Finanzierung beitragen, andererseits gab es darin einen gesetzlich verankerten Auftrag, Strukturen ständig durch Evaluation zu überprüfen. Das erforderte auch die vom Sächsischen Staatsministerium der Finanzen vorgebrachten Mahnungen zur Kosteneinsparung, denn die Einnahmen des Freistaates und der Kommunen wuchsen nicht im Verhältnis zu den erforderlichen Ausgaben. Verantwortliche Kulturpolitik stand daher immer im Spagat zwischen Bewahrung der kulturellen Vielfalt und den vorhandenen Finanzmitteln. In diesem Sinne war es notwendig, Theater- oder Orchesterverbünde zu schaffen, wobei es auch zur Auflösung von Einrichtungen kam. So führte zum Beispiel die von Protesten begleitete Fusion des kleinen Theaters in Döbeln mit dem Theater in Freiberg zu einer Flexibilisierung des Personalbestands, die zur Verringerung bzw. auch Aufstockung in bestimmten Sparten führte. So blieb die Anzahl der Spielstätten und damit das kulturelle Angebot erhalten. Solche Entscheidungsprozesse wurden stets von der Abteilung Kunst begleitet, weil es das Ministerium als Verpflichtung ansah, die Kommunen und Kreise mit ihren Entscheidungen nicht allein zu lassen, sie gegebenenfalls bei strukturellen Entscheidungen finanziell zu unterstützen.

Die landesweite Diskussion über Kunst im Freistaat, über deren Bedingungen und Wirkungen führte zu einem größeren Verständnis vieler politischer Verantwortungsträger für kulturelle Leistungen und deren Voraussetzungen. Das Kulturraumgesetz schuf in diesem Sinne auch eine Grundlage für eine Beteiligung der Kulturschaffenden selbst an Entscheidungsprozessen über die jährliche Förderung der Einrichtungen und Projekte. Jede Kunstsparte in einem Kulturraum entsandte Vertreter in den jeweiligen Kulturbeirat, der den politisch Verantwortlichen im Kulturraum, dem jeweiligen Kultur-Konvent, bestehend aus Landräten und Bürgermeistern, eine zuvor diskutierte Förderliste übergab. Dadurch sind in Sachsen allein in den Kulturräumen etwa 800 Personen mit fachlicher Qualifikation aus Museen, Sammlungen, Theatern, darstellender Kunst, Literatur, Musikpflege, Musikschulen, Bildender Kunst, Bibliotheken, Kultur- und Kommunikationszentren, soziokulturellen Einrichtungen ehrenamtlich an allen Entscheidungen beteiligt. Ministerpräsident Biedenkopf war begeistert, und er konnte eine Stunde lang über das Gesetz reden, dabei bin ich mir nicht ganz sicher, ob er es jemals vollständig gelesen hat, aber er hatte begriffen, dass es einmalig in der Republik war, und er war der Ministerpräsident dieses Landes, in dem es entwickelt und realisiert worden war.

Keines der anderen Länder hatte die Gunst der Person und die Gunst der Stunde genutzt, um eine solche dauerhafte Lösung für das Problem der Kulturfinanzierung zu finden. Ich war hin und wieder als Emissär unterwegs, z.B. im Bayerischen Landtag, um das Gesetz zu erläutern. Als ich vom gewachsenen kulturellen Verständnis der sächsischen Landräte sprach, hörte ich von den bayerischen Landräten nur höhnisches Gelächter. Aber ein reiches Land wie Bayern braucht vielleicht kein solches Hilfsangebot wie das des Freistaates Sachsen. Bei meinen Kollegen aus den

Kulturabteilungen der Länder wurde unser Gesetz lediglich zur Kenntnis genommen, vielleicht auch in der Einsicht, dass in allen anderen Ländern, vor allem den neuen Ländern, eine solche Regelung politisch nicht mehr durchsetzbar war.

In Dr. Günter Beick, der schließlich als Referatsleiter viele Jahre die Kulturraumangelegenheiten bearbeitete, fand ich einen fähigen Beamten mit großer Phantasie. Er verstand nicht nur die Berechnungen des Finanzausgleichs, sondern er fand auch ständig Wege, wie trotz des festen Korsetts der Kulturraumfinanzierung noch kleine Lücken geschlossen werden konnten. Eines Tages suchte mich Hans-Peter Lühr, Herausgeber der verdienstvollen „Dresdner Hefte" wegen einer finanziellen Schieflage seines Periodikums auf. Dr. Beick fand eine Möglichkeit, einen Beitrag zur Finanzierung der „Dresdner Hefte" zu leisten, der die Existenz der weit über die Region hinaus wirksamen Zeitschrift garantierte. Manchmal wollte ich gar nicht wissen, wie er das schaffte! Aber ich verkündete dann: *„Ich hätte nie gedacht, dass Staatsbürokraten so viel Fantasie brauchen und aufbringen."* Die Stadt Dresden berief sich bei ihrer sparsamen Zuwendung an die „Dresdner Hefte" nämlich darauf, dass sie die geringsten Kulturraumzuwendungen erhielt, weil die teuersten Kultureinrichtungen vom Freistaat geführt werden, im Gegensatz zu Leipzig, das fast ein Drittel der gesamten Mittel erhält. Bevor die Kulturraumfinanzierung die Leipziger Einrichtungen gut ausstattete, war mehrfach der Leipziger Oberbürgermeister mit zehn Beigeordneten angetreten, um uns zu überzeugen, dass wir das Gewandhausorchester am besten in Landesträgerschaft übernehmen sollten. Ihm saß Kurt Masur mit 180 Musikern im Nacken. Nach 1994 aber kam Oberbürgermeister Lehmann-Grube niemals wieder.

Als „Lehrling" in den alten Ländern

Nicht nur im Parlament, im Kulturausschuss und anderswo lernte ich täglich dazu, sondern wir bekamen auch tätige Hilfe aus Stuttgart. Da Baden-Württemberg Partnerland von Sachsen wurde, waren die Beziehungen zu den Stuttgarter Ministerien von Anfang an sehr eng, und die ersten Beamten reisten bald an, um bei der Vorbereitung der Länderbildung zu helfen, so mein späterer Kollege Reinhard Retzlaff, der wie viele andere die Chance des Aufstiegs in der Ministerialbürokratie nutzte: Er wurde im November 1990 Abteilungsleiter 1, also zuständig für Haushalt und Personal. Die Abteilung Kunst erhielt vierwöchentlich Besuch vom Leitenden Ministerialrat Hans Peter Müller, dem stellvertretenden Abteilungsleiter der Kunstabteilung in Stuttgart, ein gebürtiger Leipziger. Wir sammelten vier Wochen lang Probleme, die wir dann vortrugen und zu deren Lösung Herr Müller uns freundlich, geduldig und nachsichtig Hinweise gab. Es zeigte sich nämlich, dass diese Damen und Herren aus dem Westen ein anderes Bild abgaben als die Glücksritter und die vielen arroganten Wirtschaftskapitäne, die nur in den Osten kamen, um sich Filetstücke herauszuschneiden: Unsere Stuttgarter Kollegen waren eine wirkliche Hilfe, davon waren ihr Auftreten und ihre Handlungen bestimmt. Sehr wichtig für die Abteilung war die freiwillige Mitarbeit des Stuttgarter Sachbearbeiters Bernd Angrik, der als Referent in unserem Haushaltsreferat die Einrichtung der üblichen bundesdeutschen Haushaltsverfahren begleitete und allen wertvolle Tipps gab. Nicht nur wir beide arbeiteten freundschaftlich zusammen, da ich von seiner Erfahrung lernen konnte, auch wenn wir manchmal gegenteiliger Ansicht waren, z. B. bei der Allgemeinen Kunstförderung, die in Stuttgart nach strengen Maßstäben erfolgte, während wir anfangs aus schon genannten Gründen etwas großzügiger waren, um den Betrieb überhaupt zum Laufen zu bringen. Nach einigen Jahren endete seine Delegierung; Bernd Angrik kehrte nach Stuttgart zurück, und seinen Telefonaten entnahm ich, dass er dort mit seiner „Ost-Erfahrung" wie ein Aussätziger behandelt wurde. Er hatte Sehnsucht nach uns und war voll des Lobes über unsere Aufbauarbeit, die auch ein Teil seiner Arbeit und seines Lebens war.

Vom 2. bis 6. Dezember 1991 wurde ich für eine Woche nach Stuttgart in die dortige Kunstabteilung zur Hospitation delegiert. Hans Peter Müller kümmerte sich um mich, weil sein Abteilungsleiter Hans-Jürgen Müller-Arens, einst von Lothar Späth als dessen Persönlicher Referent zum Ministerialdirigenten befördert, die ganze Woche bis auf einen Abend nicht im Lande war.

Mit dem Musikreferenten fuhr ich nach Heilbronn zum dortigen Kammerorchester und erlebte etwas verwundert den recht autoritären Umgang eines Ministerialen mit den Künstlern. Ich nahm an den Leitungssitzungen teil und hatte die Ehre, dem emeritierten Abteilungsleiter Prof. Hans Rettich zu begegnen, der das erwähnte vorbildliche Stuttgarter Modell 40 zu 60 für die Finanzierung der Theater und Orchester erfunden hatte. Er war mir gegenüber ganz zutraulich, erläuterte seine Strategien und hatte später mit mir Großes vor: Als einflussreiches Mitglied im Deutschen Bühnenverein, der Versammlung der Rechtsträger aller Theater, wollte er mich als seinen Nachfolger zum Sprecher der Staatstheatergruppe innerhalb des Verwaltungsrates machen, hatte aber nicht mit der Eitelkeit meiner Kollegen aus Düsseldorf und anderen westdeutschen Orten gerechnet.

In Stuttgart lud man mich in die moderne Staatsgalerie, in das Literatur-Haus, in die Solitude (Kunsthochschule) und in die Staatsoper zu einer Ballett-Aufführung ein. Hier sah ich den Kollegen Müller-Arens das einzige Mal. Er nahm Platz mit den Worten: „*Nun wollen wir mal sehen, was die Künstler heute bieten.*" Mir kam das arrogant vor, und es war sicher auch so gemeint. Müller-Arens war ein ausgezeichneter Jurist, der alle Kniffe der Verfahrensfragen, des Abstimmungsverhaltens der Kollegen, der Politik in der KMK kannte, aber Fragen der Kunst? Das war, zugegebenermaßen, nicht unser Geschäft im Kulturausschuss, aber irgendwann merkt man doch, wo die Interessen der Kollegen noch liegen. Später stand in meinem Kalender immer wieder der Name Müller-Arens, denn auch er benötigte hin und wieder meinen Rat, so im Falle des Dirigenten Lothar Zagrosek, der an der Leipziger Oper Generalmusikdirektor war und nach Stuttgart berufen werden sollte. Müller-Arens befragte mich gründlich nach den Qualitäten des Leipziger Dirigenten.

Ein andermal bin ich an Bayern gescheitert, als es um den turnusmäßigen Wechsel im Vorsitz des Kulturausschusses ging. Mein Minister war für ein Jahr turnusgemäß Präsident der Kultusministerkonferenz, der Staatssekretär ebenso Vorsitzender der Amtschefkonferenz, und ich sollte den Kulturausschuss übernehmen. Das ging natürlich nicht, dass drei Sachsen alle drei führenden Positionen in der KMK vertraten. Minister und Staatssekretär konnte man nicht kippen. Ich war allerdings über die Absage erleichtert, denn das hätte für mich und meine kleine Abteilung immense Mehrarbeit bedeutet, wozu wir personell nicht ausgestattet waren, weil das SMF von vornherein die Anzahl der Mitarbeiter in der Ministerialbürokratie in Schranken hielt. Aber vielleicht hätte ich diese Aufgabe, die ein diplomatischer Drahtseilakt ist, ja trotzdem geschafft, da man die Stimmen von 16 Ländern zu einer vereinen und den Länderseparatismus überwinden musste, zugleich aber unter dem Druck der meist unfreundlichen Amtschefkonferenz stand, die ihrerseits der Ministerrunde rechenschaftspflichtig war. Da Minister und Staatssekretäre oft merkwürdige Persönlichkeiten mit Profilneurosen waren, gehörte ein dickes Fell dazu, in den Gremien zu bestehen. In separaten Verhandlungen, z. B. über die Existenz der Theater, haben wir von Ministern und Senatoren merkwürdige Ansichten hören können.

Nach zwei „Lehrjahren" wurde mir die Ehre einer Beförderung zuteil: Als erster sächsischer Abteilungsleiter wurde ich am 1. April 1993 mit dem Titel „Ministerialdirigent" bedacht. Der Minister war stolz, dass ich der erste originär sächsische Beamte war, dem dieser Titel zuerkannt wurde. Meine Abteilung gratulierte mir mit einem echten Dirigentenstab – ich musste schmunzelnd an meine Schulzeit denken: In der 8. Klasse hatte ich ein Bewerbungsschreiben zu üben, und ich „bewarb" mich als Kapellmeister am Gewandhaus zu Leipzig ... – Und nun wurde ich tatsächlich „Dirigent"! Die Mitteilung überbrachte mir der Minister wohl schon am Montag, dem 22. März; in meinem Kalender steht 7.00 Uhr von meiner Sekretärin eingetragen. 7.30 Uhr waren Minister, Staatssekretär und ich schon leicht beschwipst, denn das neue Amt wurde morgens früh mit Sekt begossen.

Ministerialdirigent ist die letzte und höchste Stufe des Beamten und entspricht dem Rang eines Generalleutnants der Bundeswehr mit drei Sternen – na immerhin! Es beginnt mit dem Amtmann, dem Oberamtmann und führt zur vorletzten Stufe des „Mineralrates", wie bei uns die Ministerialräte hießen, und es dauert lange, sehr lange, bis man die letzte Stufe erreicht – zudem meist abhängig von der Parteienzugehörigkeit. Es gehörte zu den Besonderheiten des Ostens, dass dies ohne die lange Leiter möglich wurde. Als ich aber MD als Abkürzung für den langen Titel Mi-ni-ste-ri-al-di-ri-gent wählen wollte, protestierte der kenntnisreiche Herr Angrik: Das geht nicht, „Minischterialdirektor" ist die Bezeichnung für einen „Schtaatschsekretär".

Stiftungen von Bund und Land

Mitgliedschaften in bundesweiten Gremien waren für die Ländervertreter Pflicht. Im Mai 1991 wurde ich auf den Fluren der Staatskanzlei gefragt, ob denn Sachsen unbedingt Mitglied der Stiftung Preußischer Kulturbesitz werden müsse. Ich bejahte das mit folgendem Argument: Trotz des immerwährenden Kriegszustandes mit Sachsen gehen die Preußen mit dem Nachlass des mitteldeutschen Komponisten Johann Sebastian Bach, der in Thüringen, Sachsen-Anhalt und Sachsen gewirkt hat, sehr pfleglich um, und deshalb sollte Sachsen auch seinen Beitrag leisten. Damit war die Mitgliedschaft beschlossen, so kurios das auch klingen mag. Sie bestand in der Mitgliedschaft im Stiftungsrat, in dem alle Entscheidungen zusammen mit dem Bund beraten werden. Die Stiftung ist so etwas wie eine Nationalstiftung, die Bundesrepublik ist hier gewissermaßen die Nachfolgerin des Reiches, und da das Reich immer aus einem Herrscherhaus und vielen anderen Staaten bestand, wurde diese Tradition fortgeführt. Die Präsidenten der Stiftung, die in einem kleinen Palais am Landwehrkanal residierten, waren hochkultivierte Partner, wie Prof. Werner Knoop und Prof. Klaus-Dieter Lehmann, der zuvor die Deutsche Bücherei und die Deutsche Bibliothek in Frankfurt/ Main zusammengeführt hatte. Mit ihnen hatte mein Minister zu tun, und ich war dankbar, dorthin mitgenommen zu werden.

Ich habe zudem eine angenehme Erinnerung an Verhandlungen über den Rückkauf eines wertvollen Instruments. Ein junger Instrumentenforscher kam eines Tages in mein Büro und beichtete mir, er habe im Kunstgewerbemuseum Schloss Pillnitz das einzige originale Exemplar eines italienischen Streichbasses aus dem 17. Jahrhundert entdeckt, das niemals umgebaut worden war und dass er es mit Erlaubnis der Direktorin des Museums, aber ohne Genehmigung des SMWK, nach Italien zur Begutachtung gebracht habe", wo die Echtheit bestätigt wurde. Das waren zwar mehrere „Vergehen", über die ich jedoch großzügig hinwegsah. Aber dann berichtete er über seine Forschungen zu einem großen Instrumentenkauf, den Heinrich Schütz als Dresdner Hofkapellmeister 1628 in Cremona veranlasst hatte, als er von seinem Kurfürsten Johann Georg I. beauftragt wurde, für die Hofmusik die modernsten italienischen Streichinstrumente anzukaufen. Darunter befanden sich auch vier Bratschen aus der Amati-Werkstatt, das Beste, was es damals gab. Zwei Instrumente der Bratschengruppe sind verschollen, eines hängt im Pillnitzer Museum, ist gewissermaßen „tot", da es seit Jahrhunderten nicht gespielt wurde (mein Sohn Frieder hat als Praktikant im Museum dem Instrument doch einige Töne entlocken können). Ein zweites Instrument besaß die Stiftung Preußischer Kulturbesitz. Diese Bratsche war 1945 aus dem Dresdner Bestand entwendet worden, ist dann durch viele private Hände gegangen, bevor sie in den 1980er Jahren von Rechtsanwalt Vogel, der nicht nur Menschen, sondern offensichtlich auch Gegenstände in den Westen verkaufte, an die Stiftung veräußert wurde. Die 200.000 DM konnte Oberst Alexander Schalck-Golodkowski für seine „Kommerzielle Koordinierung" (die von Gemälden bis zu Pflastersteinen alles verkaufte, was Devisen brachte) verbuchen. So gelangte die Bratsche in das Musikinstrumenten-Museum der Preußen-Stiftung in West-Berlin. Die Museologen lasen den Brandstempel „Churfürstl. Capelle" und riefen umgehend im DDR-Kulturministerium an, sie hätten da ein Instrument, das wohl nach Dresden gehöre. Im „Molkenmarkt" hatte damals niemand Interesse.

Aber ich hatte Interesse und wandte mich an den Geschäftsführer der Stiftung, Norbert Zimmermann, mit dem ich Verhandlungen über einen Rückkauf begann. Sie wurden 2003 erfolgreich abgeschlossen. Minister Matthias Rößler fuhr allein nach Berlin (ich war schon längst in Ungnade gefallen) und nahm das Instrument von Prof. Lehmann in Empfang.

Ein wichtiges Gremium, das mich häufig nach Berlin führte, war die **Kulturstiftung der Länder,** die ihr Büro unter der Leitung von Klaus Maurice in einer Villa in Charlottenburg hatte. Diese Stiftung war eine Gründung der westdeutschen Länder und des Bundes zur Rettung von deutschem Kulturgut, das Gefahr lief, ins Ausland abzuwandern. Denn im Gegensatz zum Osten Deutschlands, der jeden ausreisewilligen DDR-Bürger um seine noch so bescheidenen Kunstschätze entschädigungslos erleichterte, gab und gibt es im Westen vielen privaten Kunstbesitz. Mancher stand oder kam sofort auf die Liste national wertvollen Kulturguts und durfte daher nicht mehr ausgeführt werden. Aber die Verkäufer bestanden auf großzügiger Entschädigung. Hier trat die Kulturstiftung der Länder in Erscheinung. Mithilfe der Ernst-von-Siemens-Kunststiftung und anderen finanziell potenten Partnern wurde ein Paket geschnürt, um die Mittel zusammenzubringen. Hunderte von Kunstwerken sind auf diese Weise den Museen und Archiven der alten Bundesrepublik erhalten geblieben. Nun kamen die neuen Länder dazu. Bei meiner ersten Sitzung musste ich erkennen, dass wir zu spät kamen: Das Autograph des Klavierkonzerts a-Moll von Robert Schumann, das passender im Zwickauer Robert-Schumann-Haus seinen Platz hätte finden können, ging an das Heine-Museum in Düsseldorf. Später waren wir aufmerksamer: Der Direktor des Schumann-Hauses Gerd Nauhaus durchforstete viele Auktionskataloge auf Schumann-Autographe, von denen wir einige tatsächlich ankaufen konnten.

Bedeutungsvoll war der Rückkauf des Quedlinburger Domschatzes für das Land Sachsen-Anhalt. Die Kostbarkeiten aus der Zeit Kaiser Heinrichs I. aus dem 11. Jahrhundert waren 1945 im Seesack eines texanischen GI nach Amerika ausgewandert und wurden erst nach Jahrzehnten, u. a. von dem detektivischen Kunstforscher Willi Korte entdeckt und nach langwierigen Verhandlungen von den damaligen Besitzern in den USA zurückgekauft. Unser Stiftungsrat hatte den Vorzug, als einer der ersten die seltenen Kunstschätze in Berlin zu bewundern. Viel später erfuhr ich, dass ein Teil, das kostbarste Reliquienkästchen, nicht mit ausgewandert war, sondern in der Werkstatt des Dresdner Grünen Gewölbes in langer Arbeit restauriert worden war und dann seinen Platz mit den anderen Schätzen im romanischen Dom zu Quedlinburg wieder einnehmen konnte.

Nachdem der Bund die Kulturstiftung der Länder Anfang der 1990er Jahre verlassen hatte, ging der Vorsitz an die Länder über, und der jeweilige Ministerpräsident stand dem Gremium vor. Am 14. Mai 1993 hatte Kurt Biedenkopf den Stiftungsrat eingeladen, und wir tagten in der „Kirche", einem chorähnlichen hohen, halbrunden Saal in der Staatskanzlei auf der Seite der Wigardstraße. Ich konnte beobachten, wie ein nicht sonderlich präparierter Ministerpräsident sich durch die Tagesordnung hangelte, sein Referent und ich waren die Stichwortgeber. Im Saal hingen ursprünglich zwei Kolossalgemälde, die den SKD nach 1945 zugesprochen worden waren. Harald Marx, Direktor der Galerie Alte Meister, hatte indessen konservatorische Bedenken, wenn diese Gemälde wieder an ihren Stammplatz zurückkehren würden.

Als in Erfurt Ministerpräsident Bernhard Vogel den Vorsitz innehatte, erwartete er mindestens die Minister, musste aber zu seiner Enttäuschung mit lauter Abteilungsleitern vorliebnehmen, da es die Minister nicht als vordringliche Aufgabe ansahen, diese Sitzung wahrzunehmen. Aber das Essen und der Wein im Keller der Kurmainzischen Statthalterei von einst, jetzt Thüringische Staatskanzlei, waren hervorragend.

Einer der Gründe nach Bonn zu fliegen, waren Sitzungen des Stiftungs-rats der Bundeskunsthalle, eines Prestigeobjekts des Bundeskanzlers Helmut Kohl. Die Länder hatten hier keine finanziellen Verpflichtun-gen, sollten aber in die Organisation und Kontrolle einbezogen werden. Dazu wurden uns jeweils umfängliche Papiere zugesandt. Gründlich gelesen hatte sie wohl kaum jemand bis auf unseren Kieler Kollegen Dr. Rolf Carl, der alle Papiere gewissenhaft durchforstet hatte, Fragen stellte und damit den Eindruck erweckte, dass wir alle die Probleme der Bun-deskunsthalle ernst nähmen. Wir anderen schauten indessen interes-siert die Ausstellungen an.

Nach westdeutschem Muster wurden auch in Sachsen weitere (Förder-) Stiftungen gegründet, in denen wir alle unseren Sitz hatten. Sie sollten so-wohl bisherigen staatlich verwalteten Kultureinrichtungen als auch neu entstandenen Einrichtungen das Überleben sichern. Wir bekundeten unser Interesse und nahmen Plätze in den Vorständen ein:

- Über die **Kulturstiftung des Freistaates Sachsen** wurde bereits be-richtet.

- Besonders am Herzen lag mir die **Käthe-Kollwitz-Stiftung** im Rüdenhof in Moritzburg. Die Gräfinnen Ida und Jutta zu Münster hatten Käthe Kollwitz, die 1945 in Berlin ausgebombt war, unter Vermittlung des Prinzen Ernst Heinrich von Sachsen in ihrem Mo-ritzburger Haus, dem Rüdenhof, aufgenommen, wo sie die letzten Wochen ihres Lebens verbringen konnte. Als einziger authentischer Wohnort der Künstlerin wurde dort eine Gedenkstätte eingerichtet. Die Stadtsparkasse Köln, die viele Werke der Künstlerin besaß, half bei der Konstituierung der Stiftung mit. Es wurden Ausstellungen angeboten, ich organisierte ganz nebenbei Benefizkonzerte mit Ute Selbig im Moritzburger Schloss und im Schauspielhaus mit Matthi-as Goerne. Vor kurzem war die Gefahr groß, dass Kulturbanausen in der Gemeinde die Stiftung ausbluten lassen wollten – Proteste von Seattle bis nach Frankreich, z. Z. über 6.000 Stimmen votierten für das Weiterbestehen, und unterdessen scheint eine Lösung für den Erhalt der Gedenkstätte gefunden worden zu sein.

- Auf Anraten von Dr. Ackermann, der meinte, ein Bundestagsabge-ordneter habe zumindest einmal den Begriff Barockmusik gehört, sollten wir in Mitteldeutschland eine Einrichtung schaffen, die auch mit Bundesmitteln unterstützt werden könne. Ich war bisher immer der Auffassung, der Begriff „**Ständige Konferenz Mitteldeutsche Barockmusik in Sachsen, Sachsen-Anhalt u. Thüringen e. V.**" sei von mir auf der Gründungsversammlung 1994 geprägt worden, aber auch andere nehmen die Namensgebung in Anspruch – sei es drum. Mit einer Geschäftsstelle auf Schloss Michaelstein im Harz sowie einer Dependance im Händelhaus in Halle vereint sie ca. 60 natürliche und juristische Personen aus ganz Deutschland und fördert Projekte der mitteldeutschen Barockmusik sowie ein Netzwerk für Alte Musik. Zu den Musikfestivals gehören u. a. die jährlichen Heinrich-Schütz-Tage in Sachsen, Thüringen und Sachsen-Anhalt.

- Das **Deutsche Hygienemuseum** wurde unter Mitwirkung von Stadt, Land und Krankenkassen in eine Stiftung umgewandelt.
- Das **Heinrich-Schütz-Konservatorium** ist jetzt ein Eigenbetrieb der Stadt Dresden und wird vom Freistaat und der Stadt finanziert. Ich wurde in den Vorstand berufen.
- Die **Stiftung Sächsisches Industriemuseum** ist ein Zweckverband wichtiger Industrieanlagen wie die Tuchfabrik Gebr. Pfau in Crimmitschau, die Zinngrube Ehrenfriedersdorf mit Besucherbergwerk und Mineralogischem Museum sowie die ehemalige Brikettfabrik Knappenrode und hat ihren Hauptsitz und ihre Hauptausstellung in Chemnitz.
- Die **Stiftung Sächsische Gedenkstätten** wurde im August 1996 gegründet und vereint Erinnerungsorte an den Nazi-Terror und an den DDR-Terror. Diese Stiftung ist stets umstritten, weil die verschiedenen Opferverbände in ideologischer Konkurrenz stehen.
- Das **Verkehrsmuseum** wurde in eine städtische Stiftung überführt.
- Die **Stiftung Bach-Archiv Leipzig**. Bach-Museum und Stiftung waren im Bose-Haus neben der Thomaskirche untergebracht, im ehemaligen Haus eines mit Bach befreundeten Leipziger Kaufmanns. Nach langen Verhandlungen wurde ein Erweiterungsbau hinter dem Bose-Haus möglich, der dem Bach-Archiv den nötigen Raum für seine Forschungsarbeit, für Archiv und Museum bot.

Inkunabeln
des modernen Bauens von 1911

In Dresden ging es ziemlich früh um eine prominente Ruine: das **Festspielhaus in Hellerau**, eine Inkunabel des modernen Bauens. 1992 hatte die Sowjetarmee das Festspielgelände verlassen, und ich gehörte mit einigen Interessierten zu den ersten Besuchern, denen Sowjetsoldaten noch das Tor öffneten. Was wir da sahen, überraschte einen gelernten DDR-Bürger eigentlich nicht, aber wir waren doch teilweise erschüttert über den Verfall des Festspielhauses und der Professorenhäuser. Die Sowjetarmee hatte die Festhalle so lange als Sportareal benutzt, bis es einfach nicht mehr ging. Wenn Russen ein Gebäude verlassen, weil das Dach undicht ist usw., dann muss es schlimm um das Bauwerk stehen.

Hinter dem Festspielhaus lagen Berge von Müll. Alle machten betretene Gesichter. Ich murmelte leise, das Ganze wäre am besten wegzuschieben. Heinrich Tessenow hatte 1911 einen Leichtbau errichtet, und ich sagte zu Dr. Douffet: *„Wenn unsere Großväter diesen Leichtbau nicht so solide hochgezogen hätten, wäre der schon lange weg.“* Einen aber gab es, der wollte nicht aufgeben: Der Tanzhistoriker Detlev Schneider aus Berlin gründete einen Förderverein und warb unablässig für die Wiederbelebung der Idee Hellerau. Ab 1991 fanden in den wenigen noch erhaltenen Räumen des Hauptgebäudes Sitzungen statt, zu denen Schneider alle Interessenten eingeladen hatte. Wir saßen in ausgekühlten Räumen, die notdürftig mit einigen wenigen Elektroheizkörpern eine Ahnung von Wärme vermittelten und suchten nach künftigen Lösungen für dieses einmalige Bauwerk des frühen 20. Jahrhunderts, dessen Erhaltung nun dringend geboten war. Als ehemalige sowjetische Kaserne verwaltete das Bundesvermögensamt die Immobilie und war froh, sie dem Freistaat abzutreten. Minister Milbradt war nicht begeistert, hier auch nur eine D-Mark zu investieren. Aber durch Dr. Ohlau wurden die Wüstenrot-Stiftung und die Deutsche Stiftung Denkmalschutz auf das Festspielhaus aufmerksam, und ein Notdach verhinderte den weiteren Verfall. Detlev Schneider hatte indessen Kontakt zum neuen Abteilungsleiter Kultur in Bonn geknüpft, zu Prof. Dr. Wolfgang Bergsdorf, zuvor Chef des Presseamts im Bundeskanzleramt. Ich stellte ihn immer wieder als Zeitzeugen der Wiedervereinigung vor, denn er war als Dritter am 19. Dezember 1989 hinter Bundeskanzler Kohl und Kanzleramtsminister Rudolf Seiters aus dem Flugzeug in Dresden geklettert und Zeuge geworden, wie Kohl angesichts der jubelnden Dresdner sich zu beiden umdrehte und sagte: *„Die Sache ist gelaufen“*. Das war jener einmalige historische Moment, als Kohl von nun an fest entschlossen war, die deutsche Einheit rasch voranzutreiben.

Am 2. Mai 1996 holte ich Prof. Bergsdorf vom Flughafen Dresden ab, und wir fuhren sofort nach Hellerau. Was er dort sah, verschlug dem ohnehin sehr zurückhaltenden Beamten die Sprache. Ich zeigte ihm die Professorenhäuser, in denen bis vor zwei Jahren sowjetische Offiziersfamilien gewohnt hatten. Die Offiziersfrauen hatten in bester Absicht in den kleinen Räumen eine gewisse Wohnlichkeit herstellen wollen, mit pinkfarbenen Plasteplanen Verschläge gezimmert und vieles sehr provisorisch eingerichtet. Ohne Überheblichkeit muss man doch sagen, dass die Offiziersfrauen es nicht anders kannten und wenige Möglichkeiten zur Ausstattung im mitteleuropäischen Sinne hatten. Wolfgang Bergsdorf zeigte sich nicht entgegenkommend. Selbst in einer ausführlichen Besprechung nach dem Essen in der Innenstadt konnte er sich nicht zu einer Bundesbeteiligung entschließen.

Hingegen gelang es Dr. Ohlau, Mittel des J. Paul Getty Trust einzuwerben. 1996 begann die Sanierung des südlichen Portikus und der Freitreppe. Immer wieder konnte man sich während vieler Veranstaltungen vom Fortschritt der Baumaßnahmen überzeugen. Die meisten Gebäudeteile konnten schrittweise saniert werden. 1997 war das Foyer mit den angrenzenden Treppenhäusern denkmalgerecht restauriert. Es gab zeitweise eine Stipendiatenwohnung des PEN für in ihren Heimatländern gefährdete Schriftsteller. Udo Zimmermann zog schließlich mit seinem **Zentrum für Zeitgenössische Musik** in den linken Flügel, aus dem sich die **Europäische Werkstatt der Künste** entwickelt hat. Das Festspielhaus ist zu einer attraktiven Spielstätte für die unterschiedlichsten theatralischen Ansprüche geworden. Die Sanierung des rechten Flügels kommt inzwischen voran.

Glück mit einer Bundesbeteiligung hatten wir dagegen bei der Sanierung des Wilhelm-Kreis-Baues des **Deutschen Hygienemuseums** von 1912, da an der Stiftung auch große nationale Krankenkassen beteiligt waren.

Eine skurrile Situation ist mir lebhaft im Gedächtnis geblieben: Staatsminister Michael Naumann, der erste Beauftragte des Bundeskanzlers für Kultur und Medien, hatte sich zusammen mit Referatsleiter Dr. Ackermann zum Besuch angemeldet. Dr. Klaus Vogel, Direktor des Museums, Jörg Stüdemann, Kulturdezernent der Stadt Dresden, und ich warteten lange Stunden vor einem Tisch, auf dem ein schmackhafter Imbiss für uns in der Mittagszeit vor sich hin duftete. Schließlich erschien Staatsminister Naumann mit großer Verspätung, absolvierte in Windeseile den Museumsbesuch und wollte dann ganz schnell ins Goethe-Institut in die Tannenstraße im Norden der Stadt weiterfahren, wo er auf einer Versammlung vor Dresdner Kulturleuten sprechen sollte. Im Auto Naumann, Dr. Ackermann, ich mit knurrendem Magen neben dem Fahrer.

Die Straßen waren am Freitagnachmittag verstopft. Es dauerte, bis wir am Straßburger Platz links abbiegen konnten. Die gesamte Straße in Richtung Güntzplatz bewegte sich nichts. Der Fahrer suchte verzweifelt auf seinem Navigationsgerät einen Umweg, aber ich riet ihm, einfach links an der langen Kolonne vorbeizufahren, bis wir uns am Güntzplatz wieder einfädeln konnten. Unterdessen kam Naumann auf die Idee, in der Tannenstraße beim Goethe-Institut seine Verspätung zu melden. Da dort niemand hörte, wurde in der Zentrale in Frankfurt/Main angerufen, damit diese das Dresdner Institut verständigte. Als wir endlich auf der Königsbrücker Straße ankamen, verschwand Michael Naumann kurz nach der Begrüßung auf der Treppe in Richtung Toilette. Er musste unbedingt noch zwei Zigaretten zu rauchen.

So viel Zeit muss sein ... Während seines Vortrages und der Diskussion saß ich neben einem recht unruhigen Dr. Ackermann – er hatte keine Ahnung, was der neue Minister wohl von sich geben würde. „Es ist manchmal wie ein Ritt über den Bodensee", flüsterte er mir zu. Naumanns Nachfolger, Prof. Julian Nida-Rümelin, der während der Flut 2002 die Forderungen der flutgeschädigten Länder aufnahm, konnte dann die Baustelle des Hygienemuseums besuchen. Mit kalkbedeckten Schuhen stolperten wir über die Baugerüste, und der Staatsminister konnte sich vom Baufortschritt im Sinne einer denkmalgerechten Sanierung überzeugen.

Unsere östlichen Nachbarn

Am 24. Mai 1991 traf ich auf der Treppe vor der Staatskanzlei Herrn Jiří Gruša, den dienstältesten tschechischen Diplomaten und Botschafter in der Bundesrepublik Deutschland. Ich hielt ihm die schwere Stahltür auf, wir kamen ins Gespräch, und er beklagte, dass die ehemaligen DDR-Bürger aus Sachsen und Brandenburg jetzt mit der D-Mark in der Tasche in Tschechien den starken Max markieren – ein freilich kritikwürdiges Benehmen, nicht dazu angetan, Vertrauen zu den tschechischen Nachbarn aufzubauen. Ich teilte seine Sorge, beruhigte ihn aber, dass wie bei einer Pendelbewegung sich die Sache nach einer gewissen Zeit beruhigen könne. Ob ihm das eingeleuchtet hat, weiß ich nicht, aber wir schieden nicht unfreundlich. Später erzählte er mir, dass er dank unseres Gesprächs nicht im Fahrstuhl, der noch aus der Zeit des Rates des Bezirkes stammte, stecken geblieben sei – im Gegensatz zu seinen Botschafts-Kollegen. Ich habe Gruša noch mehrmals getroffen und mich über diesen klugen und verschmitzten Schriftsteller, der so recht wie ein Nachfolger von Schwejk wirkte, amüsiert.

Das Gespräch wirkte bei mir nach. Als ich wieder einmal in Bonn zu tun hatte, sprach ich den Kollegen Uwe Stiemke aus der Kulturabteilung des Bundes auf seine Erfahrungen mit dem Zonenrand-Förderprogramm an (seit 1972 sind ca. 7 Milliarden DM in einen 40-Kilometer-Korridor an der innerdeutschen Grenze in alle Bereiche der Infrastruktur und Kultur geflossen), nach dem übrigens das Infrastrukturprogramm des Bundes 1991 bis 1994 für uns gestrickt war, und brachte ein ähnliches Programm für die ostdeutsche Grenze nach Polen und Tschechien ins Gespräch. Tatsächlich fand ich zunächst Gehör und organisierte mit Kollegen aus Mecklenburg-Vorpommern und Brandenburg drei Treffen und Reisen, wie am 9. und 10. April 1992 gemeinsam mit Kollegen aus Bonn nach Angermünde. Ich beauftragte sogar einen Görlitzer Schriftsteller, ein Konzept des Austauschs kultureller Aktivitäten auf beiden

Seiten der Grenze zu Tschechien zu erarbeiten. Keinesfalls sollte den Nachbarn, die nicht mit der Übernahme der D-Mark rechnen konnten, ein Programm aufgedrängt werden.

Wir waren guten Mutes, scheiterten aber am Bundesfinanzminister Theo Waigel aus Bayern, der das Zonenrandförderprogramm nur in Bayern bis 1994 weiterlaufen ließ, obwohl da bestimmt nicht mehr die Notwendigkeit bestand, die innerdeutsche Grenze Bayerns gegen Thüringen und Sachsen zu stärken: eine ordnungspolitische Großtat! So fehlte das Geld am östlichen Rand der Republik und auch für die Hilfsprogramme, die 1994 nur noch zur Hälfte ausfinanziert wurden. Ich hatte schon bei meiner Rede zur Eröffnung der Musikfestspiele 1991 darauf verwiesen, dass wir erst in Europa angekommen sein würden, wenn wir wieder normale Beziehungen zu unseren östlichen Nachbarn haben. Mit dieser politischen Haltung stand ich offenbar ziemlich allein und konnte die Verantwortlichen in Bonn nicht von der Notwendigkeit des Handelns überzeugen.

Im Jahr 2000 wies ich beim Eröffnungsvortrag auf dem Deutschen Museumstag in Cottbus darauf hin, dass Kultur der unverdächtigste Botschafter in zwischenstaatlichen Beziehungen sei. Als Land mit Grenzen zur Tschechischen Republik und zu Polen musste dem Freistaat an gutnachbarlichen Beziehungen gelegen sein. Deshalb richtete das Kultusministerium ein Deutsch-tschechisches Gymnasium ein, die Studienbedingungen für polnische und tschechische Studenten an sächsischen Hochschulen wurden durch das SMWK geregelt und ein Internationales Hochschulinstitut in Zittau gegründet.

Raub und Entschädigung – ein sensibles Thema

Das von Dr. Heinrich Douffet für den Kulturbereich angeregte Prinzip „Rückgabe vor Entschädigung" im Einigungsvertrag wirkte sich gravierend aus. Es ermöglichte ein moralisch einwandfreies Handeln, bevor durch juristische Spitzfindigkeiten Probleme entstehen konnten, die zu enormen politischen Verwerfungen geführt hätten. Alteigentümer, deren Kunstwerke nach 1945 auf meist verschlungenen Wegen in öffentliche Museen gelangt waren, verlangten ihren Kunstbesitz zurück. Nur, was tut ein Eigentümer mit ca. 150 Gemälden, unter ihnen einige aus dem 15. Jahrhundert? Er müsste wohl ein gesichertes Objekt finden mit Klimaanlage, gepanzerten Fenstern und Türen sowie einem Restaurator, der die Kunstwerke ständig im Blick hat: für einen Privatmann ein unlösbares Problem. Auch bestand die Gefahr, dass der jahrhundertelang bewahrte Kulturbesitz einer Familie durch Verkäufe sich in ein Nichts auflöst und damit Erinnerungen verloren gehen. Also wurde mit den Geldgebern (Finanzministerium, Kulturstiftung der Länder u. a.) ein Kompromiss ausgehandelt, der den Ankauf besonders wertvoller Gemälde durch die öffentliche Hand vorsah und deren Erlös eine Art Abfindung für die Eigentümer bedeutete, damit sie die übrigen Kunstwerke als Dauerleihgabe dort verbleiben ließen, wo sie die letzten Jahrzehnte gehangen hatten. So geschehen mit der Sammlung Speck von Sternburg aus dem 19. Jahrhundert, die dem Leipziger Bilder-Museum den Erhalt eines prominenten Sammlungsteils von ca. 150 Gemälden garantierte und den Staatlichen Kunstsammlungen Dresden durch den Ankauf des rechten Flügels die Komplettierung des Katharinenaltars von Cranach ermöglichte. Einer der beiden Erben, Freiherr Wolf Speck von Sternburg, zeigte sich gegenüber den Vorschlägen von Henning Rengshausen, einen einstelligen Millionenbetrag als finanziellen Ausgleich betreffend, sehr aufgeschlossen (im Verhältnis zu dem sehr viel höheren Wert der Sammlung!). Der Freiherr wurde bald zu einer VIP und im Hausjargon des Leipziger Rathauses nannte man ihn „Onkel Wolf".

Zur Vertragsunterzeichnung, die im damaligen Leipziger Bildermuseum, heute Sitz des Bundesgerichtshofs, stattfand, sah ich auch die Anwälte der Wettiner, die sich angelegentlich für die Problemlösung interessierten. Aber sie wählten einen anderen Weg: 1924 hatte der damalige erste Freistaat Sachsen im Rahmen der Fürstenabfindung den Wettinern den Besitz vieler Kunstschätze und Gegenstände zugesprochen, 1945 aber waren sie vollständig enteignet worden. Nun beantragten sie die Rückgabe sämtlicher Kunstwerke und Gegenstände, um letztendlich die besten Stücke davon verkaufen zu können.

Die langen mühsamen Verhandlungen von Henning Rengshausen begannen am 5. März 1998 mit der Festlegung einer Strategie und mündeten schließlich in einem Vertrag, der aus Rückgaben und dem Verbleib von Dauerleihgaben bestand, in dessen Folge jedoch eine sorgfältige Überprüfung aller Bestände der Staatlichen Kunstsammlungen Dresden und anderer Museen auf ihre Provenienz notwendig wurde.

Es geht ja allgemein nicht nur um die Rückgabe von Kunstwerken ehemaliger jüdischer Eigentümer, wie es in der Öffentlichkeit zumeist verstanden wird. Sondern durch die „Schlossbergung" nach 1945, ein euphemistischer Ausdruck für die Plünderung von Adelssitzen und Enteignung großbürgerlicher Sammlungen, ist viel Kunstbesitz in die öffentliche Hand gelangt, und hier müssen Nachweise der Rechtmäßigkeit geführt werden. Das ist ein weites Feld, doch steht es einem demokratisch verfassten Gemeinwesen wohl an, liebgewordene Besitzstände vorbehaltlos zu überprüfen.

Leider war es Dr. Douffet nicht gelungen, das Haus Wettin davon zu überzeugen, Kunstschätze aus seinem Besitz dauerhaft in einer familiär geprägten Ausstellung in Sachsen zu präsentieren, z. B. im Schloss Moritzburg. Ganz im Gegensatz hierzu steht die Präsentation von Kunstbesitz der Familie von Schönberg und anderer sächsischer Adelsfamilien im Schloss Nossen.

Ein politisch weitaus schwierigeres Feld ist das der Rückführung von Kulturgut aus den östlichen Ländern, die von Nazi-Deutschland ausgeplündert worden waren. Neben politisch motivierten Rückgabeaktionen, wie 1955 die Rückkehr eines Großteils der Gemälde aus Moskau in die Sempergalerie, war in den Zeiten des Kalten Krieges an Verhandlungen mit der Sowjetunion oder Polen nicht zu denken. Ab 1991, mit dem Ende der Sowjetunion, begannen Sondierungen, die dann tatsächlich unter der russischen Jelzin-Regierung in Verhandlungen mündeten. Bund und Länder bildeten Arbeitsgruppen, es gab Reisen, aber die Ergebnisse blieben unter den Erwartungen, was wiederum nicht verwunderlich ist, wenn man an die unglaublichen Verluste in Polen und der Sowjetunion denkt. Es geht um eine schwierige politische und moralische Balance zwischen den berechtigten Ansprüchen der genannten Länder, die vom NS-Staat systematisch ausgeplündert und verwüstet worden waren, und den Wünschen deutscher Einrichtungen nach Rückführung ihres Kulturgutes.

Immerhin gab es zwei Kompromiss-Linien: Zum einen die Ausstattung russischer Museen mit moderner Hardware aus der Bundesrepublik als Geste guten Willens gegen die Rückgabe von Kulturgut, was auch mehrfach ermöglicht wurde; zum anderen wollte man die Bereitschaft von russischen und polnischen Einrichtungen erlangen, deutsche Bestände öffentlich zugänglich zu machen. Hier hatte ich meine ganz eigenen Erfahrungen. Als Meyerbeer-Biograph wusste ich, dass in der Biblioteka Jagiellónska in Kraków wichtige Autographen von den Hauptopern Giacomo Meyerbeers aus dem Besitz der Berliner Staatsbibliothek erhalten waren, und einer der Meyerbeer-Forscher, Sieghart Döhring, hatte sie 1982 als erster einsehen können. So argumentierte ich, dass es manchmal ausreiche, wenn die deutschen Quellen wenigstens erst einmal international öffentlich zugänglich seien. Das war aber nie ernsthafter Verhandlungsgegenstand. Erst 2020 hat der ehemalige Direktor der SLUB, Thomas Bürger, eine solche Vereinbarung mit einer St. Petersburger Bibliothek treffen können, in der zehntausende Altbestände der Dresdner Bibliothek lagern.

Am 24. Juni 1994 wurde ich zu einer Sitzung der Rückführungskommission in die Mainzer Staatskanzlei eingeladen. Das schwere Dienstauto des Landes Rheinland-Pfalz, das mich vom Frankfurter Flughafen abholte, war selbstverständlich ein Opel aus Rüsselsheim. Ministerpräsident Rudolf Scharping fragte mich als den einzigen ostdeutschen

Vertreter in dieser Runde nach den Chancen für weitere Verhandlungen, die in dieser Zeit schon ins Stocken gekommen waren. Ich sagte, wir müssten uns warm anziehen, wenn es nach Russland geht, und wir brauchten unendlich viel Zeit und Geduld, denn den russischen Spruch kennt jeder Ostdeutsche: *„Budjet, budjet"*, es wird schon irgendwann einmal etwas werden. Seit aber Wladimir Putin und die Duma den Verbleib der deutschen Kulturgüter in Russland per Gesetz beschlossen haben, sind die Chancen noch mehr gesunken, und momentan ist das Klima ohnehin so eisig wie der russische Winter.

Da die Fragen der Zuordnung von Kulturgut, das infolge der Verwerfungen im und nach dem Zweiten Weltkrieg und die Klärung der Besitzverhältnisse von ehemals jüdischem Kunstbesitz immer drängender wurden, entschlossen sich die ostdeutschen Länder, eine Forschungsstelle einzurichten und zu finanzieren. Die Begeisterung der westdeutschen Kollegen hielt sich in Grenzen – in sehr engen Grenzen, als es um eine finanzielle Beteiligung ging. Uns wurde versichert: Natürlich haben wir im Westen kein ehemals jüdisches oder anderes fremdes Kulturgut, dessen Provenienz man erforschen müsse. Inzwischen hat sich das gründlich durch teilweise spektakuläre Rückführungsaktionen von Gemälden geändert, und Bund und Länder haben Mittel für das Forschungsprogramm „Daphne" bereitgestellt. Unsere Forschungsstelle wurde in Magdeburg eingerichtet und hat in detektivischer Kleinarbeit viele Listen und Informationen über dieses Kulturgut erstellt, so dass der Bund heute diese Forschungen zentralisiert und das „Deutsche Zentrum Kulturgutverluste" einrichten konnte. Schließlich hatte sich die Bundesrepublik durch die Unterzeichnung der „Washingtoner Erklärung" verpflichtet, die im Abkommen geforderten Schritte der Provenienz-Prüfung und eventuellen Rückgabe einzuleiten.

Partner auf Augenhöhe

In den Landeseinrichtungen waren noch 1990 einige Leiterpersönlichkeiten per Akklamation vom Personal bestimmt worden, so Dieter Görne als Intendant des Staatsschauspiels oder Prof. Dr. Werner Schmidt, langjähriger Direktor des Kupferstichkabinetts, als Generaldirektor der Staatlichen Kunstsammlungen Dresden. Er war der richtige Mann zur richtigen Stunde, der aus langer Erfahrung den gesamten Betrieb der SKD kannte, die notwendigen personellen Erneuerungen mittrug und ein angenehmer, hochkultivierter Gesprächspartner für uns war. Außerdem wurde er erster Präsident der Kulturstiftung und danach Präsident der Sächsischen Akademie der Künste. Als er 1997 das Rentenalter erreicht hatte, empfahl er Sybille Ebert-Schifferer, Direktorin des Darmstädter Landesmuseums, als seine Nachfolgerin für die SKD.

Ich fuhr am 19. Dezember 1997 zu ihrer Verabschiedung nach Darmstadt, sah sie mir an und bestätigte Schmidts Entscheidung. Am 5. Januar 1998 besuchte ich sie erstmals in ihrer neuen Arbeitsstelle. Bei ihrer Investitur im Gobelin-Saal der Sempergalerie hörte ich hinter mir eine kritische Stimme. Es war Seine Königliche Hoheit, Herzog Maria Emanuel von Sachsen. Es ging wohl um die Ansprüche der Wettiner auf Bestände der SKD, die sie bei der neuen Generaldirektorin durchsetzen wollten. Ich machte den Minister darauf aufmerksam, der sofort Frau Ebert-Schifferer vor den Wettinern warnte. Außerdem trat sie ihr Amt in einer kritischen Situation der SKD an, da wir mit dem Finanzministerium um die Ausstellungsflächen im Dauerstreit lagen. Die westdeutschen Finanzbeamten wollten uns immer weismachen, dass unsere Museen zu groß seien, zu wenig Besucher hätten und wir deshalb keine zusätzlichen Forderungen zu stellen hätten. Wir hätten uns an dem Land Rheinland-Pfalz zu orientieren, das etwa die gleiche Bevölkerungszahl wie Sachsen habe.

Im September 2001 wechselte Frau Ebert-Schifferer nach Rom in die Bibliotheca Hertziana, ein gewiss ruhigerer Posten, aber wir hatten wieder keinen Generaldirektor. Unser Blick fiel auf Dr. Martin Roth, vormals Direktor des Deutschen Hygienemuseums. Er organisierte gerade die EXPO 2000 in Hannover, ein Knochenjob, aber gerade richtig für ihn. Daneben folgte er Werner Schmidt als Präsident der Kulturstiftung. Ich schätzte seine ökonomische Arbeitsweise, wenn er freitags aus Hannover kommend in kurzer Zeit kenntnisreich die Förderanträge in der Stiftung mit einer kleinen Gruppe, zu der ich gehörte, entschied. Es wurde für einen neuen Generaldirektor der SKD eine Auswahlkommission gebildet, der Klaus-Dieter Lehmann, damals Präsident der Stiftung Preußischer Kulturbesitz, vorstand. Er begriff sofort unseren Wunsch, der auf Martin Roth hinauslief. Nach einer langen Vorstellungs- und Entscheidungsrunde, an der ich als Hilfskraft zusammen mit meiner Sekretärin teilnahm, und nach einer dramatischen Episode, als ein anderer Kandidat von einigen Kommissionsmitgliedern favorisiert wurde – ich musste ihn anrufen, aber gottlob war er nicht zu Hause – konnte Martin Roth gegen 19.00 Uhr benannt werden, zur großen Erleichterung der Amtsspitze.

Er wurde dann sehr aktiv, machte die SKD rund um den Globus bekannt, um Ausstellungen in fernen Ländern zu organisieren. Es war schwierig, mit ihm zu sprechen, da er ständig die neue Kommunikationstechnik in der Hand oder am Ohr hielt, alle führenden Museumsmitarbeiter damit ausstattete und ständig online war. Mich erinnerte seine Unrast an den Witz, den Karl Mickel im Libretto der Oper „Einstein" von Paul Dessau (1974) im lustigen Intermezzo unterbringen wollte und der selbstverständlich der Zensur der DDR-Behörden zum

Einführung von Dr. Martin Roth als Generaldirektor der Staatlichen Kunstsammlungen Dresden, rechts Staatsminister Prof. Dr. Hans Joachim Meyer, 10. Oktober 2001

Opfer fiel: Isaak geht zum Ministerpräsidenten und sagt: *„Ich will auswandern."* Der Ministerpräsident zeigt auf einen Globus und sagt: *„Such dir ein Land aus."* Isaak dreht und dreht und fragt schließlich: *„Hast du keinen anderen Globus?"* Auch Martin Roth hätte noch einen anderen Globus gebraucht. Von 2001 bis 2011 blieb er Dresden treu, dann nahm er einen Ruf an das Victoria and Albert Museum in London an, das er sofort nach der Brexit-Entscheidung aus Protest verließ. Trotz all seiner tapferen Energie – den Kampf gegen den Krebs hat er verloren.

Bei den Direktoren der einzelnen Museen der SKD gab es weniger Wechsel, aber einige der älteren Kader mussten denn doch nach 1991 weichen. Die **Galerie Neue Meister** übernahm 1994 Ulrich Bischoff, der wegen seiner Kompromisslosigkeit in Fragen der zeitgenössischen Kunst ständig beim Staatssekretär aneckte. Zwar hatte er wenig Zugang zu den Dresdner Malern aus DDR-Zeit, und ich muss es mir als Versäumnis anrechnen, dass ich ihn nicht stärker auf diese Dresdner Tradition qualitätvoller Kunst hingewiesen habe, aber ansonsten deckte ich ihn, wenn es Schwierigkeiten gab. 2019 trafen wir uns zufällig in den SKD, und er stellte mich seinen Begleitern als denjenigen vor, der ihn immer beschützt habe. Ähnlich äußerte sich auch Dr. Annegret Nip-

Dr. Reiner Zimmermann mit Christoph Albrecht, 27. November 2001

pa, die die **außereuropäischen Sammlungen der SKD im Japanischen Palais** betreute und es schaffte, das originale Damaskus-Zimmer, eine orientalische Kostbarkeit in Zimmergröße, die jahrzehntelang als Bretterhaufen im Depot lag, wieder aufzustellen. Auch sie stand beim Staatssekretär ständig in der Kritik, weil sie in ihrer Dienstauffassung etwas freizügig war und meist in letzter Minute, und nicht schon Wochen vorher – mit der Fahrkarte in der Hand – eine Dienstreisegenehmigung beantragte, für die ich jedes Mal beim Amtschef unter Beantwortung kritischer Fragen antreten musste. Selbst der „Schlossbaumeister" Ludwig Coulin aus dem Staatshochbauamt, Leiter der Niederlassung I, stand unter dem Schutz unseres Ministers, wenn er mal wieder gegen seine Vorgesetzten im Finanzministerium ungenehmigte Entscheidungen zugunsten des Schloss-Wiederaufbaus getroffen hatte. Auch mich bezog er später in dieses Lob ein, sich schützend vor ihn gestellt zu haben. Ich fand, es gehöre zu meiner Stellung als Abteilungsleiter, dass ich den Damen und Herren, die gute Arbeit leisteten, in kritischen Situationen den Rücken freihielt.

Die Staatsoper stand Anfang 1990, also vor meiner Zeit, ohne Intendant da und wurde kommissarisch von Hanns Matz geleitet. Einige Kollegen wurden in Hamburg fündig und luden den Ballettdirektor der Hamburgischen Staatsoper, Christoph Albrecht, zum Gespräch ein. Er hat das in dem Band „Szenen-Wechsel. Die Sächsische Staatsoper Dresden vom Herbst 1989 bis zum Sommer 2003" anschaulich beschrieben. Seine Berufung zum Intendanten erfolgte am 16. August 1990 noch durch die Bezirksverwaltungsbehörde, die indessen alle Entscheidungen über Haushalt, Stellenplan, Rechtsform der neuen Staatsregierung überließ. Unter anderem hatte sich Christoph Albrecht vertraglich ausbedungen, dass der Orchestergraben wieder die Größe erhalte, die 1914 durch Richard Strauss und Ernst von Schuch den Bedingungen vergrößerter Orchesterbesetzungen angepasst wurde, denn beim Wiederaufbau 1985 war zunächst der kleinere originale Graben von 1871 gebaut worden. Das führte dazu, dass z. B. in der Neuinszenierung der „Elektra" von Strauss 1985 das Orchester wegen seiner Größe auf der Bühne saß und sich die Handlung auf einem sechs Meter hohen Sprungturm abspielen musste. Die Regisseurin Ruth Berghaus und ihr Bühnenbildner Dieter Schaal führten in diesem Kompromiss zwar die dramatische Fallhöhe der Figurenkonstellation vor, aber das war für ein Theater keine Dauerlösung. Das Staatshochbauamt nahm die Arbeiten auf, und ich gehörte zu den Ersten, die Ende September 1996 auf der neuen erweiterten Hebebühne probeweise nach unten und nach oben fahren durften. Für größere Besetzungen wird der Graben nach unten erweitert und bietet dem Orchester ausreichend Platz.

Leider mussten wegen Stasi-Kontakten einige Mitarbeiter des Theaters und Mitglieder der Staatskapelle entlassen werden, und das sorgte natürlich für Aufregung, aber der Intendant folgte unserer Vorgehensweise. Mit ihm wertete ich am Ende einer jeden Saison die Spielzeit in einem freundschaftlich anregenden Gespräch aus.

Nur einmal – um den Jahreswechsel 2000 – machte er von seinem Hausrecht Gebrauch und griff in die provokante Inszenierung der „Czardasfürstin" von Peter Konwitschny ein. Es gab ein gewaltiges Rauschen im Blätterwald, die Kunstfreiheit sei in Gefahr, der Minister solle den Intendanten absetzen, was er freundlich lächelnd abwehrte und auf die künstlerische Eigenverantwortung des Intendanten verwies – kurz, irgendwann beruhigte sich die Lage, nachdem einige Anwälte von beiden Seiten die Klingen gekreuzt hatten.

Christoph Albrecht hat in seinem Beitrag in der Festschrift zu meinem 75. Geburtstag berichtet, dass ich mich bei meinem ersten Besuch als Dienstvorgesetzter als „seinen Partner im Ministerium" vorgestellt habe. Und wenn ich an den Kollegen Gert Maibaum, Abteilungsleiter Hochschulen, und an andere denke, dann hat keiner von ihnen seine Position als Machtstellung angesehen, sondern einen kollegialen Umgang mit den Mitarbeitern im Geschäftsbereich vorgezogen. Dazu wollte ich auch gehören. Außerdem hatte ich gute Vorbilder, vom Minister angefangen. Ein einziges Mal habe ich beabsichtigt, meine Stellung zu nutzen, um einer ehemaligen Lehrerin meines Sohnes Vorhaltungen zu machen. Es betraf politische Querelen aus seiner DDR-Schule vier Jahre zuvor. Er hatte als Dreizehnjähriger eine kritische Äußerung gemacht und wurde in Anwesenheit von zwei Staatssicherheits-Mitarbeitern, aber nicht im Beisein seiner Eltern, vor versammelter Klasse vorgeführt.

Für den Intendanten des **Schauspielhauses**, Prof. Dieter Görne, gab es keine disziplinarischen Probleme. Nur einmal wurde es kritisch, als man ihm unberechtigterweise Stasi-Kontakte vorwarf, die aber ausgeräumt werden konnten. Umso größer waren die organisatorischen Probleme, als das Schauspielhaus denkmalgerecht im Stil der Erbauungszeit saniert wurde. Das Ensemble musste während der Sanierung des Großen Hauses mehrere Jahre mit einem Theaterzelt-Provisorium vorliebnehmen und machte das Beste daraus: die Inszenierungen dort waren sehenswert!

Als das Haus dann aber im neuen-alten Glanz erstrahlte, wäre die Eröffnung beinahe gescheitert. Der Grund? Die Stuhlbaufirma hatte kurz vor Einbau der Bestuhlung Konkurs angemeldet, man ließ in Windeseile neues Gestühl bauen und einsetzen, aber die Armlehnen hatte man nicht mehr vollständig befestigen können, so dass in der gespannten Stille der Eröffnungs-Premiere von „Peer Gynt" hin und wieder ein Poltern zu hören war, wenn eine Armlehne zu Boden ging.

Schwieriger war die Sache mit dem **Kleinen Haus**. Diese zweite Spielstätte in der Dresdner Neustadt war, als ehemaliges Tanzetablissement, mehrfach umgebaut worden, aber niemals ein richtiges Theater geworden. Dr. Volker Messtorf-Lebius, unser Verantwortlicher für alle Bauten, fand eine diskrete Lösung: Es wurde behauptet, der Bau strebe auseinander, man brachte Messpunkte an, die das Reißen der Wände beweisen sollten, und man riss kurzerhand, wahrscheinlich unter Vernichtung dieser Beweise, das ganze Theater ab und ließ nur die Jugendstilfassade stehen. Nun fehlte dem Staatsschauspiel seine zweite Spielstätte, und ein zweites Zelt-Provisorium wollten wir dem Ensemble nicht wieder zumuten. Ich riet Prof. Görne: Suchen Sie sich in der Stadt eine Spielstätte, und er fand die Schlosskapelle, die im Rohbau vorhanden war, so dass man Garderoben, Toiletten, Künstlerzimmer und Foyer mit Tresen einbauen konnte. Finanzminister Milbradt veranlasste sofort das Nötigste, und das Theater steuerte Traversen, Elektrik für Scheinwerfer und Technik bei, sodass eine kleine schmucke Spielstätte für Kammerspiele wie „Sommernachtstraum", „Iphigenie", „Die Perser" und andere sehenswerte Inszenierungen entstand.

Mitten in der Bauphase des Kleinen Hauses am 30. Februar 2000 besuchten mich die Professoren Andreas Baumann, Leiter der Theaterklasse, und Reinhard Kluttig, Leiter des Hochschulorchesters der Dresdner Musikhochschule, in einer dringlichen Angelegenheit. Sie hatten mitbekommen, dass beim Neubau des Konzertsaals der Leipziger Musikhochschule durch Spenden eine Möglichkeit für Bühnenaufführungen geschaffen wurde. Das wollten die Dresdner auch. Da das Finanzministerium jedoch gerade die Mittel für einen neuen Konzertsaal hinter dem Hochschulgebäude am Wettiner Platz freigegeben hatte, konnte ich den beiden Herren keine Hoffnung auf eine neue Bühne machen. Daraufhin Krisensitzung beim Minister, der keine Idee hatte, aber dringend eine solche benötigte. Da erinnerte ich mich in dieser Besprechung daran, früher im Kleinen Haus auch Spielopern gesehen zu haben, wobei die Schnecke des Kontrabasses hoch über die ebenerdige Bande ragte. *„Könnte man nicht einen mobilen Graben bauen, der nur für Opernaufführungen geöffnet wird? Dann könnte auch die Musikhochschule hier auftreten."*

Dr. Messtorf stimmte zu, ich wurde beauftragt, die frohe Kunde dem Rektor mitzuteilen, und der Bau wurde geplant und ausgeführt. Nach der Eröffnung konnte die Musikhochschule ein richtiges Theater mit richtiger Technik und professionellen Bühnentechnikern im Hintergrund nutzen. Da der neue Intendant Holk Freytag, der am 24. Januar 2000 sein Amt antrat, selbst einmal Geiger gewesen war, hatte er großes Verständnis für die Musiker und schloss einen Vertrag mit der Hochschule, der noch heute gilt. Es gelang u. a. sogar während der Dresdner

Musikfestspiele einige von insgesamt neun Aufführungen einer Hochschulinszenierung von Mozarts „Figaros Hochzeit" erfolgreich anzusetzen.

Der Nachmittag des 12. Juli 2000 gehört zu meinen denkwürdigsten Tagen im Ministerium. Wochen zuvor war der Minister zu mir gekommen mit üblicher bekümmerter Miene: *„Herr Sinopoli* [Chefdirigent der Staatskapelle Dresden] *will mich sprechen – muss das sein?"* Meine Antwort: *„Einmal müssen Sie schon mit ihm reden."*

Darauf wurde der 12. Juli verabredet, 13.00 Uhr „am Rande des Landtages", einer der üblichen Treffpunkte des Ministers bei Plenarsitzungen des Landtages, den er verlassen konnte, wenn nichts über das SMWK verhandelt wurde. Ich steuerte nach dem Mittagessen frohgemut am Intendanzgebäude der Semperoper vorbei und kam nicht weiter, weil Giuseppe Sinopoli gerade mit seinem Münchner Anwalt Prof. Dr. Johannes Kreile aus dem Auto krabbelte und er mich sofort, im Gegensatz zu sonst, ausmachte. Mir wurde bedeutet, dass es wichtig sei, dass der Minister seine zeitliche Zusage einhalte. Ich beruhigte die Herren mit dem Hinweis, sofort in den Landtag zu gehen und ihre Ankunft zu melden. Aber als Kreile betonte, es sei nicht so viel Zeit, weil Sinopoli 18.00 Uhr noch eine Probe habe, beruhigte ich die Herren gönnerhaft, dass wir es bis dahin schon geschafft haben würden. Ich bekam indessen schwerste Bedenken, als Anwalt Kreile hinzufügte: *„Die Probe ist aber in Bayreuth ... Wir gehen jetzt in die Oper und Sie verständigen uns umgehend."* – Ich sagte erst einmal zu. Drüben auf den Treppen vor dem Landtag verkündete Dietmar Rachelski die nächste schlechte Nachricht: Jetzt ist zwar Pause, aber der Minister war noch lange nicht dran. Mir schwante nicht Gutes, denn es gab einen Ministerspruch: Landtag ist wie ein Naturereignis, da weiß man nie ... Ehe also das Plenum endlich wieder zusammentrat und der Minister aufgerufen wurde, verging viel Zeit. Ich saß unruhig hinter dem Minister auf der Regierungsbank. Plötzlich erschien ein Saaldiener des Landtagsdienstes bei mir: *„Sind Sie Dr. Zimmermann? Da draußen steht ein aufgeregter Herr, Sie müssen unbedingt mitkommen."* Im Foyer erklärte mir der wütende Anwalt Kreile: *„Ich gehe jetzt in die Oper und bringe Herrn Sinopoli mit, und Sie bleiben hier!"* Meine Entschuldigung wegen der Verzögerung im Plenum wurde überhaupt nicht zur Kenntnis genommen. Ich blieb also an der linken Tür zum Plenarsaal stehen. Bald kamen beide Herren, und Kreile insistierte weiter. Da zeigte ich ihm durch die runden Öffnungen der Glastür das Rednerpult des Landtages und fragte: *„Soll ich jetzt dort hineingehen und den Minister vom Rednerpult wegziehen?"* Das war natürlich hinterhältig, aber ich wusste mir nicht anders zu helfen. *„Selbstverständlich nicht"*, war die Antwort, *„aber wir gehen jetzt in den Besprechungsraum und warten".*

Wir begaben uns in den Raum 108. Das war ein kleiner Raum ganz in Grau, er roch sogar grau, mit Blick auf den ruinösen Erlweinspeicher. Ausnahmsweise war ich ungehalten über den Minister, der schwupps bei seinem Lieblingsthema gelandet war, den amerikanischen Doktorgraden wie Master und Bachelor und ihre Anwendbarkeit auf das deutsche Hochschulsystem, und es den Abgeordneten ausführlichst erklärte. Und ich saß da oben und suchte krampfhaft nach einem Thema, um die angefressenen Herren zu beruhigen. Zunächst prophezeite ich, dass sich der Minister für die Kulturlosigkeit des Raumes entschuldigen würde. Dann erläuterte ich die Aussicht auf den Speicher und die einheitliche Traufhöhe der Gebäude, was die Herren brennend interessierte. Endlich erschien der Minister, und das erste, was er tat: Er entschuldigte sich für die Kulturlosigkeit des Raumes. Der Theatermensch Sinopoli taute sofort auf: Ich hatte das Stichwort souffliert, und nun kam es von der Rampe. Er unterhielt sich munter mit dem Minister, erläuterte sein inhaltliches Programm, das sich aber von den Überlegungen des früheren Chefdramaturgen Horst Seeger aus DDR-Zeit nicht viel unterschied, weil eben dieses Haus eine bestimmte Geschichte hat, an der keiner vorbeikommt. Die Unterhaltung war so angeregt, dass ich den Minister, neben dem ich links saß, und der nicht ein einziges Mal zu mir schaute, am Ärmel zupfen musste (was ich sonst nie tat), um ihm zu bedeuten, dass Herr Sinopoli heute noch zur Probe nach Bayreuth fahren müsse. Gegen 15.45 Uhr verabschiedete sich ein hochbeglückter Chefdirigent. Ich geleitete ihn durch das Labyrinth des alten Landtages, damit er rasch zu seinem Auto kam, und sein Fahrer brauste davon. Der Fahrer des Ministers, Manfred Felske, und ich rätselten, ob er es wohl pünktlich bis 18.00 Uhr nach Bayreuth schaffen würde, denn es war letzter Schultag und die Autobahn A 9 sicher wie immer verstopft. Und auch mit dem Minister sinnierte ich danach, ob er denn die Probe – es war die erste Rheingold-Orchesterprobe – rechtzeitig erreicht habe, fügte aber hinzu: „*Rheingold'* *beginnt mit 139 Takten waberndem Es-Dur ohne Thema; wenn er da eine* *Viertelstunde zu spät kommt, kommt er immer noch zurecht.*"
Im Jahr 2000 kam es zu heftigen Auseinandersetzungen zwischen Intendant und Chefdirigent. Sinopoli wollte Christoph Albrecht entthronen, wollte die Leitung des Hauses übernehmen, schlug einen neuen Intendanten aus München vor, der nur sein Diener wäre. Das führte so weit, dass sich Sinopoli mit Kapellvorstand bei Biedenkopf einfand, der danach in Gegenwart des Ministers mit Christoph Albrecht sprach. Prof. Meyer bat mich anschließend, einen Brief des Ministerpräsidenten an Sinopoli zur Bestätigung zu entwerfen. Auf meine Frage, was denn drinstehen solle, konnte der Minister ebenso wenig antworten wie auf meine Frage, was denn beim Ministerpräsidenten besprochen worden sei. Ich hatte aber

von Herrn Albrecht ein Protokoll des vorigen Gesprächs bekommen. Also verfasste ich ein Schreiben. Nach mehrfachen Korrekturen – meine Sekretärin wollte unbedingt pünktlich nach Hause, aber der Minister korrigierte ausnahmsweise drei Mal – ging er mit dem Briefentwurf in die Staatskanzlei und kehrte zurück mit der Frage: *„Sagen Sie mal, waren Sie vorhin bei dem Gespräch dabei?"* – Wie nützlich Protokolle sein können! Christoph Albrecht verließ 2003 die Staatsoper, weil für ihn 13 Jahre Intendanz an einem Haus genügten.

Nach dem Gespräch bei Biedenkopf meldete sich der Kapellvorstand nochmals beim Minister. Die Unterredung war kurz. Frigga Schnackenburg und ich rahmten den Minister ein, er trommelte nervös mit seinen Fingern auf der Stuhllehne – ihm schien das Gespräch unangenehm zu sein. Ich eröffnete, indem ich den Herren erläuterte: *„Wenn Sie ein Problem haben, müssen Sie sich an Ihren Dienstherrn wenden. Der sitzt neben mir. Sie können nicht sofort beim Ministerpräsidenten vorsprechen, ohne dass das SMWK weiß, worum es geht."* Das wurde verstanden, und damit war das Gespräch beendet.

2003 berief mich Dr. Lutz Vogel, Kulturdezernent der Stadt Dresden, zusammen mit Christoph Albrecht und Holk Freytag in eine Auswahlkommission, um einen neuen Intendanten für die Staatsoperette zu suchen. Fritz Wendrich hatte das Haus 1985 bis 2003 geleitet und war in Ruhestand gegangen. Eva und ich besuchten gern die Premieren in Leuben – ein gutes Ensemble, gute Inszenierungen und eine fast familiäre Atmosphäre in jenem Nachkriegsprovisorium. In der Pause wurden wir zum Sekt in das Direktoren-Zimmer eingeladen, wo wir dann mit Wendrich und seinem Kaufmännischen Leiter freundlich lächelnd und etwas hilflos herumstanden.

Als Dr. Vogel nicht pünktlich erschien, forderte mich Christoph Albrecht auf: *„Herr Zimmermann, beginnen Sie, Sie sind der Dienstälteste."* Es hatten sich einige Kandidaten gemeldet, unter denen auch einige Paradiesvögel flatterten. Einer, Favorit Dr. Vogels, wollte neben der Staatsoperette auch noch ein Festival leiten, und es war übereinstimmende Auffassung der beiden Staatsintendanten, dass das nicht gehe. Wir drei hatten auch unseren Favoriten, einen mit dem besseren Konzept, und das war Wolfgang Schaller, nach seiner Tätigkeit an der Staatsoper zunächst Intendant in Görlitz, wo er das Theater wieder mit der Stadt versöhnte und die Sanierung veranlasste, danach Intendant in Würzburg, wo seine Pläne einer überraschenden Haushaltssperre unterlagen, was viele hässliche Auseinandersetzungen nach sich zog (Bayern hatte kein Kulturraumgesetz, das Haushaltlücken abfederte). Der Deutsche Bühnenverein aber stand in seiner Jahresversammlung in Halle eindeutig auf Schallers Seite und betonte, dass die Verwerfungen in Würzburg nicht auf sein Konto gingen.

Wir erreichten, Wolfgang Schaller als Kandidaten durchzusetzen. Er sollte sich als Glücksfall für dieses einzige originäre Operettentheater in Deutschland erweisen – gelang es ihm doch, das Leubener Haus durch zahlreiche Aktivitäten immer im Gespräch zu halten: Aufführungen von Originalfassungen von Strauss-Operetten, Wiederaufführungen von Operetten einstmals verfemter jüdischer Autoren, Wiederaufführungen unbekannterer Offenbach-Operetten und vieles andere mehr. Und schließlich schaffte er es, dass nach unendlichen Mühen der Neubau des Operettentheaters, den die Stadt den Künstlern seit 1950 versprochen hatte, endlich 2016 realisiert wurde.

Das Ende jahrzehntelanger Provisorien: Die Ministerien

Die staatlichen Bauten, wie auch viele andere Gebäude, waren stark sanierungsbedürftig. Finanzminister Milbradt baute gern, und sein Abteilungsleiter Wolf Karl Reidner, ein gebürtiger Franke, sah großartige Möglichkeiten für seine Bauabteilung und das neuaufzubauende Staatshochbauamt. Es war für alle staatlichen Gebäude von den Ministerien über Gerichtsgebäude, Gefängnisse bis zu allen Kulturbauten der staatlichen Einrichtungen zuständig. Die Arbeiten in der Staatskanzlei hatten schon 1990 begonnen und waren bei laufendem Betrieb weitergeführt worden. Die Zimmer waren großzügig, nur zwei Abteilungen des SMWK wurden anfangs in den beiden westlichen Ecktürmen untergebracht, die nicht so repräsentativ waren.

Das Finanzministerium am Carolaplatz, zuvor Bezirksbehörde der Volkspolizei, wurde großzügig saniert und zusätzlich für das Kultusministerium erweitert. Wer von der Elbseite den Portikus über dem Mittelrisalit ansieht, der kann ein Mosaik betrachten: Es zeigt die Saxonia, flankiert von allegorischen Gestalten, die für die sächsische Industrie, den Staatshaushalt, die Künste und den Fortschritt stehen – Symbol für das Selbstverständnis des sächsischen Finanzministeriums von 1904, und hoffentlich auch von 1992 an für kommende Zeiten. Das Wirtschafts- und das Innenministerium bezogen auf der Wigardstraße einen doppelflügeligen Neubau, während das Justizministerium das alte Amtsgericht in der Hospitalstraße, bis 1990 sowjetische Kommandantur, übernahm. Ich hatte zuvor mit Justizminister Steffen Heitmann beim Mittagessen einen freundschaftlichen Streit, da ich auch Interesse an diesem Gebäude hatte. Der Minister aber verwies auf die Historie des Gebäudes, und so zog das SMWK zunächst in das Blaue Hochhaus an der Ecke Wigardstraße/Ecke Albertplatz, das bei vollem

Ministerien an der Wigardstraße, rechts die Staatskanzlei während der Rekonstruktion, 1992

Betrieb saniert wurde. Da es sich um einen DDR-Betonbau handelte, teilten sich alle Bohrungen der Presslufthämmer dem ganzen Haus mit, so dass manchmal keine Unterhaltung möglich war. Die Kollegen aus der Liegenschaftsverwaltung hatten dann die Idee, das SMWK in Dresden-Gorbitz in einem Gebäude unterzubringen, das inmitten einer Gleisschleife am Ende einer Straßenbahnlinie lag. Der Minister nahm das mit säuerlicher Miene zur Kenntnis und wird wohl seinem Ministerkollegen ein paar Takte gesagt haben, denn wir erhielten auf der Wigardstraße die ehemalige Dreikönigsschule zugewiesen, die vorher zur 1991 aufgelösten Pädagogischen Hochschule gehört hatte.

Das Sozialministerium und das Umwelt- und Landwirtschaftsministerium bezogen auf der Albertstraße einen noch zu DDR-Zeit gebauten Gebäudekomplex für die Bibliothek der Pädagogischen Hochschule.

Kulturbauten

Ich hatte immer ein gutes Verhältnis zu meinem Kollegen Reidner und seinem Referatsleiter Gert Horstschulze, weil sie beide gern die traditionellen Kulturbauten sanieren ließen. Zur Eröffnung der neuen Mensa im Gebäude der Musikhochschule am Wettiner Platz begrüßte ich beide

als Kollegen des befreundeten SMF, was die Journalisten nicht verstehen konnten, da sie nur auf den Streit zwischen den beiden Ministern wegen der Hochschulpolitik fixiert waren. Wenn es nach beiden Baufachleuten gegangen wäre, hätten wir mit den Museums- und Theaterbauten nie Probleme gehabt. Aber vor ihnen achteten die sparsamen Kollegen der Haushaltsabteilung darauf, dass die Gerüste nicht in die Höhe wuchsen. Letztlich wurden alle Baumaßnahmen geregelt, weil auch die Abgeordneten des Landtages Interesse an der Sanierung oder am Neubau von Kulturbauten in ihrem Wahlkreis hatten. So gelang es u. a., neben den stattlichen Staatsgebäuden von Oper, Schauspiel und Museen das Gebäude der **Landesbühnen Sachsen** in Radebeul mit Umfeld, also mit Werkstätten, aus dem jahrzehntelangen Provisorium zu erlösen.

Zwei der wertvollsten Schmuckstücke sächsischer Baukunst allerdings harren immer noch der abschließenden Sanierung: Das **Japanische Palais** und das **Palais im Großen Garten**, der erste eigenständige Barockbau aus dem Ende des 17. Jahrhunderts. Es gehört zu der Verwaltung der Staatlichen Schlösser, Burgen und Gärten Sachsen, und offenbar gibt es dort niemanden, der die Einmaligkeit dieses Palais anerkennt und sich für eine Rekonstruktion einsetzt. Offensichtlich bevorzugt man den ruinösen Charme als Dauerlösung. Dabei hatte das Staatshochbauamt eine vorsichtige Konservierung vorgenommen und eine Probeachse der Rekonstruktion ausführen lassen, die zeigt, wie es wieder aussehen könnte. Das Palais wird vielfältig im Sommer genutzt, für die Adventszeit belegte das Staatsschauspiel jahrelang den beheizten Raum mit erfolgreichen Aufführungen der „Christmas Carolls" nach Charles Dickens; im Untergeschoß finden Ausstellungen statt, Veranstaltungen wie Konzerte, Opernaufführungen („Giove in Argo" von Antonio Lotti, im August 2019, eine der Festopern für die Hochzeit von 1719). Aber es gibt kein Verständnis für die Einzigartigkeit des Baus.

Am 21. Mai 2001 wurde das Palais im Großen Garten für die Öffentlichkeit geöffnet. Ich hatte mit der Landesarchäologin Judith Oexle eine Eröffnungsfeier geplant, mit einer großen Fahne außerhalb und der Aufschrift „Durchzug im Palais" (was übrigens stimmte, denn an diesem kühlen Maitag zog es durch alle Räume dieses Sommerpalais). Ich organisierte Auftritte von Schülern mit musikalischen Darbietungen, und der Minister hielt eine launige Rede, die ich anschließend in kleiner Auflage verteilen ließ, zum Erstaunen des Finanzministers Thomas de Maizière. *„Machen wir heute nur einen kurzen Durchzug und danach die Tür wieder zu?"* fragte Prof. Meyer in seiner Rede. *„Mit dem Einsatz von 11 Millionen Noch-Deutscher Mark hat der Freistaat das Palais gerettet, bevor seine Rettung gefordert wurde. Nicht auszudenken, wenn jemandem beim kulturellen Rettungseifer vor Ort etwas passiert wäre. Und es sind bekanntlich immer die Besten, die im Felde fallen. Zum Glück musste niemand für seinen Wagemut bezahlen. So wohlfeil ist Heldenmut in den Zeiten der Freiheit."* Der Minister bezog sich dabei auf die vorurteilsvolle Öffentlichkeitsarbeit eines Fördervereins, der mit den Plänen der Regierung – wir dachten über eine Nutzung nach, die das kühle Raumklima berücksichtigt – nicht einverstanden war. Aber das waren wir gewohnt. In solchen Fällen sagte mir der Minister einmal: *„Wenn Sie eine Idee, von deren Richtigkeit Sie überzeugt sind, einmal gefasst haben, dürfen Sie nie wieder davon abrücken."*

Das Dresdner Schloss

In den „Sächsischen Heimatblättern" 3/2020 habe ich unter dem Titel „Dresdner Disneyland. Debatten um den Wiederaufbau des Dresdner Residenzschlosses nach 1990" ausführlich über die Probleme beim Wiederaufbau geschrieben – schließlich ist das ehemalige Residenzschloss 400 Jahre lang das politische und kulturelle Zentrum Sachsens gewesen. Hier haben alle für den Wiederaufbau Verantwortlichen, Denkmalpfleger, Staatshochbauamt, Finanzministerium, Restauratoren, Wissenschaftler usw. eine sehr große Verantwortung, um für die Staatlichen Kunstsammlungen Dresden ein zentrales Museum zu errichten. Denn

Dr. Reiner Zimmermann mit Dr. Hans Nadler auf dem Hausmannsturm des Dresdner Schlosses 1994

allein das Gebäude ist das Ausstellungsobjekt Nr. 1. Bereits 1983 wurden in einer Denkmalpflegerahmenzielstellung die wesentlichen Grundsätze formuliert, die sowohl in der Rekonstruktion einiger wichtiger, historisch und politisch bedeutsamer Räume als auch in der Bereitstellung nutzerneutraler Räume zu Ausstellungspräsentationen bestanden. Noch ist die Rekonstruktion nicht vollständig abgeschlossen, aber die wichtigsten Raum-Ensembles sind inzwischen zugänglich.

Kulturelles Gedächtnis kostet
Offensichtlich hatten die Abgeordneten des Sächsischen Landtages begriffen, dass Museen in ihren Wahlkreisen als kulturelles Gedächtnis ernstzunehmende Einrichtungen waren, die einen gewichtigen Posten bei der Kulturraumfinanzierung ausmachten. Zugleich hatten sie in den Ausschüssen bei Haushaltsverhandlungen mitbekommen, dass

die Haushaltsabteilung des SMF die Größe und den Finanzbedarf der staatlichen Museen anzweifelte und für den weiteren Bedarf der kommunalen Museen, zu denen z. B. diejenigen aus Leipzig, Chemnitz oder Zwickau gehörten, kaum Verständnis aufbrachte. Das SMF zog ständig Rheinland-Pfalz wegen seiner Bevölkerungsgröße zum Vergleich heran und wollte die Ausstellungsflächen reduzieren. So war eine Museumskonzeption unerlässlich, die unseren Bedarf begründete und die Bedeutung dieser zum Teil einmaligen Sammlungen unmissverständlich herausstellte.

Die **Sempergalerie** war noch 1988 geschlossen worden, weil die Mitarbeiter es unerträglich fanden, dass die Stadt Dresden, die damals Rechtsträger war, angesichts der maroden Bausubstanz keinen Finger rührte und wegen der nicht vorhandenen materiellen Basis auch keinen Finger rühren konnte. Die Schließung erfolgte nach internationalem Einspruch der UNESCO und war ein weiteres peinliches Zeugnis für Kulturpolitik in der DDR. Ich erinnere mich einer Eilsitzung, die der damalige Stadtrat für Kultur, Karl-Heinz Seltmann, einberief, um die anderen Kultureinrichtungen aufzufordern, die fehlenden Einnahmen der Galerie zu erwirtschaften. Alle meine Genossen im Büro der Musikfestspiele waren aushäusig, so traf es den Nichtgenossen Zimmermann, der vom Haushalt keine Ahnung hatte, und, weil das Thema wie gewöhnlich vorher nicht ausgegeben wurde, auch nicht vorbereitet war. Das war Leitungstätigkeit in der DDR. Außer meiner unpassenden Bemerkung, die sich auf diese mangelnde Vorbereitung bezog und weswegen ich kritisiert wurde, konnte ich keine Hilfe zusagen. Das Staatshochbauamt hat 1990 sofort die Sanierung übernommen, und Bundespräsident Richard von Weizsäcker eröffnete in einem Festakt in der Oper am 5. Dezember 1992 die **Galerie Alte Meister.** Ebenfalls eingeladen, eilte meine Frau Eva direkt nach ihren Unterrichtsstunden, daher etwas verspätet, zum Festakt und stand plötzlich im Zugang zum Parkett dem Bundespräsidenten Aug' in Aug' gegenüber. Seine vornehme Aura und seine gütigen Augen wird sie nicht vergessen.

Die Galerie wurde nach 2014 auf Wunsch des Generaldirektors Hartwig Fischer ganz grau ausgemalt, was außer ihm alle schrecklich fanden. Nach neuerlicher Schließung und Umarbeitung erstrahlt die Galerie seit 2020 in wunderbarem neuem altem Glanz, da man für die verschiedenen Kunstepochen unterschiedliche Farbtöne für die Wände gefunden hat und das Foyer mit den Skulpturen ausstattete, die einst dort standen.

Im **Albertinum**, einst Zeughaus, wurde der freie Innenraum überbaut, so dass ein großzügiger Raum entstand, der auch während des Umbaus des Kulturpalastes von der Dresdner Philharmonie als Konzertsaal genutzt werde konnte.

Dr. Heinrich Douffet bei seiner Verabschiedung 1999

Kleinere Sammlungen wie das **Münzkabinett** oder das **Kupferstich-Kabinett** wurden im Schloss untergebracht. Wolfgang Holler, damals Direktor des Kupferstichkabinetts und bis 2022 Generaldirektor der Weimarer Klassikmuseen, zeigte mir während des Umzuges ins Schloss ganz begeistert die neuen Vitrinen zur Aufbewahrung der kostbaren alten Blätter. Wenn das Staatshochbauamt oder, wie es jetzt heißt, das Sächsische Immobilien- und Baumanagement, etwas in die Hand nimmt, dann wird ordentliche Arbeit geleistet.

Eines Tages überraschte das SMF Dr. Douffet und mich auf eine absonderliche Weise. Wir waren ja von den Kollegen der Haushaltabteilung allerhand gewohnt, aber mit dieser Anfrage hatten wir nicht gerechnet. Man wollte von uns wissen, wie viel die Kunstschätze des Freistaates in Euro wert sind. Wir überlegten nur sehr kurz und antworteten noch kürzer: *Kunstschätze von unermesslichem Wert.*

Die **Naturkundlichen Sammlungen**, zu denen auch das **Naturkundemuseum in Görlitz** gehört, sind, mehr als Forschungsmuseen arbeitend, 2004 dem **Verbund der Naturforschenden Gesellschaft Senckenberg in Frankfurt/Main** zugeordnet worden.

Um 2000 kam die Landesarchäologin Judith Oexle mit der Idee zu uns, das Kaufhaus Schocken in Chemnitz in ein **archäologisches Landesmuseum** umzubauen. Sie hatte von dem prominenten Architekten Helmut Jahn, der in Chemnitz die Galeria Kaufhof errichtet hatte, gehört, dass dieser wunderschöne Bau von Erich Mendelssohn von 1930 eine prächtige Hülle für ein modernes Museum abgeben würde. Damals war die Idee utopisch, wie die ersten Verhandlungen mit dem damaligen Finanzminister Thomas de Maizière zeigten, sie wurde erst 2014 realisiert, und das Museum gibt eindrucksvoll Auskunft darüber, wo wir in Sachsen herkommen.

Nach der Pensionierung von Dr. Douffet 1999 war seine Nachfolge schwierig zu regeln. Es bewarben sich als Referatsleiter u. a. Dr. Rosemarie Pohlack, die spätere Landeskonservatorin, und auf dringliche Empfehlung von Prof. Dr. Gerhard Glaser die Gebietsreferentin Dr. Irmhild Heckmann-von Wehren aus dem Landesamt für Denkmalpflege. Der Minister entschied sich für sie; ich war dagegen und sollte mit meiner Skepsis Recht behalten. Denn die neue Kollegin erwies sich als sehr schwierig im Umgang mit unserer Klientel, eigensinnig und undiszipliniert im Sinne der Verwaltungsarbeit.

Erste Anzeichen bemerkte der Minister selbst, als wir allesamt mit Staatssekretär Albrecht Buttolo vom Innenministerium nach Torgau fuhren, um die **2. Landesausstellung** vorzubereiten. Wohl eine halbe Stunde redete er auf sie ein – ich weiß nicht, worum es ging, weil er in diesen Dingen eben sehr schweigsam war – aber er muss wohl eine

Ahnung bekommen haben von dem, was wir uns eingehandelt hatten. Ich bekam den ganzen Ärger als Abteilungsleiter zu spüren, war aber auf die Zuarbeit des Referats 2.2 angewiesen. Das ganze Ausmaß der Unfähigkeit zeigte sich, als der Landtag eine Museumskonzeption von uns forderte. Darin sollte der gegenwärtige Bestand an Ausstellungsflächen aller staatlichen Museen, deren Kosten und Nutzen sowie der künftige Bedarf genauestens prognostiziert werden, um gegebenenfalls von vornherein die Kosten zu reduzieren.

Um 2000 fingen magere Jahre im Landeshaushalt an, und im Parlament hatte man die sonderbare Idee, dass durch eine solche Konzeption Geld zu sparen sei. Die Referatsleiterin war nicht in der Lage, einen Entwurf zu liefern. Den schrieb ich selbst, sogar die Landesarchäologin Judith Oexle half mir, zumal der Minister im Landtag immer wieder von der Opposition angezählt wurde und das zu Recht an uns weitergab. Ich verwies zunächst auf das Referat 2.2. Mit meinen Ausführungen ging ich am 16. Mai 2000 allein ins Finanzministerium, um über Flächen zu reden. Da wurde mir zugemutet, die Dependance in Herrnhut zu schließen. Empört wollte ich mit einem Knall einen eindrucksvollen Abgang hinlegen, aber der labberige Pappdeckel meiner Mappe war denkbar ungeeignet für diese Geste. Wolf-Karl Reidner war verwundert und erschrocken, was die Haushälter forderten. Kurze Zeit später klärte Thomas de Maizière als neuer Finanzminister großzügig die Lage zu unseren Gunsten, so dass unsere Konzeption abgeschlossen werden konnte.

Eines Tages legte ich dem Minister meinen Entwurf auf den Tisch und erklärte: Das ist eigentlich Aufgabe des Referats 2.2. Das verstand er, handelte endlich in meinem Sinne und entlastete mich. Unterdessen hatte ich mit dem Kollegen Prof. Jürgen Namisloh, Abteilungsleiter 5 im Innenministerium, auch für Denkmalschutz zuständig, ausgehandelt, dass er die Augen nach einem Nachfolger für mein Referat aufhielte, zumal sein Staatssekretär Buttolo schon intern mir gegenüber freundlich-anzügliche Bemerkungen gemacht hatte. Ihm war aber auch klar, dass wir das unter uns klären mussten, denn unbegreiflicherweise war Innenminister Klaus Hardraht von Dr. Heckmann-von Wehren sehr angetan. Schließlich wurde uns Dr. Klaus Riedel, ein Architekt und Referent aus dem Referat Stadtentwicklung, empfohlen, mit dem ich dann bestens auskam. Heckmann-von Wehren trat zurück ins Glied des Landesamts für Denkmalpflege und wanderte dann nach München aus.

„Zeit und Ewigkeit"

Finanzminister Georg Milbradt brachte die Idee für Landesausstellungen mit, wie sie in Österreich als eine Art Leistungsschau der Region abgehalten werden. Für den Katholiken Milbradt war es selbstverständlich, dass im protestantischen Sachsen ein katholischer Hintergrund gewählt wurde: Die Wahl fiel 1998 auf das Kloster St. Marienstern in Panschwitz-Kuckau in der Oberlausitz, eines von zwei seit über 700 Jahren ununterbrochen bestehenden Zisterzienserinnenklöster mit kostbarer sakraler Ausstattung.

Die Landesarchäologin Judith Oexle nahm die Sache in ihre organisatorisch strengen Hände, ließ auf dem Gelände des Klosters Gebäude sanieren, ebenso den Kreuzgang, der normalerweise nicht öffentlich zugänglich ist, und wertete den Standort für viele Besucher auf. Das Thema für die Dauer der Ausstellung von 128 Tagen lautete: „Zeit und Ewigkeit". Die Nonnen hatten dafür ihre ganz eigene Definition: 128 Tage sind eine lange Zeit, und es dauert eine Ewigkeit, bis sie vorüber sind. Zur Eröffnung bei strömendem Regen in einem Zelt sprach der österreichische Vizekanzler und Wissenschaftsminister Erhard Busek.

2000 begannen die Vorbereitungen für eine 2. Landesausstellung, diesmal mit eindeutig protestantischem Hintergrund: „Glaube & Macht – Sachsen im Europa der Reformationszeit". Ort war Torgau, zentrale Präsentationsstätte das Schloss Hartenfels, zur Lutherzeit Sitz der sächsischen Kurfürsten. Beim ersten Besuch forderte der Minister die Wiederherstellung des Großen Wendelsteins, ein ebenso spektakuläres Bauwerk wie derjenige an der Meißner Albrechtsburg. Das Schloss war zu dieser Zeit Sitz des Landrates, der offensichtlich nicht begeistert war, dass in seinem Dienstsitz nun eine Ausstellung vorbereitet wurde, jedoch wurde er nicht vertrieben – Platz war genug da. Die Konzeption, die diesmal den SKD, also Prof. Harald Marx und der Generaldirektorin zugewiesen wurde, ergab, dass noch andere Gebäude in der Stadt einbezogen werden müssten, wie etwa das Kanzleihaus, das erste sächsische Regierungsgebäude, bescheiden, aber effektiv genutzt. In den verschiedenen Flügeln des Schlosses wurden Ausstellungsräume nach modernen raumklimatischen Standards geschaffen, da hier wertvolle Originale aus der Cranach-Zeit gezeigt werden sollten. Und dann gab es noch die Schlosskapelle, als erster Neubau einer Kapelle ein Kultort des Protestantismus, denn hier hatte Luther gepredigt, hier ist neben der Marienkirche die Wiege der protestantischen Kirchenmusik, die Johann Walter geschaffen hat.

Als ich mich angelegentlich bei Prof. Ebert-Schifferer erkundigte, was denn für die Schlosskapelle vorgesehen sei, erfuhr ich zu meinem großen Erstaunen, dass die Musik ganz vergessen wurde und die Kapelle als ein weiterer Ausstellungsraum vorgesehen sei.

Das ging natürlich nicht. Es war typisch für manche Kunsthistoriker, die die Nachbarkunst nicht mitbedachten. Die Generaldirektorin riet mir schnippisch: „Dann müssen Sie es eben selbst machen."

Das ließ ich mir nicht zweimal sagen. Ich beriet mich sofort mit Prof. Wolfram Steude, einem exzellenten Kenner der Musik dieser Zeit, gründete am 16. November 2000 die Vorbereitungsgruppe Musik zusammen mit der „Torgauer Ökumene", wie ich den freundschaftlichen Zusammenklang des evangelischen Kirchenmusikdirektors Ekkehard Saretz und seines katholischen Kollegen Wolfgang Geppert nannte, und entwarf mit diesen drei Herren für die Ausstellungszeit 2004 ein achtbares Begleitprogramm Musik, völlig ohne Rückkopplung zu den Kunsthistorikern und mit denen weder konsultiert noch von ihnen vermisst. Das Finanzministerium hatte uns in der Kuratoriumssitzung am 18. Dezember 2000 freundlicherweise zusätzlich einen extra Titel zur Finanzierung der Musikaufführungen bewilligt.

Leider ist es mir nicht gelungen, die SKD von einer dauerhaften Nachnutzung der Ausstellungsräume zu überzeugen, wie es sich für das Schloss Hartenfels gebührt. Nur ganz selten finden weitere temporäre Ausstellungen statt, obwohl die klimatischen Bedingungen exzellent sind und man den Torgauer Geschichtsverein als Partner heranziehen könnte. Aber eines gelang mir doch: Der Sächsische Musikrat hatte sich entschlossen, für verdienstvolle Persönlichkeiten des Musiklebens eine Johann-Walter-Plakette zu übergeben, die erstmals in der Torgauer Schlosskapelle verliehen wurde. Ich regte 2002 bei einem Empfang der damaligen Oberbürgermeisterin Andrea Staude an, dass die Verleihung immer in der Schlosskapelle stattfinden möge, was bis auf eine Ausnahme bisher auch der Fall war.

1998 versuchte ich, ein typisch sächsisches Phänomen, die Industriekultur, in den Mittelpunkt einer weiteren Landesausstellung zu rücken. Mit dem Regierungspräsidenten in Chemnitz, Georg Brüggen, skizzierten wir ein Programm vorab für Chemnitz, denn ich hatte bemerkt, dass allein die Gebäude des Regierungspräsidiums, einst Büroräume eines Chemnitzer Unternehmens, von außerordentlicher architektonischer Qualität waren. Ich lud die Leitungen der Chemnitzer Universität, der TU Dresden und der TU Bergakademie Freiberg zu Gesprächen ein. Bevor die Sache aber in die Ressortabstimmung kam, untersagte Milbradt jede weitere Aktivität. Mit meinen Plänen war ich eindeutig 20 Jahre zu früh. Die Industrieausstellung ist erst 2019 konzipiert worden und kam 2020/21 wegen der Coronabeschränkungen leider nicht recht zur Entfaltung.

Der Sachse liebt das Reisen sehr

Es hatten sich in der Kultusministerkonferenz und anderen Gremien Gewohnheiten herausgebildet, die wir ohne zu hinterfragen übernahmen. Das führte zu einer regen Reisetätigkeit in Gremien, über die schon berichtet wurde. Ich bin wenigstens einmal in jeder Woche in Sachsen oder in der Republik, aber auch im Ausland, unterwegs gewesen.

Manchmal bemerkte ich allerdings, dass in Bonn, wohin ich häufig flog, gute Bekannte wie Wilhelm Neufeldt, Abteilungsleiter in Potsdam, vorher im Bundesforschungsministerium tätig, ihre alten Verbindungen weiterhin pflegten. Nach den Beratungen verschwand Neufeldt in den Dienstzimmern der Bundesbeamten, um möglicherweise Vergünstigungen für Brandenburg zu erreichen. Andererseits wandte sich Dr. Ackermann mit Vorschlägen, die uns finanziell entlasteten, immer zuerst an mich, weil er sicher war, dass das Bundesgeld in Sachsen immer zweckgebunden ausgegeben wurde und nicht zur Finanzierung von Personal, wie anderswo, umgeleitet wurde.

Mit dem Kollegen Rolf Lettmann, dem Abteilungsleiter Kunst in Erfurt, verbanden mich gemeinsame Interessen, zumal ich ein gebürtiger Thüringer bin. So wollten wir in Bad Köstritz nahe Gera eine gemeinsame thüringisch-sächsische Musikakademie gründen, eine Begegnungsstätte für Musiker. Die Autobahnfahrt war mühsam, und Kollege Lettmann pflegte in solchen nicht seltenen Fällen zu sagen: *„Wir sind im Aufbau Ost stecken geblieben."*

Der Plan erwies sich als undurchführbar. Dann bot mir die Liegenschaftsverwaltung des SMF das Schloss Colditz an: einen riesigen Komplex mit gefühlt 200 Zimmern. Die konnte nicht einmal der rührige Sächsische Musikrat füllen. Ich lehnte ab. Viele Jahre später gelang der überaus fähigen Musikreferentin Rodica Tines, in einem Flügel dieses Schlosses Colditz tatsächlich die Sächsische Landesmusikakademie einrichten zu lassen. Klugerweise ließ sie zugleich eine Jugendherberge planen, so dass die Auslastung eines der Schlossflügel besser gewährleistet war.

In einem anderen Falle kam ich zu spät. Ich plante als Vorsitzender des Meyerbeer-Instituts eine Ausgabe seiner Werke und sprach in der Mainzer Akademie der Wissenschaften wegen einer finanziellen Beteiligung vor. Die Akademie unterstützte die Edition der Gesamtausgaben deutscher Komponisten, die bei Bärenreiter und Breitkopf & Härtel erschienen. Das waren große Editionsleistungen der deutschen Musikwissenschaft. Aber alle Pfründe waren vergeben. Ich hatte mich schon seit 1968 mit dem deutschen Komponisten Giacomo Meyerbeer befasst, 1975 die Aufführung der „Hugenotten" unter der Regie von Joachim Herz in Leipzig angeregt, 1991 eine erste Biografie auf der Grundlage von Tagebüchern, Briefen und anderen Dokumenten veröffentlicht, die immerhin drei Auflagen erlebt hat, und plante mit Kollegen aus Bayern und NRW eine Ausgabe der wichtigsten Werke der französischen Grand Opéra. Es gelang, den italienischen Verlag Ricordi für die Edition zu interessieren.

2002 stand die Existenz des Deutschen Musikrates zur Disposition. Die musikinteressierten Abteilungsleiter der KMK verhandelten in Berlin und Hannover mit dem Bund und sicherten die Zukunft des Musikrates. Bei dieser Gelegenheit teilte mir meine niedersächsische Amtskollegin Barbara Kisseler mit, dass ich demnächst meine Position verlieren werde. Ich war so überrascht, im Herbst 2002 etwas zu hören, das dann 2003 tatsächlich eintrat, dass ich nicht nachfragte, woher sie diese Information habe. Aber sie wusste davon. Und ich lernte, der ich seit 1991 unablässig dazulernte, noch etwas, was mir für immer verschlossen blieb: Einige Kolleginnen und Kollegen im Kulturausschuss waren immer bestens informiert, was sich personell in kulturellen Belangen überall in dieser Republik tat. Sie kannten jeden und wussten alles. Das hatte wohl damit zu tun, dass sie nicht mehr so arbeitsintensiv in Aufbauarbeiten wie ich eingespannt waren, ihre Abteilungen gut ausgestattet ihre Routine abarbeiteten, so dass Zeit für andere Dinge blieb. Ich hörte am Rande unserer Kulturausschuss-Sitzungen immer wieder über solche Personalien reden, aber da es mich in der Regel nicht betraf, fragte ich nie nach.

2004 musste ich den Verwaltungsrat des Germanischen Nationalmuseums verlassen, weil ich degradiert worden war. Ich verabschiedete mich in Nürnberg von allen, doch nach der Sitzung lud mich Minister Hans Zehetmair zum Besuch einiger neuerworbener Dürer-Gemälde ein. Da legte der „liebe Hans", wie ihn mein Minister nannte, seinen Arm um meine Schulter und sagte: *„Ich verstehe nicht, wie man auf einen Mann Ihrer Qualifikation verzichten kann."* Diese Frage hätte er lieber Herrn Rößler stellen sollen.

Angenehme Pflichten

Es gehörte zu den Pflichten eines Ministers, Einladungen aller Arten in seinem Verantwortungsbereich im Lande anzunehmen, und da der Minister nicht jeden Termin wahrnehmen kann, werden solche Auftritte delegiert. Es war auch immer eine Geste der Anerkennung gegenüber staatlichen und kommunalen Kultureinrichtungen, besonders außerhalb Dresdens, wenn ich mich sehen ließ. Schließlich ging es für mich auch darum, die vielen Veranstaltungen wie Ausstellungen und Aufführungen aus dem großen sächsischen Kulturangebot kennenzulernen, um mitreden zu können. Auf diese Weise war ich oft und gern unterwegs, lernte Land und Leute noch besser kennen und hörte mir die Probleme an, die viele hatten. Ich stellte diese Anforderungen niemals infrage, sondern sah sie als selbstverständliche Pflichten in meinem Amt an.

Am 25. September 1992 fuhr ich nach Mittweida, da Erich Loest Ehrenbürger seiner Heimatstadt werden sollte. Wir saßen zum Essen in einer Gartengaststätte, der Schriftsteller mit Familie, dazu der Bürgermeister, der Fleischer, der Bäcker, der Schlosser als Vertreter der Stadtratsfraktionen, alle mit Damen, dazu ich. Die Gespräche plätscherten so dahin. Dann gab es Gruß- und Dankesworte. Ich begann mein Grußwort mit der Bemerkung über den Wein, den ich im Glas hatte. Ich hätte hier einen Pfälzer, und ich würde mich ab jetzt durch die deutschen Weinanbaugebiete trinken, und deshalb erinnere ich mich an den Anfang eines Romans von Erich Loest „Es geht seinen Gang", in dem sich zu Beginn ein Ehepaar auf eine Einladung vorbereitet, und es heißt: *„Bestimmt gibt's Natalie"*, und Loest ergänzte sofort *„oder Hemus"*. Damit hatten wir den Roman-Anfang gemeinsam zitiert. Wir lachten beide, während rund herum keiner eine Ahnung hatte, worüber wir lachten. „Natalie" oder auf Sächsisch „Nodalie" war ein DDR-Weißweinverschnitt, der am nächsten Tag einen Kater garantierte. Loest nahm mich von nun an zur Kenntnis, auch wenn er sich immer kritisch zur gegenwärtigen Entwicklung verhielt, was aber unserer lockeren Verbindung keinen Abbruch tat.

Schon 1991 im Herbst wurde ich nach Leipzig ins Schauspielhaus entsandt. Dort hatte eine ehemalige Kollegin aus dem Peters-Verlag, Ann Wolff, ein Festival zeitgenössischer Theater- und Performance-Kunst, die **euroscene**, aus dem Boden gestampft. Mein Grußwort war gewiss noch etwas unsicher, aber ich bezeugte die Anerkennung des Ministeriums. Fiete Junge war auch anwesend, mit dem Innenminister Heinz Eggert, der ihn zu später Nacht im Dienstauto mit nach Dresden nahm, Durchschnittsgeschwindigkeit auf der Autobahn 220 Kilometer pro Stunde.

Mir ging es einmal ähnlich, als ein Fahrer des Audi-Dienstwagens mich auf der Fahrt am 1. September 1996 nach Gersdorf bei Zwickau an einem Sonntagvormittag fragte: *„Haben Sie Angst?"*, und dann tüchtig aufdrehte, so dass ich viel zu früh an meinem Bestimmungsort ankam und in der frühen Herbstsonne ziemlich fror.

Noch kälter war es in Wurzen zur Ehrung von Joachim Ringelnatz mitten im Winter, am 2. Februar 2002. Der Saal war nur schwach geheizt worden, so dass ich meine Knie wärmen musste, denn ich saß im Anzug da, weil ich mein Grußwort nicht im Mantel halten wollte. Hinterher standen wir im Treppenhaus des Wurzener Rathauses, und es gab kalten

Sekt. Ich stand neben einer charmanten Wurzener Dame, die ihr kaltes Sektglas krampfhaft mit ihren kalten Händen umschloss. Ich fragte sie: *„Kühlen Sie Ihren Sekt?"*

Am 30. Juni 1996 fuhr ich mit dem Minister-Dienstwagen und seinem Fahrer, Manfred Felske, nach Schwarzenberg ins Erzgebirge zur Eröffnung des **Erzgebirgischen Musikfestivals**, das Hans-Christoph Rademann ins Leben gerufen hatte. Allerdings fand an diesem Sonnabend auch das Endspiel der Fußball-Europameisterschaft Deutschland – Tschechien statt, Herr Felske hatte mit langem Aufenthalt in Schwarzenberg gerechnet und daher einen Minifernseher auf dem Cockpit installiert. Zu seiner Verwunderung kam ich ziemlich bald nach meiner Pflichterfüllung, diesmal ohne Grußwort, zurück. Das Spiel hatte noch gar nicht begonnen – Anpfiff war 20.00 Uhr. Nun zeigten Fahrer und Audi 8, was in ihnen steckte, zumal kaum ein anderes Auto unterwegs war. Ich bin sicher, Herr Felske hat seinen heimischen Fernseher rechtzeitig erreicht.

Der **Mathematisch-Naturwissenschaftliche Pavillon** im Zwinger hatte zu einer Ausstellungseröffnung mit Modellen von Bergwerksfördereinrichtungen eingeladen, die ursprünglich aus Vater Augusts Kunstkammer im späten 18. Jahrhundert zur Gründung der Bergakademie in Freiberg übergeben worden waren. Viele interessierte Gäste, darunter einige ältere Herrschaften, mussten in dem kleinen Ausstellungsraum stehen, der Abteilungsleiter Kunst saß in der ersten Reihe und hörte sich geduldig die langen Reden an. Mir hatte das Museumsreferat ein ebenfalls langes Grußwort aufgeschrieben, das ich in der Brusttasche stecken ließ. Denn aus der Nähe hatte ich entdeckt, dass die Fördermodelle und Göpel fein gearbeitet waren, dass sogar geschnitztes gotisches Maßwerk zu sehen war. Da hatte ich mein Grußwort kurz und bündig, wahrscheinlich zur Erleichterung aller Gäste. Ich wies darauf hin, dass Kunst und Wissenschaft sowie Kunst und Wirtschaft in Sachsen harmonisch miteinander verbunden seien, eine Beobachtung, die ich häufig machen konnte.

Als hochrangiger Gast, zumal wenn ich ein Grußwort sprechen sollte, wurde ich immer auf einen Platz erste Reihe Mitte gebeten. Das gehört sich so. Aber im Theater, so lehrte mich meine Erfahrung, saß ich doch lieber hinten an der Seite. Denn wenn die Aufführung von dort nichts taugt, dann taugt sie von der ersten Reihe Mitte erst recht nichts: Eine Beobachtung, die mir alle Intendanten bestätigten.

Ein weiterer bemerkenswerter Fall von sächsischer Wertarbeit wurde offenbar, als das Staatshochbauamt 2002 das Grabmal, das Giovanni Maria Nosseni von 1585 bis 1594 für Kurfürst Moritz im Chor des Freiberger Doms errichtet hatte, sanierte und ein Orchester von 32 Instrumenten abnahm, die von Engeln gespielt wurden. Eszter Fontana, die überaus rührige und kundige Direktorin des Musikinstrumenten-Museums der Universität Leipzig, ergriff die einmalige Gelegenheit und ließ die Instrumente nach allen Regeln der modernen Materialanalyse untersuchen. Die Instrumente wurden geröntgt, mit Computertomographie untersucht und schließlich nachgebaut. Es stellte sich heraus, dass die Engel ein Gesamtinstrumentarium der Hofmusik in Dresden gegen Ende des 16. Jahrhunderts repräsentierten. Ein Teil der Instrumente waren Originale aus den Werkstätten der umliegenden Ortschaften, ein Teil, wie die teuren Posaunen, wurde in Holz nachgebaut. Die **Capella Freibergensis** stellte in einem Konzert im Freiberger Dom am 15. Mai 2004 die Nachbauten klingend vor. Ich war als Vertreter des Ministers Rößler zu einem Grußwort delegiert, in dem ich die großartigen Ergebnisse der Instrumentenforscher und -erbauer lobte.

2006 gelang es mir mit meinem Kollegen Dr. Douffet, von Wolf Karl Reidner die Zusage zu erhalten, dass die Instrumente mit Engeln für einige Zeit in einer Ausstellung im Freiberger Museum zu sehen waren. Da sich die Zweigstelle des Staatshochbauamtes Chemnitz wegen dieser Anfrage zierte, wurden wir beiden Rentner beim Abteilungsleiter Bau im SMF vorstellig, und nach zehn Minuten hatten wir die Erlaubnis erhalten, nachdem Prof. Dieter Jannosch, damals Niederlassungsleiter 2 und damit zuständig für Chemnitz, nichts dagegen haben konnte. So hatten wir eine einzigartige Möglichkeit für ein interessiertes Publikum geschaffen, die Instrumente und Figuren von Nahem in Augenschein zu nehmen, bevor sie wieder in 16 Meter Höhe entschwebten.

Dienstreisen führten mich auch ins Ausland. Leider weiß ich nicht mehr, welcher Anlass mich am 26. Mai 1992 nach Prag ins Tyl-Theater geführt hat, dem Stände-Theater, in dem Mozart den „Don Giovanni" uraufgeführt hatte, aber ich erinnere mich noch an den Grenzübertritt in Peterswald (Petrovice). Die Staatskanzlei hatte mir einen schwarzen Diplomatenpass für Auslandsreisen ausgehändigt, den ich an der Grenze vorwies. Die tschechischen Grenzer an dem weniger frequentierten Übergang in Petrovice hatten einen solchen Diplomatenpass offensichtlich noch nie gesehen und verschwanden damit in ihrem Kabuff. Nach einiger Zeit verwunderten Wartens gaben sie mir das kostbare Stück kommentarlos zurück.

Am 22. und 23. Oktober 1992 traf sich der Kulturausschuss in Lyon mit französischen Kollegen. Unter Präsident Mitterand sollten die Regionen gegenüber der Capitale Paris gestärkt werden, und in einem Seminar erwarteten französische Regionalbeauftragte Aufschlüsse von uns über den deutschen Föderalismus.

Ende Januar 1994 flog ich nach Brüssel und wurde von dem dortigen sächsischen Residenten, Herrn Dahl, freundlich begrüßt. Er erzählte mir ganz freimütig von seinen Erfahrungen, als er 1991 das ehemalige DDR-Botschaftsgebäude als Sachsens Vertreter übernahm. Wenn er in seinem Dienstzimmer mit der Staatskanzlei telefonieren wollte, fingen die Wandverkleidungen an zu rütteln, eine Vorsichtsmaßnahme der DDR, damit niemand die DDR-Diplomaten bei Telefonaten mit Berlin belauschen konnte. Ich war Teilnehmer einer Diskussionsrunde über die demokratische Umgestaltung in Sachsen. Das Essen in Brüssel war sehr gut, und ich packte einen großen Karton mit dem berühmten Brüsseler Konfekt ein.

Das Teatro La Fenice in Venedig war 1996 abgebrannt – nicht zum ersten Mal übrigens –, und die Chemnitzer Oper entschloss sich, mit ihrer „Tannhäuser"-Aufführung in der Pariser Fassung (Ballett im ersten Akt) zu drei Benefizkonzerten am 29. November 1996 nach Venedig zu reisen. Da das SMWK die Reise finanziell mit unterstützte, wurde es auch für ein Grußwort eingeladen. Der Minister war lange Zeit unentschlossen, so dass er mich erst kurz vor Toresschluss delegierte, damit war aber die einfache Flugroute über München vergeben. Für mich und meine Frau war das eine wunderbare Gelegenheit, Venedig kennenzulernen. Also nahm ich Eva auf meine Kosten mit. Frohgemut fuhren wir an einem sonnigen, aber kühlen Freitagnachmittag zum Flughafen nach Klotzsche. Dort erfuhren wir, dass wegen Neuschnee in Frankfurt der Flieger erst mit Verspätung hier eintreffen wird. Statt gegen 14.00 Uhr starteten wir 15.30 Uhr und lernten zunächst einmal den Vorgang „Warteschleife" kennen. In Frankfurt herrschte wegen leichtem, aber nassem Schneefall vollendetes Chaos, viele Flüge wurden gestrichen, viele Passagiere wichen auf die Bundesbahn aus. Wir erfuhren, dass unser Venedig-Flug auch ausfiel und wir später nach Aufruf fliegen könnten, das Gepäck würde selbstverständlich folgen. So drückten wir uns sechs Stunden auf dem „hochinteressanten" Flughafen Frankfurt, dem deutschen Flugdrehkreuz, herum. Irgendwann nach 22.00 Uhr wurden wir über handgeschriebene Passagierlisten eingecheckt, irgendwann erhob sich die Maschine. Dann ertönte die Stimme des Piloten: „*Ich habe eine gute und eine schlechte Nachricht: die gute ist – wir fliegen! die schlechte –der Flughafen Venedig ist schon geschlossen, wir werden in Triest landen.*" Zehn Minuten später ertönte die gute Nachricht, dass wir doch in Venedig landen würden. Gegen 1.30 Uhr warteten wir zusammen mit fünf weiteren Passagieren auf unser Gepäck. Zum Schluss fuhr nur noch eine herrenlose Reisetasche Karussell, die niemand haben wollte, unser Koffer aber tauchte nicht auf. So gaben wir bei einem übermüde-

Acqua alta beim Besuch in Venedig, 1996

ten Venezianer die Verlustmeldung auf und hatten nichts, keinen Smoking samt neuem Kummerbund, kein Abendkleid, keine Zahnbürste, keinen Umschlag mit den umgetauschten Lira, nicht einmal die Hoteladresse! Es war ja mit Karlheinz Möller, dem Chefdramaturgen der Chemnitzer Oper, vereinbart worden, dass er uns gegen 18.00 Uhr mit einem Wassertaxi abholen würde. Aber um diese Zeit waren wir gerade mal in Frankfurt angekommen. Nun war guter Rat teuer. Eva hatte noch D-Mark in ihrer Handtasche, und zwei Taxifahrer warteten tatsächlich am Ausgang. Damit kamen wir erst einmal zum Bahnhof Venedig. Dort käme ein Vaporetto, hieß es, der tatsächlich um 3 Uhr anlegte, wir bezahlten 20 DM für die Fahrt zu der nächsten Haltestelle und stiegen aus. Ich hatte die blasse Erinnerung, dass das Hotel „Il Principe" heißen

sollte, und wir fanden es, klingelten, ein Gatter ging auf, und der Nacht-
portier rief: *„Dottore Zimmermann!! Benvenuto!!"*
Ein Hoteldiener führte uns treppauf treppab in unser Zimmer. Warm
war es nicht, Schlafanzüge hatten wir auch nicht, aber ein Bett und ein
Dach über dem Kopf. Wir wickelten uns in alle vorhandenen Decken
und schliefen erleichtert ein. Morgens wurden wir von Motorenlärm und
Möwengeschrei geweckt, und als ich die Balkontür öffnete, schauten wir
auf den belebten Canale Grande. Da hatte ich ein Dejà-vue: Ich erinnerte
mich des französischen Films mit Claudia Cardinale, „Ein pikantes Geschenk". Dort spendiert eine Bürotruppe ihrem Kollegen eine Reise nach
Venedig, mit Zugabe einer attraktiven Venezianerin. Und er logiert in
einem Hotel, durch dessen Halle man am Ende das Wasser des Canale
Grande glitzern sah.
Intendant Rolf Stiska begrüßte uns freundlich, beruhigte uns wegen des
fehlenden Koffers: *„Da werden wir für Sie im Fundus schon etwas Pas-
sendes finden"*, so dass wir erst einmal einen Entdeckungsbummel zu
beiden Seiten des Canale Grande unternahmen und dann den Mittags-
schlaf nachholten. Eva sandte mich regelmäßig in die Rezeption, um
nach dem Koffer zu fragen. Schließlich erbat sie Lira von mir, die ich
am Automaten abheben wollte, damit sie sich wenigstens eine Mura-
no- Glasperlen-Kette kaufen konnte. Irgendetwas Festliches wollte sie
sich umhängen. Sie hat sie nie bekommen (!), denn in diesem Moment
klopfte es und der Hoteldiener schob unseren Koffer durch die Tür:
„Vostra valigia".
Gegen 18.00 Uhr warteten wir in der Hotelbar an der bewussten Stelle vor dem glitzernden Wasser mit einem ziemlich nervösen Regisseur
Michael Heinicke auf den Vaporetto, der uns nach Mestre, aufs Festland
in ein Theaterzelt brachte. Vor uns nahm ein italienisches Ehepaar Platz,
und die Dame brachte mich fast um den Verstand: Eine zierliche blonde
Italienerin in einem langen roten Kleid, das von oben bis unten eine
Knopfleiste trug und ab dem Schritt offenstand. Sie lief ständig hin und
her, ich konnte kein Auge von ihr lassen, und meine tolerante Eva amü-
sierte sich über ihren fassungslosen Mann. Die Aufführung im Zelt, wo
es ziemlich zog, dauerte bis 23.30 Uhr, dann sammelten sich die Chemnitzer, um mit einem Vaporetto zurückzufahren, auch die Dame in Rot
war dabei. Wir stiegen am Casino aus und wurden an Trauben von Besuchern mit glasigen Augen und an Caribinieri mit Maschinenpistolen
vorbei in das erste Stockwerk geführt: Es war der Palazzo Vendramin,
in dem Richard Wagner verstorben war und wo uns eine Venezianerin
die Ausstellung, die aus diesem Anlass eingerichtet ist, zeigte. Dann
ging es eine steile Treppe ins zweite Obergeschoss, zur Tafel für ein
Abendessen gegen 1 Uhr nachts. Die Dame in Rot direkt vor mir. Ich

hatte wegen der Anstrengungen des Tages schreckliche Kopfschmerzen und bekämpfte sie mit viel Wasser, denn den italienischen Wein wollte ich schließlich ohne Kopfschmerz genießen. Ich hatte ja noch den offiziellen Anlass meiner Reise zu erfüllen – das Grußwort.

Offensichtlich hat die Dame in Rot mich inspiriert. Die Kopfschmerzen waren jedenfalls weg und meine kleine Rede fiel besonders freundlich aus. Die Dame in Rot saß am Nebentisch, ahnte sicher nichts von meiner Bewegung; sie war die Gattin des Museumsdirektors aus der Nachbarstadt Pavia.

Gegen 2.00 Uhr kamen wir dann endlich ins Bett. Am ersten Advent besuchten wir den Strand des Lido, wo ein tapferer Italiener noch bei 18 Grad ins Mittelmeer stieg. Kaffee auf dem Markusplatz, auf dem das acqua alta wieder zurückgegangen war, kaum Touristen, stattdessen saßen die vornehmen Venezianerinnen in ihren Pelzen in der Sonne; Rückfahrt mit einem Boot der Commune de Venezia zum Flughafen, problemloser Rückflug Dresden via Frankfurt. Wir haben Venedig wohl noch im letzten Moment in aller Unschuld entdeckt, bevor die haushohen Kreuzfahrtschiffe den Ort okkupierten.

Vom 29. März bis 3. April 1999 hatte die UNESCO nach Stockholm zu einer großen Konferenz über Nachhaltigkeit in der Kultur eingeladen. Ich arbeitete in der Landesvertretung des Freistaates Sachsen in Bad Godesberg, vor 1990 Sitz der Ständigen Vertretung der DDR in Bonn, und formulierte einen Beitrag für den Minister, der im KMK-Büro ins Englische übersetzt werden sollte, aber das ließ sich der Anglist Hans Joachim Meyer nicht nehmen. Zunächst fuhr als deutscher Delegationsleiter ein Staatsminister aus dem Kanzleramt mit, wobei mich der Minister über die Rangordnung aufklärte: *„Wissen Sie, welchen Rang ein Staatsminister im Kanzleramt hat? Nein? Den eines Staatssekretärs!"* Also – er legte schon Wert darauf, den höheren Rang zu haben. Am 1. April reiste er an, ich informierte ihn ausführlich über den bisherigen Verlauf und die Erwartungen an die Konferenz. Souverän leitete er die Vorbesprechungen und trat dann im Plenum auf. Eine riesige Runde hatte sich versammelt, die Reihenfolge der Redebeiträge war unklar – kurz, es herrschte eine recht chaotische Atmosphäre. Eine Bemerkung zu unserer Delegation über die offensichtliche Überforderung der schwedischen Kulturministerin konnte sich der Minister da nicht verkneifen.

Die „causa Sitte" und DDR-Kunst

Zu den Pflichten im Kulturausschuss gehörte auch die Besetzung zweier Positionen durch die Länder im Verwaltungsrat des Germanischen Nationalmuseums (GNM) in Nürnberg. Einen dieser Posten nahm ich gern an, denn von Dresden kam man bequem mit dem Dienstwagen nach Nürnberg. Das GMN ist eine Gründung des Deutschen Reiches, weil Nürnberg eine alte reichsunmittelbare Stadt war, in der 1354 z. B. das erste deutsche „Grundgesetz", die „Goldene Bulle" von Kaiser Karl IV., verabschiedet wurde. In einem ehemaligen Kloster hatte man Kunstschätze der deutschen Geschichte angehäuft, und jetzt sah das Museum u. a. seine Aufgabe darin, Künstlernachlässe, z. B. von Willi Baumeister als einem einflussreichen Protagonisten (west-) deutscher Kunst nach 1945, zu sammeln. Nach 1990 erweiterte das Museum seine Sammlungstätigkeit um die Nachlässe von Künstlern aus dem Osten der Republik. Neben sächsischen Künstlern wie Max Uhlig und anderen, die dem Museum ihre Nachlässe zusagten, überließ auch Willi Sitte, bis 1990 Präsident des DDR-Künstlerverbandes und einer der einflussreichsten Kunstfunktionäre, seine – bereinigten – Akten dem GNM. Die Leitung des Museums hatte nun den Plan, als erstem ostdeutschen Künstler Sitte eine Ausstellung zu widmen.

Während meiner ersten Sitzung am 18. November 1999 kam ein aufgeregter Dr. Bernhard Freiherr von Loeffelholz auf mich zu und bat mich um Unterstützung, da er von dem Plan der Sitte-Ausstellung gehört hatte. Man müsse unbedingt einen Eklat verhindern, außerdem hätten schon Uhlig und andere angekündigt, ihre Zusagen zurückzuziehen, falls das Museum die Sitte-Ausstellung realisiere.

Ich hatte mich bis zu diesem Zeitpunkt nicht mit DDR-Malerei beschäftigt bis auf das, was mir durch Sonhild Burghardt vermittelt wurde. Nun wurde es ernst. Dr. von Loeffelholz hatte in der „ZEIT" auf einer halben Seite über einen besonders prekären Fall des Dresdner Malers Eberhard Göschel berichtet, der von der Stasi ausgeforscht worden war, dessen Freundeskreis „zersetzt" werden sollte, und hier spielte der Verbandsvorsitzende Sitte hinein. Als Fachmann wurde von uns Christoph Tannert aus Berlin hinzugezogen, der die Verbandsspitze aus erster Hand kannte, da er zur DDR-Zeit für die jungen Maler zuständig gewesen und mit der SED-Kulturpolitik in Widerspruch geraten war. Es wurde aus der Mitte des Verwaltungsrates eine kleine Arbeitsgruppe gebildet mit Tannert, einem ehemaligen Staatssekretär und mir, die wir nach einer Lösung des Problems suchten, ohne das Museum oder den Vorsitzenden, den bayerischen Staatsminister für Wissenschaft und Kunst, Hans Zehetmair, zu beschädigen. In der Sitzung am 31. Oktober 2000, am für Sachsen freien Reformationstag, war ich in Nürnberg. Während die Bayern am 1. November zu Allerseelen ihren freien Tag hatten, saß ich schon wieder in Dresden im Büro.

Am 6. November trugen wir vor, und der Verwaltungsrat fällte die Entscheidung, zuerst ein Wissenschaftliches Kolloquium zu veranstalten, bevor man sich zur Zu- oder Absage der Ausstellung entschloss. Im Verwaltungsrat saßen honorige Damen und Herren, der Bischof von Nürnberg, hochrangige Vertreter beider Konfessionen, der Oberbürgermeister, ein Vertreter des Bundes, der sich ständig Spitzen von Minister Zehetmair anhören musste, der überaus liebenswürdige Wittelsbacher Franz von Bayern, der als Achtjähriger die Internierung der Familie durch die Nazis erlebt hatte, Freiherr von Loeffelholz als Nürnberger Patrizier usw. Sie waren alle höchst erregt, und der Minister suchte mit großen Augen nach Hilfe. Da meldete ich mich und sagte: *„Meine Damen und Herren, ich verstehe Ihre Besorgnis, aber ein solches Problem, wie wir es heute hier haben, habe ich in Dresden jeden Tag."* Das beruhigte die Situation. Zehetmair war erleichtert, denn er wollte sich keinen Rüffel seines Ministerpräsidenten Edmund Stoiber einhandeln. Aber er warf seinem Abteilungsleiter Kunst vor, ihn nicht ausführlich beraten zu haben. Nun, das hätte ein Bayer auch nicht tun können, denn niemand in Bayern hatte eine Vorstellung von dem, was in der DDR vorgegangen war. Er ersetzte den Abteilungsleiter durch Toni Schmid, zu dem ich dann ein gutes Verhältnis hatte und der mich als seinen „Lehrer in Sachen Ostdeutschland" schätzte.

Nach Dresden zurückgekehrt, beauftragte mich Prof. Meyer, einen ausführlichen Brief in dieser Sache an den „lieben Hans" (Zehetmair) zu schreiben. Das GNM bereitete ein großes Kolloquium vor, bat den Direktor des Deutschen Historischen Instituts in Paris, Prof. Werner Paravicini (der mich bezeichnenderweise in der Pause fragte: *„Wissen Sie eigentlich, worum es hier geht?"*) um die Leitung, und lud eine Reihe von Kunstwissenschaftlern ein. Ich wusste durchaus, worum es ging: um den Einfluss der Politik auf die Kunst in der DDR. Ich hielt ein ausführliches Eröffnungsreferat, in dem ich die Mechanismen der DDR-Kulturpolitik unter Mithilfe der Staatssicherheit schonungslos analysierte. Außerdem wies ich kritisch auf das sensationslüsterne westdeutsche Feuilleton hin, das ohne einen Anflug von Sachlichkeit nur Skandal witterte und titelte sowie unsachliche Meinungen von Experten kritiklos, ohne zu hinterfragen, übernahm. Das hat nicht dazu geführt, dass das Ansehen dieser stets uninformierten Journalisten in meinen Augen gestiegen wäre.

Meine Amtskollegen, denen ich das Referat zukommen ließ, reagierten zum Teil erschrocken: So etwas würden sie nicht schreiben – klar, sie hatten auch nicht solche Vergangenheitsbürden. Nach meiner Eröffnung (siehe Anhang) protestierte als erster Harald Kretzschmar, einst politischer Karikaturist auf Seite 2 des „Neuen Deutschland", und erklärte, wenn das hier so weiterginge, könne er gleich wieder abreisen. Aber die Diskussion blieb weitgehend sachlich. Als jedoch Dr. Gisela Schirmer, Mitglied einer „roten" Zelle an der Universität Osnabrück, dreist behauptete, es hätte in der DDR-Kunst keine Stasi gegeben, da wurde es lebhaft. Freiherr von Loeffelholz widersprach heftig aus seinen Erfahrungen mit Göschel, und der Radebeuler Künstler Bernhard Theilmann äußerte verwundert: *„Frau Schirmer, ich muss sagen, á la bonne heure! Das war surreal"*, und er erläuterte aus eigener Erfahrung die Machenschaften im Falle Göschel und anderen, und fuhr fort: *„Wenn Sie jetzt in Abrede stellen, dass solche Ereignisse stattgefunden haben, dann müssen Sie mal ein Stück näher kommen ..."*

Ich hörte mir das Ganze verwundert an, zumal Schirmer die Diskussion mit der Bemerkung eröffnete: *„Zu den von Herrn Zimmermann referierten Vorwürfen möchte ich mich jetzt nicht äußern, sie sind ja nicht neu und werden sicher im Laufe des Symposions entkräftet werden."* (Frau Schirmer scheint es bis heute nicht richtig begriffen zu haben, sie verteidigt ihren unschuldigen Sitte noch 2021).

Sitte sagte indessen von sich aus die Ausstellung ab, war beleidigt und ließ seine SED-Kumpane schreiben. Es wurde ein „Katalog (k) einer Ausstellung" mit Beiträgen der alten Kampfgefährten veröffentlicht, die ich in meinem Beitrag beim Namen und bei ihrer früheren und jetzigen Funktion benannte. Nun dachte ich, die Sache sei ausgestanden, aber die Presse war noch nicht zufrieden. Ich wurde von der „Welt" nach Nürnberg eingeladen, um an einer Podiumsdiskussion teilzunehmen.

Im gleichen Jahr fand in der europäischen Kulturhauptstadt Weimar die umstrittene Ausstellung „Aufstieg und Fall der Moderne" statt. Was für ein aufgedonnerter, reißerischer, nichtssagender Titel, denn was hat die Blut-und-Boden-Malerei der NS-Zeit mit der Moderne zu tun, was die DDR-Kunst mit ihrem Fall? Der Kurator, ein westdeutscher Architekturkritiker, hatte sich vorgenommen, die DDR-Kunst auf eine Linie mit der Blut-und-Boden-Malerei der NS-Zeit zu stellen. Auf schwarzen Plastefolien waren absichtlich lieblos Bilder aus beiden Epochen gehängt worden, wobei die westdeutsche Entwicklung mit Informel und Abstrakt wohlweislich ausgeklammert war. Außerdem erfuhren wir aus dem Büro des Kunstfonds, dass der Kurator dort aufgetaucht war und gefordert hatte: *„Ich brauche 400 Bilder, egal welche!"* Was für ein Ansatz!?

Der Kulturausschuss der KMK tagte in Weimar und schaute sich die Ausstellung an, nachdem der neue westdeutsche Chef der Weimarer Sammlungen, Rolf Bothe, die Konzeption wortreich verteidigt hatte. Minister Prof. Meyer war empört. Er reiste mit Dr. Tatjana Frey, die vor 1990 an der Dresdner Kunsthochschule gearbeitet hatte und also auch eine Kennerin war, incognito nach Weimar und kehrte wütend zurück.

Das hatte Folgen: Nach seinem Besuch in Weimar wurde in Leipzig ein Treffen zwischen west- und ostdeutschen Experten anberaumt, zu dem auch Peter Iden, Kunstkritiker der „Frankfurter Rundschau" und Kenner der ostdeutschen Maler, eingeladen war. Erstmals diskutierte man ohne Schaum vor dem Mund, wie das bis dahin einige westdeutsche Künstler getan hatten, und alles, was hier entstanden war, pauschal als Staatskunst verdammten. Sachsen hatte zudem das Glück, in Paul Kaiser einen einheimischen sachlichen und kenntnisreichen Kritiker zu haben, und Prof. Siegbert Rehberg, Soziologe an der TU Dresden, hatte die DDR-Kunst als Forschungsgegenstand entdeckt und setzte sich für eine gerechte Auseinandersetzung mit ihr ein. Es sei daran erinnert, dass nach 1991 seitens westdeutscher Künstler und Kritiker eine erbitterte Kampagne gegen vermeintliche „Staatskünstler" und „Staatsdichter" der DDR losgetreten wurde, um die DDR-Kunst in Bausch und Bogen zu verdammen. Man hatte wohl mit Kennerschaft bemerkt, welche Qualität mancher in der DDR entstandene Kunst innewohnte, die nunmehr als Konkurrenz zur bisher konkurrenzlosen westdeutschen Kunst angesehen wurde. Groß war das Geschrei, weil in einem Rundumschlag, fleißig unterstützt von der „Frankfurter Allgemeinen Zeitung", die DDR-Konkurrenten ausgeschaltet werden mussten, ohne Rücksicht auf Differenzierungen zwischen Erntedankmalerei und Parteitagslyrik und der schwer errungenen kritischen Sicht auf DDR-Verhältnisse. Das konnte allerdings nur der begreifen, der entweder im Osten gelebt und gelitten hatte, mit Verlegern, Kuratoren, Fernseh- und Filmverantwortlichen und anderen Förderern der Kunst das Mögliche herauszuholen versuchte im Dauerstreit mit Partei und minderbemittelten Künstlern auf Parteilinie. Aber nicht einmal das waren arrogante Künstler wie Georg Baselitz oder Kritiker wie Frank Schirrmacher bereit zu akzeptieren. Statt einmal genau hinzuhören, haben diese Leute das Verhältnis West-Ost bewusst belastet, und heute muss sich niemand wundern, wenn die Stimmung manchmal schlecht ist.

Sächsische Akademie der Künste

Die Idee zu einer solchen Akademie, die die Leistungen der sächsischen Kultur und ihre Weiterentwicklung durch Persönlichkeiten in den verschiedenen Klassen wie Baukunst, Literatur, Musik, Theater repräsentieren sollte, kam sowohl von sächsischen Künstlern als auch aus der CDU-Fraktion und wurde von den Professoren Biedenkopf und Meyer aktiv betrieben. Nachdem aus der Abteilung eine Anzahl honoriger Künstlerpersönlichkeiten benannt wurden, lud der Minister am 13. September 1991 Künstler verschiedener Sparten ein, unter ihnen Siegfried Thiele, Wieland Förster, Kurt Masur, Wolfgang Mattheuer, Werner Schmidt, um Aufgaben und Struktur für einen künftigen Arbeitsausschuss zu diskutieren. Dessen Vorschläge lagen dem Ende Oktober 1992 vom Ministerpräsidenten berufenen Gründungsausschuss vor, der eine Satzung und einen Gesetzesvorschlag erarbeiten sollte. In der Folgezeit, 1992/93, wurde in langen Verhandlungen, von denen ich einige mit dem geistvollen Berliner Schriftsteller und Essayisten Friedrich Dieckmann führte, ein Statut und ein Gesetz formuliert, das im Februar 1994 im Kabinett bestätigt wurde. Bis zur offiziellen Gründung am 23. Januar 1996 gab es weitere Verzögerungen, da der 1993 gegründete Kultursenat sich als Repräsentant aller sächsischen Künstler verstand und seine Personalvorschläge realisiert wissen wollte. Am 27. März 1996 schließlich wurde in der Staatskanzlei durch den Ministerpräsidenten die Gründung vollzogen. Anschließend fand im Rundbogenfoyer des Zwingers eine Feierstunde mit einer Rede von Wieland Förster statt. Der Minister erinnerte sich, dass Biedenkopf ihn ansprach, er freue sich sehr auf Meyers Rede. Dieser entgegnete, dass doch der Ministerpräsident reden solle, weil es so vereinbart war. Aber Biedenkopf beharrte auf dem Redner Meyer. Der suchte derweil krampfhaft in seinem Gedächtnis nach Äußerungen Biedenkopfs zu Kunst und Kultur und hielt schließlich eine extemporierte Eröffnungsrede, und keiner hat etwas bemerkt.

Bei dieser Gelegenheit erklärte mir Kurt Biedenkopf, dass er eine **Sächsische Verdienstmedaille** stiften wolle. Ich riet ihm zu, weil dadurch viele ältere Künstler, die jetzt weniger Möglichkeiten haben, sich noch aktiv einzubringen, geehrt werden könnten. Die Akademie bezog bald darauf im Blockhaus ihr Domizil und bereicherte das sächsische Kulturangebot durch vielfältige Veranstaltungen auch außerhalb von Dresden trotz eines sehr beschränkten Etats, da das Sächsische Ministerium für Finanzen nicht einsah, wieso weitere Mittel für weitere sächsische Kulturveranstaltungen über die Angebote der Kulturräume hinaus nötig seien.

Welterbe Bad Muskau und Dresdner Elbtal

Mehrfach fuhr ich an den Rand des Freistaats, nach Bad Muskau. Dort war der Fürst-Pückler-Park auf polnischer und deutscher Seite zum UNESCO-Weltkulturerbe erklärt worden, und Staatssekretär Karl-Heinz Carl vom Finanzministerium fand dort eine Spielwiese, indem er eine Stiftung von Gemeinde, Land und Bund gründete, einen guten Bekannten als Stiftungsdirektor einsetzte und versuchte, diese Region an der polnischen Grenze kulturell zu beleben.

Es gab eine Orangerie aus dem 19. Jahrhundert, in der unsere Sitzungen stattfanden, es gab eine Schlossgärtnerei, später eine Gaststätte, und es gab eine Schlossruine. Noch 1945, kurz vor Kriegsende, war das Schloss von der Roten Armee in Brand gesteckt worden. Der Freistaat hatte sich entschlossen, die Ruine wenigstens in der äußeren Hülle wieder herzurichten, um den weiteren Verfall aufzuhalten. Als das Dach saniert wurde, ließ Abteilungsleiter Wolf Karl Reidner in eigener Verantwortung, die bis 30.000 DM reichte, Dachgauben einbauen aus dem einfachen Grund, weil ein späterer Einbau viel teurer geworden wäre. Reidner hatte aber nicht mit der Verbohrtheit seines Staatssekretärs gerechnet, der ihn zusammenfaltete und gar von Rückbau faselte. Reidner war Zeuge der Pressekonferenz von Prof. Borger am 30. Oktober 1996, der im rohbaufertigen Eckparadesaal des Dresdner Schlosses das Gutachten über den Schlossaufbau und die Museen vorstellte. Wir beide standen daneben im Zweiten Vorzimmer, Reidner klagte mir sein Leid über so viel baulichen Unverstand, Carl und Muskau betreffend. Er hatte später aber die Genugtuung, dass nichts zurückgebaut wurde, dass der Freistaat das Schloss nutzerneutral ausbaute, so dass dort interessante Ausstellungen stattfinden konnten und das Schloss zu einem Anziehungspunkt im Park wurde. Aber das war nach Carls Zeit.

Während die Welterbe-Zuordnung für Bad Muskau unstrittig war, gab es in Dresden größte Probleme. Prof. Dr. Gerhard Glaser hatte den Antrag formuliert, der das Elbtal von Pillnitz bis ins Meißner Weingebiet als Kulturlandschaft auswies. 2004 wurde der Antrag von der UNSECO angenommen. Gleichzeitig plante die Stadt Dresden eine notwendige Elbquerung, die Waldschlösschenbrücke. Dadurch geriet der Welterbe-Status in eine heftige Diskussion. (Übrigens existierten Pläne für einen Brückenbau zwischen der Johannstadt und dem Waldschlösschen-Viertel schon in den 1920er Jahren!) Trotz Intervention bei der UNESCO in Paris wurde der Titel 2009 wieder aberkannt, nicht ohne Mithilfe eines Prominenten: Nobelpreisträger Günter Blobel wollte es Dresden heimzahlen, dass seine Spende für den Wiederaufbau der Frauenkirche nicht mit einem vorderen Ehrenplatz bei der Eröffnung gewürdigt worden war.

Die Proteste gegen die Brücke wurden jahrelang erbittert geführt. Unterdessen ist die Waldschlösschen-Brücke kaum auszumachen, weil sie gut in die Landschaft passt, und nützlich ist sie auch. Der einzige Lichtblick in dem damaligen Streit waren Vorschläge von Karikaturisten in einer Tageszeitung, die Ideen prominenter Künstler persiflierten: ein Vorschlag war nach Liebeskinds Entwurf des Keils im Militärhistorischen Museum gestaltet, ein anderer nach Colanis Kurven, wobei ein Tunnel sich solange wölbt, bis er in einem anderen Tunnelende verschwindet. Dafür hatte in Dresden leider niemand den rechten Humor.

Glücksritter

Während unsere Kollegen aus Stuttgart und anderen westdeutschen Ministerien zumeist freundliche Helfer waren, spülte die besondere Situation in den 1990er Jahren auch einige Glücksritter ins Land, die ständig auf der Matte standen und eigentlich nur Geld haben wollten. Immerhin hat Eckehart Schumacher-Gebler (Eigenschreibweise: SchumacherGebler) am Ende mit seinem Druckkunstmuseum in Leipzig viele Altbestände von Druckereien aufgekauft, sodass seltenes Material wie ganze Schriftsätze oder Stempel vor der Vernichtung bewahrt wurden, als diese Betriebe aufgelöst wurden.

Der Künstler Batuz (eigentlich Miklós Maar) hatte sich das Gelände des ehemaligen Klosters Altzella bei Nossen ausgesucht, um ein Kunstzentrum aufzubauen. Dr. Douffet war zumeist gefragt, da Batuz ständig Forderungen hatte. Die Ausbeute seiner künstlerischen Leistungen war indessen mager. Prof. Ulrike Engelke hatte am Rande der Europera-Konzeption ein Europera-Ensemble für Alte Musik zu gründen beabsichtigt, und sie sprach, umweht von einer starken Parfumwolke, ständig bei mir wegen Sondermitteln vor.

Der Fabrikant seidener Hemden, Rolf Hoffmann, und seine Frau Erika, suchten für eine große private Sammlung zeitgenössischer Kunst eine Präsentationsmöglichkeit. Sie schwebte ihnen auf dem Gelände von der „Herzogin Garten" vor, einem Areal auf der Ostra-Allee, auf dem nur noch die Fassade einer Orangerie aus dem mittleren 19. Jahrhundert stehen geblieben war. Hier sollte der Maler Frank Stella, der kein Architekt war, eine avantgardistische private Kunsthalle errichten, die, so war unsere Befürchtung, eines Tages dem Freistaat zur Bewirtschaftung zufallen würde.

Unsere Ablehnung stieß auf viel Unverständnis in der Öffentlichkeit. Inzwischen hat Erika Hoffmann ein beträchtliches Konvolut der Sammlung an die SKD übergeben.

Auch Günter-Lothar Buchheim sprach wegen seiner zeitgenössischen Kunstsammlung beim Finanzminister vor, aber Milbradt war sehr zurückhaltend, da er um die Probleme wusste, die er und wir mit den Gebäuden der Staatlichen Museen hatten. Buchheim fand in Bayern bei Edmund Stoiber mehr Gehör und hat jetzt sein Museum am Starnberger See.

Eine Pleite besonderer Art ist zu vermelden. Am 13. Februar 1992 kam ein Anwalt aus Hamburg, Eberhard Stephani, zu mir (eine Stunde später Dr. Vogt – welch ein Unterschied!), um mir, nicht ohne Eigennutz, ein Projekt zu unterbreiten, das eigentlich ganz vielversprechend aussah: Eine Leistungsschau sächsischer Kunst im Jahr 2000, die „Artiade". Ich war noch zu unerfahren, um all die Hintergründe zu sehen, aber Ingeborg Hinow war hellsichtiger, sie warnte rechtzeitig. Hätte ich nur auf sie gehört ...! Herr Stephani wollte ständig Geld, also erhielt ich vom Abteilungsleiter Mende, Haushaltabteilung des SMF, eine ordentliche Summe mit den Worten: *„Wenn Sie etwas erreichen wollen, müssen Sie vorher investieren."* Wenn das der Haushälter sagt, musste es stimmen.

Der Vorlauf in dieser Sache war indessen unbefriedigend, das Geld bald ausgegeben, der Kultursenat höchst unzufrieden, kurz, 1994 scheiterte das Projekt – rechtzeitig. Als Herr Stephani bei der EXPO vorsprach, hörte ich von meiner Amtskollegin Barbara Kisseler die Beurteilung seiner Leistung: die geballte Unfähigkeit.

Die Erfolgsgeschichte Chemnitz

Am 18. Juni 1997 wurde Dr. Ingrid Mössinger zur Direktorin der Städtischen Kunstsammlungen Chemnitz berufen, nachdem Dr. Susanne Anna 1992 bis 1995 erste Aufbauarbeit geleistet hatte.

Durch das Sächsische Staatsministerium für Wirtschaft und Arbeit war die Referentin Sonhild Burghardt auf ein besonderes Projekt aufmerksam gemacht worden: Während des Zweiten Weltkriegs waren Werke der russischen Avantgarde des frühen Konstruktivismus aus Moskau ausgelagert und 1941 in der Hauptstadt Nukus der Region Karakalpakstan in der Republik Usbekistan aufbewahrt worden. Inzwischen schien man diese Sammlung in Moskau vergessen zu haben. Es wurde eine Ausstellung vorbereitet, für die man Frau Burghardt und Dr. Anna gewann. Für jene war es wohl die abenteuerlichste Reise und dabei zu erleben, unter welch zivilisatorischen Einschränkungen die Damen zwei Wochen in Nukus verbrachten. Frau Burghardt war früher häufig in der Sowjetunion gewesen und daher nicht so sehr überrascht. Die Museumsleitung wurde überzeugt, diese Schätze auch in Chemnitz zu zeigen. Sogar die Kunstzeitschrift „Art" nahm von diesem Ereignis Notiz, ohne die Pionierarbeit der beiden Frauen aus dem Osten Deutschlands zu erwähnen.

Ich konnte die Ausstellung in Chemnitz eröffnen, und die Museumsfrauen aus Nukus waren gerührt über die Hilfe, die wir ihnen angedeihen ließen (Bilderrahmen, Passepartouts und andere nützliche Dinge für Ausstellungszwecke) – eine praktische Tat der Verständigung zwischen gutwilligen Kunstbegeisterten.

Dr. Mössinger war ständige Besucherin bei mir. In ihrer unnachahmlich freundlichen Hartnäckigkeit hat sie sehr viel erreicht. Wir konnten ihr durch die Hilfe des Kulturbautenprogramms des Bundes das gesamte **König-Albert-Museum** zur Verfügung stellen, in dem bis 2004 zur

Hälfte die Naturhistorischen Sammlungen untergebracht waren. Diese fanden im ehemaligen **Kaufhaus Tietz** ihren neuen Standort. Dann gewann sie die Stadt, ihr 2007 ein ehemaliges Bankgebäude für die **Sammlung Alfred Gunzenhauser** mit dem größten Bestand von Werken von Otto Dix und vielen weiteren Werken der Moderne zur Verfügung zu stellen, außerdem wurde die **Villa Esche**, eine Jugendstilvilla, die Henry van der Velde als Gesamtkunstwerk geschaffen hatte, vollständig renoviert. Die Eröffnung 2001 nahm Bundespräsident Johannes Rau an einem sehr kalten Wintertag vor. Zudem ließ Ingrid Mössinger die weithin sichtbare Esse des Heizkraftwerkes Chemnitz von dem französischen Maler Daniel Buren farblich gestalten. Ihr gelang es, den Nachlass des Künstlers Carlfriedrich Claus, der durch seine „Sprachblätter" und Werke der Lautpoesie, der Schriftgraphik, der Konkreten Poesie bekannt wurde, in einem Claus-Archiv der Öffentlichkeit zugänglich zu machen. Ihre Ausstellungsprojekte waren faszinierend und liefen den Dresdner Sammlungen den Rang ab: Unvergessen die Ausstellung „Picasso et les femmes" von 2003, zu der sie es fertigbrachte, eine der Musen Picassos, Françoise Gilot, leibhaftig einzuladen. Und was sie an Leihgaben zusammenbrachte, wie die „Wolgatreidler" von Ilja Repin im Rahmen einer großen Schau russischer Realisten, um nur ein Beispiel von vielen zu erwähnen, war umwerfend. Dann gelang ihr noch der Ankauf einer großen Lyonel-Feininger-Sammlung, die sie mir schon sehr früh unterbreitet hatte, und bei deren Summe ich nur die Hände heben konnte. Als ihr von der Universität Chemnitz die Ehrendoktor-Würde verliehen wurde, erklärte sie, dass sie Hüte liebe und sich deshalb über den Doktorhut besonders freue. In der Tat: Es war schon spannend zu sehen – besonders für die Damen –, welchen Hut, welchen Schmuck und welches Kleid sie passend zu einer Ausstellungseröffnung für sich ausgewählt hatte.

Noch lange nach meinen Dienstende lud sie uns zu jeder Ausstellungseröffnung ein. 2018 endete die Ära Mössinger mit einer Dix-Ausstellung „300 x DIX. Werke von 1912 bis 1969", in der sie das ganze Gunzenhauser-Museum mit 300 Werken von Dix schmückte.

Das **Chemnitzer Opernhaus** war 1993 nach Sanierung zu einem modernen, ansehnlichen Haus geworden. Unter seinem Intendanten Rolf Stiska, Intendant von 1992 bis 2006 (der beim ersten Besuch 1992 sofort wieder nach Berlin zurückkehren wollte, zum Glück für uns alle aber blieb), waren viele interessante Werke zu sehen, die sonst nicht im Repertoire zu finden sind und von einfühlsamen Regisseuren und Dirigenten vorgestellt wurden. Ich sah „Cendrillon", die Aschenputtel-Geschichte in der Version von Jules Massenet, und gleichzeitig im Museum Bühnenbild-Entwürfe zu „Esclarmonde", einer anderen Oper von Massenet in einer Ausstellung über französischen Symbolismus. Da kam ich auf die Idee, die nur in Chemnitz zu realisieren wäre: Könnten die Chemnitzer Kultureinrichtungen sich nicht so abstimmen, dass man thematische Komplexe im Theater, im Museum und anderswo erarbeiten konnte? Leider war der damalige Kulturdezernent für diese Idee nicht zu haben.

Am 27. Oktober 2001 hatte die Stadt Chemnitz zur Verleihung der Preise des Marianne-Brandt-Wettbewerbs eingeladen. Mit Blick auf die neue Kulturdezernentin Barbara Ludwig wies ich darauf hin, dass mit Marianne Brandt eine der besten Designerinnen des Bauhauses in Chemnitz geboren war, dass der ebenso fähige DDR-Designer Horst Clauss Dietel noch aktiv war, und dass Chemnitz mit diesem Wettbewerb und dem Bezug auf Industrie-Design ein Alleinstellungsmerkmal in Sachsen habe. Auch diese Idee wurde leider nicht weiter verfolgt.

Eine weitere Erfolgsgeschichte in Chemnitz ist bis heute das Internationale **Kinderfilm-Festival „SCHLiNGEL"**, das seit 1996, maßgeblich unterstützt durch das Filmreferat des SMWK, in diesem Jahr zum 26. Male stattfindet. 2021 besuchten 90 Filmfachleute aus 31 Ländern das Festival, um sich über die neusten Produktionen der Kinder- und Jugendfilme zu informieren. Jedes Jahr in den Herbstferien diskutieren Kinder über Filme und wirken ausschließlich Kinder als Juroren. Viele Filme werden erst dann international verbreitet, nachdem sie zum ersten Mal in Chemnitz vorgeführt wurden.

Hilfreiche Tipps

Immer mal wieder waren meine speziellen musikalischen Kenntnisse gefragt. So unterstützte ich häufig die Protokoll-Abteilung der Staatskanzlei. Die Protokollchefin Heidrun Müller war jedes Mal erleichtert, wenn ich Vorschläge machen konnte, die ins Programm passten. So schmuggelten wir in den Festakt „Neun Jahre Deutsche Einheit" am 3. Oktober 2000 in der Semperoper, als Jacques Chirac und Johannes Rau viel zu lange Ansprachen hielten, neben der Freischütz-Ouvertüre und dem Auftritt des Thomanerchores einen Satz aus Siegfried Matthus' Flötenkonzert mit der Staatskapelle Dresden hinein, was sogar die „Washington Post" verwundert und positiv registrierte.

Im Ausgleich zu diesem Auftritt der Staatskapelle zum Staatsakt schaffte ich es, mit einigem Aufwand am 19. Oktober 2000 ein Konzert des Gewandhaus-Orchesters im Berliner Konzerthaus zu vereinbaren. Biedenkopf wollte zum Abschluss seiner Präsidentschaft im Bundesrat seinen Ministerpräsidenten-Kollegen etwas Besonderes bieten. Er hielt eine launige Rede, die die Staatskanzlei mit guten Kenntnissen vorbereitet hatte. Er berichtete nämlich, dass bei der Gründung des Orchesters 1743 hinter jedem der 16 Musiker ein Leipziger Kaufmann stand – er verschwieg, dass das bei der von Masur eingeforderten Größe von ca. 180 Musikern heute kaum möglich ist. Als ich eines Abends ins Gewandhaus eingeladen war, musizierte das Orchester in normaler Größe. Es erklang die 8. Sinfonie von Anton Bruckner, ein langes, sehr langes Werk. Ich saß mit der Uhr in der Hand, denn die Abfahrt des letzten Zuges nach Dresden rückte näher und näher. Ohne den Musikern den ihnen zustehenden langen Beifall zu spenden, machte ich mich gleich auf den Weg, also ich sprintete mit meinen fast 60 Jahren zum Hauptbahnhof, erreichte den Zug mit Mühe und Not, sprang hinein, und in diesem Moment klappte die Türe hinter mir zu – ich brauchte bis Oschatz, um wieder zu Atem zu kommen.

Es gab auch bescheidenere Situationen, bei denen gleichwohl kenntnisreiche Hilfe erforderlich war. Mein guter Freund Malte Bardt, ehemaliger Bundeswehroffizier und Militärattaché, damals im Innenministerium für den Aufbau des Katastrophenschutzes zuständig, rief mich an einem Freitagnachmittag an. Wir kannten uns gut, ich bin ihm zum ersten Mal in Richters Buchhandlung begegnet, als Gisbert Haefs las (von dem wir damals leider keine Ahnung hatten). Frau Bardt hatte ihren Mann in die Buchhandlung delegiert, er solle einen Kriminalroman kaufen. Danach trafen wir uns häufig und tauschten Erfahrungen und Erkenntnisse aus.

Nun hatte er ein Problem: Ein deutsches Jugendorchester hatte in Polen eine Probenwoche beendet, und aus irgendeinem organisatorischen Grunde musste der Sonnabend-Nachmittag noch mit einem Termin gefüllt werden – ob ich nicht eine Auftrittsmöglichkeit wüsste. Ich befragte meine Musikreferentin Cornelia Ziesch, die befragte ihre Mutter, die Rat wusste. In der Lausitz sollte an diesem Nachmittag eine katholische Jugendgruppe zum Ausschwärmen in die Welt verabschiedet werden, und da passe es doch, wenn die jungen Leute noch ein wenig zusammen musizieren. Der Nachmittag wurde ein voller Erfolg für die Gruppe und das Orchester. Am Montag meldete Malte Bardt Vollzug und bedankte sich herzlich für meine Vermittlung, die ich ihm mit einem DDR-Polizisten-Witz erklärte: *Ein Streifen auf der Uniformjacke bedeutet: kann lesen; zwei Streifen auf der Jacke: kann schreiben; drei Streifen: kennt einen, der kann lesen und schreiben.* Das war ich. So habe ich viele Personen zusammengebracht, die sich vorher nicht kannten. Ich habe mich aber sofort herausgezogen, da ich es nicht für nötig hielt, die Gespräche weiterhin zu begleiten.

Dagegen suchte Dr. Bernhard Freiherr von Loeffelholz das Gespräch mit mir. Ich hatte ihn zum ersten Mal 1991 oder 1992 in Bonn gesehen, als er als Vorsitzender des Kulturkreises des Bundesverbands der Deutschen Industrie eine Sitzung leitete. Er war Leiter des Vorstands-

Staatssekretär Erhard Noack und Dr. Bernhard Freiherr von Loeffelholz., 27. November 2001

sekretariats des von der RAF ermordeten Vorstands der Dresdner Bank, Jürgen Ponto, gewesen und gehörte zu den ganz wenigen kultivierten Bankern. Er übersiedelte nach Dresden, bezog ein gastliches Haus in Radebeul und kümmerte sich um viele Projekte.

Er wurde bald zum gesuchten Gesprächspartner in Dresden. Bei mir wurde er vorstellig, um zu erkunden, wie ich zum Wiederaufbau des **Dresdner Societätstheaters** stünde, einer ehemals von Dresdner Bürgern im 18. Jahrhundert begründeten kleinen Spielstätte, die nicht mehr existierte. Ich vermutete zunächst, dass nach Errichtung des Baues die Folgekosten dem Freistaat angelastet würden. Aber das Theater erhielt Projektmittel von der Stadt Dresden und bietet heute einen abwechslungsreichen Spielplan mit Eigenproduktionen, Gastensembles und freien Gruppen. Dank seiner Reputation wurde Dr. von Loeffelholz turnusgemäß auch Präsident des Sächsischen Kultursenats, da er als Banker gut rechnen konnte und den Finanzern stets deren mangelndes Verständnis für kulturelle Vorgänge vorhalten konnte. Meine eindrucksvollste Erfahrung in dieser Hinsicht – neben vielen sonderbaren Erlebnissen – war ein Gespräch mit dem Abteilungsleiter Haushalt im SMF, dem ich in einer Stunde vergeblich den Unterschied zwischen einer Talsperren-Verwaltung und einem Theater zu erklären versuchte. Mit Dr. von Loeffelholz hätte ich keine solchen Verständigungsprobleme gehabt.

Prof. Dr. Gerhard Glaser schätzte Dr. von Loeffelholz ebenso: „*Am 27. Juni 1991 wurde die Kulturstiftung der Dresdner Bank gegründet. Das Wirken dort von Dr. Bernhard Freiherr von Löffelholz habe ich in vielfacher Beziehung als segensreich empfunden. Ich will nur einige Bauten nennen und kulturelle Unternehmungen aufzählen, die von der Dresdner Bank erheblich gefördert wurden: Societätstheater, Kirche Loschwitz, Dresdner Zentrum für zeitgenössische Musik, Orchesterakademie der Staatsoper und Philharmonie oder die Dresdner Musikfestspiele, die es seit 1976 gab, ferner Hellerau, Theaterkahn und natürlich die Frauenkirche …*"

Begegnungen

Als die Träger der Friedensklasse des Pour le Mérite-Ordens von Kurt Biedenkopf auf Schloss Albrechtsberg eingeladen wurden, hatten alle Abteilungsleiter des SMWK mit ihren Damen Dienst und wurden an verschiedenen Tischen den Ordensträgern zugeteilt. Udo Zimmermann redete am Nebentisch unaufhörlich auf Carl Friedrich von Weizsäcker ein. Eva und ich saßen mit Herrn Rudolf Hillebrecht zusammen, der nach dem Krieg in Hannover durch sein nicht unumstrittenes Konzept der autogerechten Stadt die Altstadt bewahrte, indem er eine wichtige Straße nicht mitten durch, sondern um die Altstadt herum führte. Er erzählte uns, dass er nach 1945 vom Dresdner Oberbürgermeister Walter Weidauer aufgefordert worden war, Stadtbaumeister in Dresden zu werden. (Es gab hier den Begriff „wegweidauern" für die Sprengungen von alter Bausubstanz, z. B. der Rampischen Gasse, die man noch hätte retten können.) Ich sagte zu Herrn Hillebrecht: „*Wenn Sie dieses Angebot angenommen hätten, dann hätten Sie nie einen Pour le Mérite bekommen.*"

Wir durften uns den Orden auch ansehen. Auf seiner Rückseite waren die Namen der vorherigen Träger eingraviert, darunter auch: (mich hat diese überraschende Koinzidenz sehr gerührt) Giacomo Meyerbeer!

Zur Bewahrung und Propagierung der ostdeutschen Baudenkmale hatte Prof. Paul Raabe, vormals Leiter der Wolfenbüttler Herzog-August-Bibliothek und nunmehr für den Wiederaufbau der Franckeschen Stiftungen in Halle engagiert streitend, ein „Blaubuch" mit einer stattlichen Anzahl von Kulturdenkmalen vorgelegt. Er erkundigte sich in allen neuen Ländern nach deren Prioritäten. Prof. Meyer war der einzige der ostdeutschen Minister, der Paul Raabe auf meinen Rat hin empfing. Wir beide hatten uns zu den Lessingfeiern in Kamenz vergnügt unterhalten. An eine Begegnung denke ich besonders gern zurück: Am 7. November 2000 war der Literaturwissenschaftler Hans Mayer zu einem Vortrag eingeladen worden. Anschließend saßen noch einige Akademie-Mitglieder und ich mit Prof. Mayer zusammen, und ich konnte endlich eine Frage klären, die mich seit meiner Studienzeit beschäftigte: 1962 hatte einer meiner Kommilitonen bei Mayer an einem Oberseminar über Voltaire teilnehmen wollen. Zur Überraschung aller endete es nach wenigen Minuten. Folgendes war vorausgegangen: Mayer: *„Haben Sie Ihren Voltaire gelesen?"* Allgemeines Nicken. *„Haben Sie ihn im Original gelesen?"* Allgemeines Kopfschütteln. *„Damit fällt dieses Seminar aus!"* 1963 verließ Hans Mayer die DDR. Nach 42 Jahren konnte ich ihn endlich nach den Gründen für das abrupte Ende jenes Seminars befragen. Er konnte sich daran erinnern und erklärte mir, dass er als Gymnasiast und als Jude angezählt worden war, weil er einen Text nicht vorher im Original gelesen hatte. Das sollte ihm nie wieder passieren.

Musikwissenschaft als Hobby

Am 22. September 1998 war das zweite Obergeschoss des Dresdner Schlosses Ort eines großen Empfangs der Staatsregierung für die Sächsische Staatskapelle, die wieder einmal ein Jubiläum hatte. Aus Anlass ihrer Gründung vor 450 Jahren fand im Blockhaus ein Kolloquium zum „Klang der Staatskapelle" statt, auf dem ich ein kleines Referat über die „Hintermänner der Freischütz-Partitur" hielt. Ich hatte versucht, die speziellen instrumentalen Anforderungen Webers mit Namen von Kapellmitgliedern zu verbinden. Schließlich war ich nicht nur Abteilungsleiter Kunst, sondern auch Musikwissenschaftler.

Aus Zeitgründen betrieb ich Wissenschaft nur als Hobby, meldete mich 2001 bei einer erneuten Naumann-Ehrung zu Wort und schrieb als Beitrag zur Festschrift Hans-Joachim Schulze für das Bacharchiv einen Artikel über die Beziehungen Meyerbeers zu Bach, da sich Meyerbeer bei der Konzeption seiner „Hugenotten", speziell des Vorspiels, nachweislich mit Bachs Choralvorspiel und der Kantate „Ein feste Burg" befasst hatte. Als Vorsitzender des Meyerbeer-Instituts an der Musiktheater-Forschungsstelle Schloss Thurnau bei Bayreuth war ich an vielen Wochenenden zu Tagungen unterwegs.

Der Neue Sächsische Kunstverein wollte sein Scherflein dazu beitragen, um die Ruine des früheren Sächsischen Kunstvereins-Gebäudes auf der Brühlschen Terrasse, aus dessen Dach die Birken wuchsen, wiederherzurichten. Der Freistaat übernahm schließlich diese Aufgabe und schuf dann für die SKD ein weiteres großzügiges Ausstellungsgebäude, das aber kaum genutzt wird.

Die **Kunstfeste des Neuen Sächsischen Kunstvereins** in den ersten Jahren nach 1990 an verschiedenen öffentlichen Orten waren legendär! Später wurden seine Matineen in der Semperoper veranstaltet, und die

Programmgestaltung ging auf meine Vorarbeiten zurück, so z. B. „Wagner à la piccola" oder „Gesang zwischen den Stühlen" nach Erich Kästner. Schließlich stand ich gern in der Gasse der Opernbühne am Inspizienten-Pult und rief die Künstler für ihre Auftritte auf.

Morgens bis abends
und sonnabends und sonntags

In meinen Kalendern 1991 bis 2004 stehen tagsüber viele Namen von Gesprächspartnern und kurze Stichworte, am Abend und am Wochenende viele Hinweise auf Konzert-, Museums- und Theaterbesuche, die zu den normalen angenehmen Pflichten des Abteilungsleiters Kunst gehörten. Es gelang mir zumeist, die Premieren zu besuchen, denn die Erfahrung zeigte, dass eine spätere Aufführung einfach nicht mehr in den Terminkalender passte. Nur einmal, wohl am 2. Oktober 1996, wollten wir unbedingt die Aufführung von Mozarts „Le Nozze di Figaro" in der Oper sehen, weil es das letzte Dirigat von Sir Colin Davis war, der diese Inszenierung seit der Premiere am 3. Dezember 1995 mehrfach geleitet hatte. Wir blieben schon in Dresden-Reick im Stau stecken und kamen mit hängender Zunge in der Oper an, wo mir die freundliche Kassendame sagte: Jetzt haben wir Ihre Karten gerade verkauft. Aber sie rief einen Herrn vom Einlassdienst und erklärte: Diese beiden Herrschaften müssen unbedingt noch in die Loge. Für Eva und mich, wie auch für den Minister, der gleichfalls spät dran war, wurden drei Stühle hineingestellt, wir setzten uns, und in diesem Moment begann die Ouvertüre. Hinterher ist mir aus meiner Kenntnis der Theaterbräuche klar geworden, dass Einlassdienst und Inspizient nur noch auf uns gewartet haben müssen, bevor Colin Davis das Signal zum Beginn bekam.

Mit der Dresdner Staatskapelle habe ich wunderbare Konzerte erlebt, aber auch Wunderliches: Einmal verschlug sich Bernard Haitink am Ende der 5. Sinfonie von Peter Tschaikowsky und ließ den vorletzten Takt mit den charakteristischen drei Schlägen aus, gab das Ende an, aber die Kapelle spielte unbeeindruckt alles, wie es in den Noten stand. Am nächsten Abend vor der Aufführung nahm Haitink die Kapelle zusammen und erklärte: *„Meine Damen und Herren, ich schulde Ihnen noch einen Takt."*

Ein Kapellkonzert mit Sinopoli wird mir ebenfalls unvergesslich bleiben: Auf dem Programm stand die Italienische Sinfonie von Felix Mendelssohn-Bartholdy. Ich saß neben dem Ehepaar Biedenkopf in der Loge, und die Landesmutter beugte sich zu mir: *„Ich freue mich ja so sehr auf die Mendelssohn-Sinfonie!"* Diese beginnt presto mit Bläser-Triolen, aber Bläser und Streicher strebten im Folgenden so sehr auseinander, dass sie nicht mehr zusammenzubringen waren. Sinopoli musste abbrechen und neu beginnen. Ich habe nie wieder eine so kraftlose Italienische gehört. Selbst großen Dirigenten kann so etwas passieren!

Bei Konferenzen, die ohne mein Zutun liefen, handelte ich hin und wieder nach dem „Meyer-Effekt", den der Minister eingeführt hatte: Er ließ sich zu Beginn einer Veranstaltung bei vielen sehen, begrüßte viele und verschwand sofort, so dass es dann hieß: Aber ich habe den Minister doch eben noch gesehen.

In den Dienstberatungen konnte der „Meyer-Effekt" indessen nicht angewendet werden. Während ich rücksichtsvoll meine Abteilungsbesprechungen dienstags 8.30 Uhr ansetzte, wurden wir vom Staatssekretär stets freitags 7.30 Uhr zusammengetrommelt. Nach den Dienstberatungen waren meist ab 10.00 Uhr noch Aktenvermerke für die Vorkonferenz am Montag oder andere dringende Arbeiten auszuführen, die wir rasch erledigten. Dagegen verschwand der Staatssekretär um die Mittagszeit zur Heimfahrt nach Springe bei Hannover. Diese Dienstberatungen fanden überhaupt nicht den Beifall unseres Beraters, Ministerialdirektor a. D. Dr. Peter Dallinger, einst Persönlicher Referent des Bundeskanzlers Kurt Georg Kiesinger, welcher den Minister in Fragen der Hochschulpolitik im Hinblick auf die Bonner Ministerialbürokratie beriet. Er äußerte sich als ehemaliger hoher Bonner Beamter privat zu mir diplomatisch nicht unbedingt freundlich über den ehemaligen niedersächsischen Kabinetts-Referenten Noack und dessen Leitungstätigkeit. Denn er sprach sich dafür aus, dass hausinterne Absprachen in kleiner Runde, die wichtigen strategischen Beratungen aber ausschließlich mit dem Minister stattzufinden hätten. Da wir oft nichts Gravierendes zu berichten hatten, denn die eigentlichen Informationsströme an den Minister liefen ganz anders, als dass sie in Dienstberatungen ausführlich hätten besprochen werden können, suchten wir allesamt häufig krampfhaft nach irgendeiner Kleinigkeit – eine sinnlose Unternehmung. Ich dagegen hatte in Dr. Dallinger stets einen hochkultivierten Bundesbeamten, wie ich viele kennenlernte, und einen neugierigen, dabei kenntnisreichen Gesprächspartner, der bei Betriebsausflügen meine Nähe suchte, um von mir eine Menge über die sächsische Kultur zu erfahren. Auch nach dem Ende unserer Tätigkeit blieben wir in lockerer Verbindung.

In den Dienstberatungen saß stets Dr. Jürgen Poeschel neben mir, Leiter der Abteilung Recht, der für die Vorarbeiten der vielen Gesetze zuständig war, die im Rahmen der Hochschulerneuerung massenweise als Vorlagen für die Ausschüsse und das Parlament produziert werden mussten. Dr. Poeschel war Staatsrechtler in Göttingen und Lehrer von Rodica Tines. Im Herbst oder Frühjahr 1990/91 rief er seine ehemalige Studentin an, die in Villingen-Schwennigen in einer Kanzlei arbeitete, und bat sie mit den damals üblichen Worten: *„Bewegen Sie Ihren Arsch hierher, ich brauche Sie!"* (vielleicht waren Dr. Poeschels Worte etwas zivilisierter, aber der Sinn war der gleiche), und Rodica Tines reiste an. Sie wohnte zunächst in der Lipsiusstraße ein Stockwerk unter dem Staatssekretär und bekam mit – dank der großen Heizkörper, die als Membranen fungierten –, wie dessen resolute Frau manchen Sonnabend anreiste und ihrem Mann lautstark Vorhaltungen machte. Weil Staatssekretär Noack ohnehin kein gutes Verhältnis zu dem Volljuristen Poeschel hatte, strafte er diesen, indem er dessen beste Kraft und Zeugin seiner familiären Probleme, eben Rodica Tines, nach Chemnitz als Dezernentin an die TU Chemnitz verbannte. Geschickt erreichte sie es, nach langen Jahren über die Dresdner Musikhochschule zurück ins SMWK zu kommen und wurde die beste Musikreferentin, die das Ministerium je hatte. Ihr gelang nicht nur die Installierung der Landesmusikakademie in Colditz, wie schon berichtet, sie schaffte es auch, einen hartgesottenen Haushälter, Staatssekretär Wolfgang Voss, der später Thüringer Finanzminister wurde, von einer Veränderung in der Haushaltssystematik zu überzeugen, der gegenseitigen Deckungsfähigkeit der sogenannten Titelgruppen 57 und 58 – eine große Leistung. (In Titelgruppen sind z. B. die Finanzmittel für die Staatstheater oder Museen zusammengefasst.) Es ist mir immer ein Geheimnis geblieben, wie die Haushälter die einzelnen Finanzkapitel streng zu trennen suchten und gegebenenfalls Geld zurückgaben (an wen eigentlich?), statt zu versuchen, einmal bewilligte Mittel sinngemäß auszugeben und von einem Posten zum anderen zu schieben.

Mit Dr. Poeschel verband mich eine sehr gute persönliche Beziehung. Häufig suchte ich ihn abends in seinem Zimmer auf, wo er eines der Lebensmittelpakete öffnete, die ihm seine liebe Frau systematisch Tag für Tag vorgepackt hatte. Er war ein fleißiger Arbeiter, der die erste Zeit nutzte, um die rechtlichen Grundlagen für die Hochschulerneuerung zu schaffen. In den Dienstberatungen stellte er immer wieder Alternativen vor, die wir grinsend zur Kenntnis nahmen: *„Herr Minister, so oder so"*, wobei sich der Minister eine Sache selbst aussuchen konnte. Zu Beginn des neuen Jahrzehnts bewarb sich Dr. Poeschel auf das Amt des Oberbürgermeisters in Oldenburg. Ich konnte ihm, neben Biedenkopf, der ihn im Wahlkampf unterstützte, auch helfen: Der Deutsche Bühnenverein feierte das Jubiläum seiner Gründung in Oldenburg, wo er vor 100 Jahren zum ersten Mal zusammengetreten war. Es gab eine Festveranstaltung mit viel politischer Prominenz, deshalb übergab ich Dr. Poeschel meine Karte, damit er sich sehen lassen konnte. Als ich ihn 2002 besuchte, fragte ich ihn, wie er angesichts einer rot-grünen Mehrheit im Stadtrat als CDU Oberbürgermeister regiere. Er lächelte mich an: „*Gar nicht*". Um 2003/04 riet er mir, Staatssekretär zu werden. „*Warum machen Sie das nicht?*", fragte er. Aber da hätte ich nach dem Peter-Prinzip wohl die Stufe meiner Unfähigkeit erreicht wie viele, die das nur nicht bemerken.

Mit Dr. Dieter Herz, nach Hartmut Haeckel Pressesprecher unseres Ministeriums, verbindet mich noch heute ein freundschaftliches Verhältnis. Ich mochte seinen trockenen Witz und seine unerschütterliche Gelassenheit, die den Staatssekretär manchmal aus der Ruhe brachte. Wichtig war indessen, dass es immer wieder Gelegenheit zum gedanklichen Austausch gab, der im hektischen Alltag eines Ministeriums auch gebraucht wird.

Als mir bewusst wurde, dass speziell die ostdeutschen Kollegen, die sich auf kein Kulturraumgesetz berufen konnten, z. T. erhebliche Probleme in ihren Häusern hatten, gründete ich eine kleine Untergruppe innerhalb des Kulturausschusses und rief die Musikreferenten der Länder zusammen, die eine solche Gelegenheit zum Reisen gern annahmen. Ein Austausch unter den Referentinnen und Referenten war immer sinnvoll. Eine Sitzung fand im Foyer der „Schwangeren Auster" statt, also in der Kongresshalle in Berlin.

Zwar war ich meist von lauter Damen umgeben, weil in den Kunstabteilungen die Referentenstellen häufig mit Frauen besetzt waren, aber als von SPD-Seite im Kulturausschuss neben dem Schul- und Hochschulausschuss auch noch ein Frauenausschuss für Frauenkultur (als Vorläufer der Genderei) gefordert wurde, hielt ich zum Ärger der Genossen vehement dagegen. Und bei den Damen in meiner Abteilung kam diese Forderung gar nicht gut an. „*Es gibt nur gute oder schlechte Kunst, gleichgültig, ob sie von Männern oder Frauen stammt*", wurde nachdrücklich argumentiert. Und ich wurde dringend dazu angehalten, bei der nächsten Sitzung wieder dagegen zu stimmen, was ich dann auch tat. Der Vorschlag wurde gekippt.

„Ältestes bewahrt mit Treue ..."

Jedes Jahr lädt die Deutsche Stiftung Denkmalschutz Anfang September zu einem **Tag des Offenen Denkmals** ein, welchen das Landesamt für Denkmalpflege vorbereitet. Am 1. September 1996 wurden in Zwickau die Sanierungsergebnisse in den **Priesterhäusern am Dom** vorgestellt. Es sind die ältesten, nach den Bauvorschriften des „Sachsenspiegel" in Stein gemauerten Häuser in Sachsen, die neun (!) Jahrhunderte überstanden haben. Der Minister stieg auf eine lange schwankende Leiter, weil man ihm die steile Dachkonstruktion zeigen wollte. Ich war bereit hinterher zu klettern, aber Frau Meyer hielt mich zurück: „*Bleiben Sie lieber unten, falls mein Mann herunterfällt, sind wenigstens Sie noch da.*"

Zur Eröffnung der sanierten Häuserzeile gab es einige Monate später einen Festakt, und ich wies die Stadtverantwortlichen dringend darauf hin, mit diesen ältesten sächsischen Häusern zu werben, denn wer kann schon solche Schätze vorweisen.

Nach dem Besuch der Baustelle Priesterhäuser wurden der Minister und ich zur Ruine des **Schlosses Osterstein** geführt, einer ehemaligen Residenz der Wettiner. Oberbürgermeister Rainer Eichhorn, vorher Autobau-Ingenieur im Trabantwerk Zwickau, hielt sich während der Erläuterungen abseits und ballte die Faust in der Tasche, denn zu seinem Ärger bewegte sich bei den Investoren jahrelang nichts. Wir hatten ein gutes Verhältnis, saßen zusammen im Vorstand der Zwickauer Schumann-Gesellschaft, und er war einer der ersten, dem ich über den Tisch hinweg die Frage hatte stellen können: *„Haben Sie Geld für die Sanierung des Schumann-Hauses?"*

Nun in Osterstein diskutierten der Minister und einige Denkmalpfleger mit den Investoren. Viele von ihnen kauften im Osten Immobilien auf, nur um Fördermittel abzufassen, ohne etwas zu tun. Bis heute gibt es leider viele Beispiele dafür. Unterdessen ist das Schloss saniert mit Mitteln des Denkmalschutzes von Bund und Land und einem zugänglichen Investor, und es ist ein Komplex für betreutes Wohnen entstanden. Rainer Eichhorn kann seine Faust wieder öffnen.

Dagegen war die Stadt Zittau dankbar für eine einmalige Attraktion, bei der Dr. Douffet den Präsentationsort fand: die Zittauer Kirche zum Heiligen Kreuz. Im Rathaus zu Zittau lag jahrzehntelang unbeachtet eine dicke Teppichrolle, die nunmehr als ein katholisches **Fastentuch** aus dem Mittelalter identifiziert wurde. Während der Passionszeit wurde der Altar mit diesem großen, schweren Tuch verhängt, auf dem die Passionsgeschichte Jesu in vielen Einzelbildern aufgemalt wurde. Luther hatte zwar etwas gegen den katholischen Pomp, ließ die Zittauer aber gewähren, bis die Leinwand aus der Mode kam. Nach dem Zweiten Weltkrieg diente das feste Leinen Sowjetsoldaten zum Abdichten einer Sauna, wodurch einige bemale Felder ausblichen. Es blieb nach Gebrauch im Wald zurück. Hermann Knobloch aus Zittau hat es im Wald entdeckt, auf einem Handwagen weggefahren, gerettet und verborgen. Die Deutsche Stiftung Denkmalschutz finanzierte zusammen mit der schweizerischen Abegg-Stiftung die Restaurierung, und seit 1999 kann man in Zittau diese Einmaligkeit bestaunen. Es fand sich noch ein zweites, kleineres Fastentuch, das ebenfalls zugänglich gemacht wurde.

Eine Rede von bleibendem Wert

Am 13. November 1997 hatte der Minister eine Fachregierungserklärung „Kultur und Gesellschaft – Kulturpolitik aus demokratischer Verantwortung" vor dem Landtag abzugeben, ein halbes Jahr nach der Fachregierungserklärung „Zukunft durch Wissenschaft". Nach sechs Jahren Regierungstätigkeit zog er Bilanz. Die Vorarbeiten lagen in den Händen von Tobias Knoblich, einem jungen Musiker und Kulturwissenschaftler, den ich wegen seiner analytischen Fähigkeiten gut beschäftigen konnte. Er leitete später die Landesarbeitsgemeinschaft Soziokultur. Wir schufen ein Gerüst kulturpolitischer Rahmenbedingungen und Leitlinien, füllten es mit unseren Maßnahmen auf und übergaben den Entwurf dem Minister, der daraus eine kulturpolitische Grundsatzrede formulierte, wie sie nur von Prof. Meyer kommen konnte:

„*Die Sächsische Staatsregierung betrachtet die Kulturpolitik als gleich wichtig neben anderen Politikfeldern. Damit formulieren wir keinen Anspruch darauf, Kultur in ihren Inhalten zu bestimmen. Vielmehr folgen wir der Erkenntnis, dass die Kultur für den Zustand und die Entwicklung der Gesellschaft eine bedeutende Rolle spielt und gleichermaßen das individuelle und das öffentliche Bewußtsein prägt. In Sachsen hat die Kultur maßgeblichen Einfluss auf das Selbstverständnis der Bürgerinnen und Bürger, und sie spielt eine beachtliche Rolle für das Ansehen des Landes in Deutschland und Europa. Kultur ist ein Prozeß, in dem die Werke der Vergangenheit und die künstlerischen Auseinandersetzungen mit den Fragen der Gegenwart in einer lebendigen und oft konfliktreichen Beziehung stehen. Kunst ist ein Seismograph der Situation und mithin Träger und Ausdruck des Wertebewußtseins und des Wertewandels. Daher muss Kulturpolitik als ein vielfältiges Handlungsfeld verstanden werden.*
Da die freiheitliche Gesellschaft für ihre Existenz und für ihr Überleben der Wertegrundlagen der Verfassungsordnung bedarf, muss sich die Kulturpolitik gleichwohl als Anwalt dieser ethischen Werte verstehen. Es sind die Wertegrundlagen unseres mitmenschlichen Zusammenlebens, die die Überlebensfähigkeit dieser Gesellschaft garantieren. In diesem Sinne ist Kulturpolitik von entscheidender Bedeutung für unsere Zukunft ..."

Ich glaube nicht, dass das Interesse der meisten Abgeordneten im Landtag sehr groß war, denn solche allgemeinen Ausführungen waren für viele, die mehr an ihre Wiederwahl in ihrem Wahlkreis dachten, nicht so bedeutend wie für uns. Liest man den Text wieder, wird einem klar, welche grundsätzliche Bedeutung diese Rede auch heute noch hat.

Der Absturz

Mit dem Rücktritt von Kurt Biedenkopf nach Zerwürfnissen mit Georg Milbradt am 18. April 2002 änderte sich auch für uns sehr viel. Milbradt wurde zum neuen Ministerpräsidenten gewählt, und wir hofften, dass unser Minister wenigstens noch bleiben könnte. Aber er war verständlicherweise zu stolz, um bei Milbradt, der ihm elf Jahre lang mit seiner Finanzpolitik Widerstand geleistet hatte, ein Amt zu erbetteln, weil er auch wusste, dass ein Ministerpräsident durch seine Richtlinienkompetenz noch größeres Durchgriffsrecht hatte. Wer sollte ihm folgen? Prof. Dr. Georg Unland, damals Rektor der Bergakademie Freiberg (wurde dann Finanzminister bis 2018) oder Staatssekretär Erhard Weimann, damals Bevollmächtigter des Freistaats beim Bund in Berlin? Dann rief mich Roswita Schumann mit bedrückter Stimme an: *„Rößler wird's."*

Ich hatte anfangs von Matthias Rößler nur im Zusammenhang mit seiner Funktion als hochschulpolitischer Sprecher der CDU-Fraktion gehört, bevor ihn Biedenkopf zum Kultusminister berief. Dr. Gert Maibaum berichtete, dass Rößler alle Hochschulen schließen, alle Studenten und alles Lehrpersonal entlassen wollte, um dann einen Neuaufbau vorzunehmen. Das stand in völligem Gegensatz zur Strategie des Ministers: Erneuern und Bewahren, um eine moderate Erneuerung bei laufendem Betrieb zu ermöglichen, um den Lehrbetrieb nicht komplett einzustellen, die Studenten und Lehrer nicht zu verjagen und die Hochschulen nicht aus dem allgemeinen Bewusstsein zu drängen.

Also verabschiedete sich Prof. Meyer am 2. Mai 2002 und übergab die Geschäfte an Rößler. Wie es in ihm aussah, wissen wir nicht, aber wir waren wohl zumeist sehr traurig. Peter Lönnecke, Vertreter der Angestellten, brachte es auf den Punkt, der auch in meinen Ausführungen eine wichtige Rolle spielt. Er sagte: *„Sie hatten niemals einen Spitznamen, Sie waren für uns immer nur: Der Minister!"*

Die sich anschließende Vorstellung Rößlers vor dem Haus hat ihren besonderen Akzent: Rößler sprach von Hochschulen und Forschung, die Kultur erwähnte er nicht, obwohl ich für ihn sichtbar in der ersten Reihe saß.

Mein erstes Zusammentreffen mit Rößler – damals Kultusminister – hatte ich im November 1996. Ich hatte ein Konzept „Musisches Angebot" entworfen, um freischaffenden Künstlern eine zusätzliche Möglichkeit zu geben, an Nachmittagen Schüler in künstlerischer Praxis zu unterweisen. Ich kannte einige Künstler mit pädagogischen Ambitionen. Mit diesem Konzept ging ich in den Schulausschuss des Landtages zu dem Abgeordneten Thomas Colditz, der wie die anderen Abgeordneten sehr angetan war. Ich sprach in drei Ausschusssitzungen vor. Für gewöhnlich ist der zuständige Minister in seinem Ausschuss immer präsent. Rößler war nie da. Erst zur vierten Sitzung kam er, und ich war nach einer Minute draußen. Es folgte ein Brief an meinen Minister, in dem sich Rößler darüber beschwerte, dass ich in seinem Gebiet wildere, und ich solle das gefälligst unterlassen. Der Minister nahm das bedauernd zur Kenntnis, weil er weiterdachte als der Kultusminister, denn musische Erziehung sollte zeitig beginnen.

Übrigens hat sich die Praxis als klüger erwiesen. Nachdem der Journalist Michael Bartsch überflüssigerweise mein „musisches" Angebot als „musikalisches" Angebot missverstanden hatte und mir vorwarf, nicht zu wissen, dass Sachsen ein Musikland sei, entschloss sich jedoch – lange nach Rößlers Abgang – der Kultursenat, in der Lausitz ein Projekt „Musisches Angebot" zu starten. Hansjörg König, damals Staatssekretär Kultus erklärte mir, dass er genügend Geld für eine solche Unternehmung habe. Heute gibt es zusätzlich die Aktion: **Jedem Kind ein Instrument** (JEKI). Und im Rahmen des Ganztagsangebots an sächsischen Schulen existieren Theatergruppen, Zeichen-, Mal- und Keramikzirkel und weitere künstlerische Kurse, die von Schauspielern, bildenden Künstlern usw. geleitet werden. Ich war mit meinen Überlegungen zu früh.

Eine Woche nach Amtseinführung erklärte Rößler, da er die Abteilung bei der Amtsübernahme nicht erwähnt habe, hätten wir jetzt das Privileg der ersten Zusammenkunft mit ihm, und legte diese auf den Brückentag nach dem Himmelfahrtstag. Er ließ sich über alle Vorgänge informieren, und wir dachten, das genügt. Unsere Gesprächspartner ließen uns jedoch wissen, dass es Kommunikationsprobleme gab, die nur möglich waren, weil unsere Vermerke nicht zur Kenntnis genommen wurden, wie das bisher der Fall war.

Meine Abteilungsleiter-Kollegen aus anderen Häusern orakelten: *„Das geht nicht gut mit Ihnen und Ihrem neuen Minister!"*

Sie hatten schließlich Recht. Dabei war ich korrekt. Anfang Dezember wurde ich gerufen, um Rößler gründlich zu informieren. Während ich alle Vorgänge erläuterte, verkleinerte Rößler in diesen zwei Stunden einen großen Stapel von Weihnachtsgrüßen auf einige wenige Zentimeter.

Wohl am 8. Mai 2002 war eine Sitzung des Landtagsausschusses für Kultur und Medien, in dem es um die Fortführung des Kulturraumgesetzes ging. Rößlers Pressesprecher kam zu ständigen kurzen Zwiesprachen in den Ausschuss. Rößler hatte am Tag zuvor sein erstes Grußwort auf der Bühne der Semperoper gehalten anlässlich der Verleihung der Preise für den „Competizione del' Opera", eines Wettbewerbes für italienischen Operngesang. Prof. Meyer hatte diese Preisverleihungen stets ohne Probleme und ohne eine Hilfe absolviert, mit leicht ironischem Unterton als „Blumentopf-Gratulant". Rößler hatte, wie die Fernsehübertragung zeigte, Probleme mit dem Grußwort. Das Publikum reagierte entsprechend: Zum ersten Male wurde im Opernhaus bei einem Minister-Auftritt gelacht. Gebeten hatte ihn einer der sonderbarsten Gestalten, die sich in der Staatsoper tummelten: Hans-Joachim Frey, „Kulturmanager", Regisseur, Putins Freund, der den Dresdner Opernball organisierte. Tags darauf ließ der Minister, statt auf Vergessen zu setzen, seinen Pressesprecher eine Notiz in die Zeitungen einrücken, er habe bisher nur in Turnhallen vor Lehrern gesprochen und noch nie in einem Opernhaus.

Am 12. August 2002 brach über dem Erzgebirge eine mächtige Flut herein und schwemmte rücksichtslos Häuser, Gärten, Eisenbahnstrecken und alles weg, was an den Ufern der Weißeritz, der Müglitz, der Mulde und der Elbe stand. Wir hatten wegen des Kulturraumgesetzes an diesem Vormittag die Landeskulturverbände eingeladen, und draußen goss es unaufhörlich. Rößler war offensichtlich nicht vorbereitet, sodass eine freiberufliche Gutachterin aus Berlin, Cornelia Dümke, die wir gelegentlich heranzogen und die sehr gut Bescheid wusste, den Minister vor allen deutlich korrigieren musste. Aber angesichts der Wassermassen waren all diese Erwägungen zweitrangig. Der Dresdner Hauptbahnhof stand unter Wasser, im Schauspielhaus stand die historische Untermaschinerie 16 Meter unter Wasser, der Keller der Semperoper stand unter Wasser, Bilder aus dem Depot der Sempergalerie wurden mithilfe von Kollegen aus dem SMWK ins Trockene getragen.

Mit Generaldirektor Martin Roth wurde besprochen, dass die Kunstsammlungen unbedingt eine Woche nach der Flut wieder öffnen sollten, auch wenn sich in Dresden überall noch die Sandsäcke stapelten, Teile der Stadt einer Schlammwüste glichen und außer Katastrophen-Touristen die Besucher der Galerien ausblieben.

Meine Abteilung sammelte unterdessen Schadensmeldungen aus den Regionen. Der Vorsitzende des Sächsischen Museumsverbands in Chemnitz war besonders aktiv und empfahl allen seinen Kollegen, uns die Meldungen bald zuzusenden. Am 16. August 2002 vormittags rief mich Dr. Ackermann aus Berlin an: *„Ich brauche bis Mittag eine Zahl"*, denn er beabsichtige mit seinem Staatssekretär abends im Bundeswirtschaftsministerium einen Sonderfonds für die Kultur herauszuschlagen. Im Gegensatz zu sonst hielt er sich am Telefon knapp. Ich kann mir lebhaft vorstellen, wie er seinem Amtschef und abends den Beamten im Bundeswirtschaftsministerium auf den Wecker gegangen sein muss.

Ich rief mein Museumsreferat, dazu Kerstin Kloss, Sachbearbeiterin im Baureferat und für die Kulturbauten zuständig, zusammen und fragte die Zahlen ab. Da kamen ein paar 10.000 Euro zusammen, viel zu wenig. Dann meldete das Staatshochbauamt ca. 30 Millionen Euro für Oper, Schauspiel und Galerie, und ich entschied, da es für konkrete Schadenssummen immer noch zu früh war, eine gegriffene Zahl, 53,5 Millionen Euro, zu melden (aus späterer Sicht war diese Summe durchaus angemessen). Zudem hatte Dr. Ackermann von Dr. Klaus Vogel aus dem Deutschen Hygiene-Museum eine lange, detaillierte Auflistung kleinerer und größerer Verlust-Posten von einigen Museen erhalten. Mit dieser Liste und unserer Zahl erreichte er, dass den betroffenen Ländern, das waren neben Sachsen auch alle anderen Elb-Anrainer, die aber nicht so schwer betroffen waren, 100 Millionen Euro Fluthilfe ausdrücklich für geschädigte Kulturbauten zugesprochen wurden.

Am 3. September konnte der neue Bundesbeauftragte für Kultur, Prof. Julian Nida-Rümelin, uns dieses kulturelle Hilfsprogramm verkünden. Rößler nahm mich ins neue Bundeskanzleramt mit. Auch nach den ersten Tagen und Wochen nahm ich noch Schadens-Meldungen an, z. B. aus dem Stadtmuseum Meißen. Dort waren in einem Kreuzgang die eben renovierten Epitaphe und andere mittelalterliche Skulpturen in der Elbflut versunken. Aus Belgern, hinter Torgau an der Elbe gelegen, rief mich die Bürgermeisterin an: Die Freilichtbühne war weggeschwemmt worden. Ich riet ihr: *„Schreiben Sie uns alles auf."* Besonders hart hatte es in Grimma das Museum getroffen. Die Direktorin Marita Pesenecker versuchte noch nachts bei steigender Flut der Mulde die mittelalterlichen Holzskulpturen von der Wand zu holen, aber sie waren zu fest gegen Diebstahl gesichert und verschraubt.

Mit diesem Hilfsprogramm des Bundes konnten wir viele Kommunen unterstützten. Die Prüfung der Verwendungsnachweise war eine langwierige Aufgabe, es hat seitens des Bundesrechnungshofes jedoch nie eine Beanstandung gegeben.

Irgendwann im Frühjahr 2003 saß ich beim neuen Staatssekretär, das war mein ehemaliger Abteilungsleiter-Kollege Dr. Frank Schmidt. Wir besprachen einige aktuelle Probleme, und irgendein Stichwort veranlasste Schmidt, nach meiner Lebensplanung zu fragen. Er ließ die Katze aus dem Sack und verkündete, dass der Minister mich nicht länger im Amt haben wolle. Ein Grund wurde nicht genannt, und ich war höflich genug, nicht danach zu fragen: Es gab nämlich keinen! Bis heute gab es niemals ein direktes klärendes Gespräch. Wäre die Kulturpolitik meiner Abteilung gescheitert, wäre das vielleicht ein Grund gewesen, aber sie war doch offensichtlich erfolgreich.

Am 31. Juli 2003, meinem letzten Arbeitstag als Abteilungsleiter, fand nachts 23.45 Uhr unter dem Pferdeschwanz von König Johann auf dem Theaterplatz die Übergabe der Amtsgeschäfte von Christoph Albrecht an seinen Nachfolger Gerd Uecker statt, mit Honeckers Schlüssel zur Wiedereröffnung der Semperoper im Februar 1986. Theaterleute haben Sinn für theatralische Aktionen. Als Christoph Albrecht offiziell einige

Tage später im Rundfoyer der Oper verabschiedet wurde, bedankte er sich ausdrücklich nur bei Prof. Meyer, Frigga Schnackenburg und mir als seinen Getreuen im SMWK.

Ich räumte also mein Zimmer, zog am 1. August 2003 in die kleinere 117 und ließ es mir gut gehen. Denn ich hatte nichts mehr auszustehen, Titel und Gehalt blieben, und de facto war ich weiterhin Abteilungsleiter, aber ohne Verpflichtung, weil die Damen und Herren alleweil zu mir kamen, um Probleme zu besprechen, die mein Nachfolger, Dr. Hans-Werner Schleicher, ein bayerischer Finanzbeamter, nicht beantworten konnte. Es kam außerdem, wie schon berichtet, der Persönliche Referent, um mich für Reisen zu gewinnen. Im Schloss Forder- und Hinterglauchau waren Literatur-Tage zu eröffnen. Ich traf im Schlosshof einen alten Bekannten, den Landrat Dr. Tassilo Lenk, der mich mit einem hintergründigen Lächeln begrüßte: *„Das ist aber schön, dass Sie kommen!"* – mit einer vielsagenden Betonung auf *„Sie"*. Hier zeigte sich, dass ich einen guten Ruf im Lande hatte, besonders bei den Landräten und Bürgermeistern, die mich alle noch sehr gut kannten und nicht vergessen hatten, wie ich mich für Kommunen und Kreise eingesetzt hatte. Zugleich konnte ich nach manchen Reisen Anregungen an das Wirtschaftsministerium geben, das für die Werbung für Städte, Denkmale, Landschaften oder Sehenswertes am Rande der Autobahnen auf braunen Tafeln zuständig ist. In diese Zeit, Frühjahr 2004, fällt auch eine Entwicklung, die mit Bernard Haitink zu tun hat. Nach dem unerwarteten, viel zu frühen Tod von Giuseppe Sinopoli im April 2001 war es dem Chefdramaturgen der Staatskapelle, Eberhard Steindorf, einem meiner Kommilitonen aus Leipzig, gelungen, den Ruheständler Haitink ab Oktober übergangsweise als Chef der Kapelle zu verpflichten. Haitink: *„Ich mache das nur der Kapelle zuliebe."* Als ich das aus dem Opernhaus hörte, eilte ich zu Prof. Meyer, um ihm die Kunde zu überbringen und bat ihn, Haitink umgehend zu begrüßen. Er nahm mich sofort mit, wir begrüßten den ehemaligen legendären Chefdirigenten des Concertgebouw-Orchesters, die Herren machten sich bekannt, so dass Haitink wusste, wer sein Dienstherr war. Haitink wollte seine Tätigkeit nicht als Dauerlösung verstanden wissen, und die Staatskapelle, die ihr uneingeschränktes Privileg in der Wahl eines Chefdirigenten hatte, entschied sich für den nächsten Italiener, Fabio Luisi (zumal viele Italiener in der Vergangenheit diesen Posten innegehabt hatten), doch der war für den Chefdramaturgen des Orchesters, Eberhard Steindorf, eine Klasse zu gering. Luisi dirigierte nur die Wiener Symphoniker, das zweite Orchester Wiens. Wenn nun die Staatskapelle Dresden in Wien gastiert mit einem Dirigenten, der dort nur das zweite Orchester leitete, dann war die gottgewollte Ordnung in Gefahr. Also wurde Haitink in Marsch gesetzt, der sich in solche Nachfolgerfragen gern einmischte, und er schrieb am 17. Februar 2004 einen Offenen Brief an die Kapelle, den er auch Rößler zukommen ließ.

Darin beklagte er einerseits, dass der Intendant Gerd Uecker nun die Planungen der Kapellkonzerte selbst übernehme, und andererseits war er mit dem Ergebnis der Wahl Luisis durch die Kapelle unzufrieden, dem er höchstens Opernaufführungen, aber keine Konzerte zubilligte. Er riet der Kapelle dringend zu einer Neuwahl. Der Intendant war jedoch gezwungen zu handeln, da er kein Interregnum zwischen Haitink und Luisi zulassen konnte.

Roswita Schumann, wie ich degradiert, saß als Postbotin im Ministerbüro und überblickte aus ihrer intimen Kenntnis sofort das Problem und ließ mir den Brief als Erstem zukommen. Ich beriet mich mit Dr. Günther Beick, der für die Staatstheater zuständig war, und bat ihn dringend zu erwirken, dass der Ball flach gehalten werden müsse. Rößler bestellte den Intendanten ein, um diesen Skandal zu lösen. Der höfliche Herr Uecker wies ihn auf die Rechtslage hin, also auf das alleinige Vorrecht der Kapelle bei der Dirigentenwahl. Ueckers Rat zur Zurückhaltung muss wohl gefruchtet haben, bis Rößler zu Sächsischen Kultur-Wochen, die Dr. Jürgen Uwe Ohlau in England organisiert hatte, nach London flog. Dort traf er sich auch mit Haitinks englischem Agenten, Mr. Campell-White. Es gibt keine Zeugen für dieses Gespräch, aber offensichtlich waren Worte gefallen, die Campell-White veranlassten, Haitink sofort in Japan zu verständigen, und dieser reagierte überdeutlich.

Was genau vorgefallen war, wird man nie erfahren. Ich erhielt jedenfalls kurz danach aus Japan einen Anruf mit einer Nummer auf meinem Display, die gar nicht aufhören wollte, Steindorf war am Apparat. Er bat mich dringend, ein Gespräch Rößler – Haitink zu veranlassen, denn es sei etwas ganz Schlimmes passiert und Haitink wolle sofort seine Tätigkeit beenden. Als der Dirigent dann mit Steindorf ins Haus kam, ging auch Dr. Beick in die Ministeretage, wurde aber nicht zugelassen. So existieren bis heute zwei Versionen des Vier-Augen-Gesprächs: Haitink: Er verlässt Dresden sofort – Rößler: Haitink bleibt bis 2009. Wochen später, im Herbst 2004, war Haitink weg, und Luisi trat sein Amt an.

Ich nutzte die Zeit bis zum Vorruhestand mit 63 Jahren, den ich schon früher vereinbart hatte, und half meinen Damen und Herren in der Abteilung. Als ich nach dem Urlaub wieder in den Dienst kam, sagte Ingeborg Hinow zu mir: *„Geh mal hinter in das Musikreferat, da sitzt jemand, den du kennst.“* Es begrüßte mich Rodica Tines, die ich seit 1991 nicht mehr gesehen hatte. Sie kam zur rechten Zeit: Sie hatte endlich wieder in das SMWK zurückgefunden, und ich hatte eine großartige Gesprächspartnerin, die alles wissen wollte. Selbstverständlich gab ich an sie mein ganzes Wissen über Musik und Kulturpolitik weiter, denn sie war eine sehr kluge Frau, die Zusammenhänge sofort verstand, der ich nichts zweimal erklären musste und die später sehr eigenständig und fantasievoll gearbeitet hat.

Mir war es wichtig, dass gerade im Musikland Sachsen auf der Stelle der Musikreferentin eine Person mit der besten Qualifikation saß, obwohl Rodica Tines keine studierte Musik-Fachfrau war. Sie war eine Musikkennerin und -Liebhaberin mit weitgespanntem Interesse für Musik, wenn auch manchmal sehr auf Richard Wagner fixiert, und eine kluge Juristin, mit dem Unterschied zu vielen ihrer Fachkollegen, dass sie komplexe juristische Sachverhalte in ganz normalem Deutsch verständlich formulieren konnte. Das hing sicher damit zusammen, dass sie als 18-Jährige die Ausreise ihrer deutschstämmigen Familie aus Ceaușescus Rumänien organisiert und ab 1978 sofort in Göttingen Jura studiert hatte. Nur bei verzwickten kulturpolitischen Argumentationen habe ich ihr manchmal geholfen. Als sie aus dem SMWK weggemobbt wurde, bekam sie von allen Partnern, mit denen sie zusammengearbeitet hatte, liebevolle, schmeichelhafte und bedauernde Abschiedsbriefe.

Irgendwann ging auch Rößlers kurze zweijährige Amtszeit zu Ende, im November 2004 vor den regulären Neuwahlen, die mit einer Großen Koalition die damalige Chemnitzer SPD-Kultur-Dezernentin Barbara Ludwig ins Amt der Staatsministerin für Wissenschaft und Kunst brachte. Am 11. November 2004 endete mein Dienst im SMWK. Ich sandte eine Rundmail an das gesamte Haus, außer an Rößler, der wegen der Regierungsneubildung nur noch Minister auf Abruf war. Er hatte mir eine offizielle Verabschiedung verweigert, obwohl mein Nachfolger ihn daraufhin angesprochen hatte. Einige Kollegen fingen mich noch an der Treppe ab und bedauerten meinen formlosen Abgang. Nur Rodica Tines hatte für einen schönen Ausklang gesorgt. Bei ihr war an diesem Tag das Kuratorium der Mitteldeutschen Barockmusik zu Gast, mit dem sie einen Besuch im Grünen Gewölbe, das kurz vor der offiziellen Eröffnung stand, organisiert hatte, und sie lud mich extra dazu ein. Das war ein würdiger Abschied.

Wenig später, am 16. November, hatte ich zu einer Abschiedsfeier alle meine Freunde und besten Kolleginnen und Kollegen aus dem SMWK ins Schauspielhaus eingeladen, und alle kamen. Der Leiter des Schauspielhaus-Restaurants sagte mit Blick auf die Gästeliste anerkennend: *„Das ist ja ein Who is Who des sächsischen Kulturlebens."* Meine Reaktion: *„Ja, was dachten Sie denn?"* Es kamen der Minister a. D., der Staatssekretär a. D., die Kulturdezernenten Dr. Georg Girardet aus Leipzig, Ulf Grossmann aus Görlitz, Intendant Wolfgang Schaller mit Sängerin Jessica Glatte, die als Überraschung und zu meiner großen Freude die

„Schatten-Aria" aus Meyerbeers „Dinorah" sang, es kamen Roswita Schumann, soeben wieder als Sekretärin ins Vorzimmer der Ministerin zurückgekehrt, die mich lächelnd am Arm nahm, es kamen natürlich viele meiner ehemaligen Mitarbeiter, es kamen Herr Langer, Dr. Volker Messtorf, Dr. Bärbel Stephan aus der Skulpturen-Sammlung, die strahlend berichtete, wie sie die Drucklegung des Katalogs einer Rietschel-Ausstellung so lange hinausgezögert hatte, bis Rößler nicht mehr im Amt war und kein Grußwort mehr unterzeichnen konnte. Ingeborg Hinow berichtete noch, dass sie mit ihrem Mann bei IKEA eine Gartenbank für mich kaufen wollte just zu der Zeit, als auch Eva und ich bei IKEA einkauften. Und listenreich mussten sie sich und das Überraschungsgeschenk meiner Abteilung verstecken. Das hatte Erfolg – wir haben nichts gesehen.

Am folgenden Tag, dem Buß- und Bettag, lud mich Ministerin Barbara Ludwig am Nachmittag ein. In 2 ½ Stunden erklärte ich ihr, wie das Ministerium tickt. Ich hoffe, ihr einige brauchbare Hinweise gegeben zu haben. Ich kam mir ein wenig, aber nur ein ganz klein wenig, vor wie Joseph Fouché, der vor dem Staatsstreich am 18. Brumaire Napoleon, dem unkundigen Rückkehrer aus Ägypten, in zwei Stunden die politische Situation in Frankreich erläuterte. Einer musste das machen. Als mich die Ministerin nach einer Personalie fragte und ob man der trauen könne, sagte ich: „Nein", und nach kurzer Zeit wurde die Stelle anders besetzt.

Bald merkte sie, wie die Abteilung Kunst nach meinem Ausscheiden arbeitete: Zur Eröffnung einer Ausstellung in der Leipziger **Galerie für Zeitgenössische Kunst** verlas sie ein Grußwort, das ihr eine Mitarbeiterin aus ihrem ehemaligen Chemnitzer Kulturamt formuliert hatte. Das Referat 2.2. war nicht mehr in der Lage, ein ordentliches Grußwort zu schreiben – Ergebnis des Qualitätsverlustes, den mein Nachfolger zu verantworten hatte.

Noch prekärer wurde es, als Dr. Knut Nevermann aus Hamburg, als SPD-Mitglied der SPD-Ministerin angedient, und als Staatssekretär nun einen weiteren SPD-Genossen aus dem SMF holte, Thomas Früh. Ich hatte ihn als Referendar im SMF schon gesehen, es aber für unmöglich gehalten, dass dieser einmal Abteilungsleiter Kunst werden würde. Das Parteibuch macht's möglich. „Wer zu Früh kommt, den bestraft das Leben", war im Nu im Kulturbereich verbreitet. Und es stimmte, ebenso wie mein interner Spruch: „Jetzt sind mal meine Nachfolger dran – die machen es eh schlecht genug." Für seine Kenntnisse der sächsischen Kunst sprachen u. a. seine schriftlichen Äußerungen: So stahl er dem Namen Mendelsson das h und klebte es bei Robert Schuhmann wieder an.

Obwohl ich ihn zu Beginn seiner Tätigkeit in einem langen Gespräch auf die Schwerpunkte der Arbeit hingewiesen hatte, begriff er nicht, was notwendigerweise durch die Abteilung nunmehr zu

Reiner Zimmermann

Der letzte Arbeitstag hat wieder Mut gemacht. Reiner Zimmermann, langjährig der Mann für die Kunst im Kunst- und Wissenschaftsministerium, begrüßte die neue Ministerin. „Es besteht Hoffnung, dass Barbara Ludwig die gravierenden Fehlentscheidungen ihres Vorgängers revidiert", sagt der 62-Jährige. So hält er die abgebürsteten Ideen der Theaterkommission wie die Fusion der Dresdner Bühnen für machbar. Notwendig ist sie, sollen die Einrichtungen überleben.

Mit Zimmermann geht einer der wichtigsten Kultur-Ermöglicher des Landes in Rente. Er tut das nicht freiwillig und er wird fehlen. Seine Kompetenz und ausgleichende Art, nicht nur die Leuchttürme zu bedenken, sondern auch die nicht institutionalisierte Kunst und die au-ßerhalb der Metropolen zu fördern, wird bei Kunstleuten geschätzt. Zimmermann ist in der Kultur verwurzelt. Einst Lektor bei der Edition Peters, kam er über die Landesbühnen Sachsen 1986 zu den Dresdner Musikfestspielen, bis er 1991 in das aufzubauende Kunstministerium wechselte. Die Kenntnis der Materie und der stetige Kontakt zu den Kunstschaffenden prägte seinen Arbeitsstil – nicht die rechtliche Auslegung vom Schreibtisch aus. Ohne Zimmermann würde es das bewährte Kulturraumgesetz so nicht geben. „Es war eine schöne und anstrengende Arbeit", ist das Fazit seiner mit dem heutigen Wissen segensreichen Zeit unter dem ersten Kunstminister Hans-Joachim Meyer.

Der Kunst bleibt Zimmermann verbunden. Er ist nicht nur im Neuen Sächsischen Kunstverein aktiv. Buch-Projekte über Künstler und ihre Spuren will er realisieren. (SZ/bkl)

Beitrag in der „Sächsischen Zeitung" zur Verabschiedung von Dr. Reiner Zimmermann, September 2003

tun war. Als Margita Herz ihn mit seinem Mann in Marienberg traf und ihm sagte, wie sehr sie sich freue, dass er zur Eröffnung des Erzgebirgischen Musikfestes gekommen sei, offenbarte er seine Unkenntnis. Sein Besuch in Marienberg war reiner Zufall. Im Theater oder im Konzert sah ich ihn nur sehr, sehr selten.

In der „Sächsischen Zeitung" erschien nach meinem Abschied ein kleiner freundlicher Artikel von Bernd Klempnow über meine Verdienste, in dem ich zitiert wurde, dass die Ministerin Ludwig nun die Fehlentscheidungen ihres Vorgängers korrigieren müsse. Dazu gab es eine Reaktion aus dem SMWK: Die Leiterin des Personalreferats beschwerte sich bei der Ministerin über diese ungebührliche Äußerung. Als ich bei der Ministerin saß, wurde diese Sache kurz erwähnt: Sie bestätigte, dass ich als Beamter gewisse Rücksichten zu nehmen habe, ich nickte, und daraufhin klappte sie meine Personalakte, die man ihr vorgelegt hatte, einfach zu.

Ziemlicher Unruhestand

2005 beauftragte mich Ministerin Barbara Ludwig mit einer Kommission ein Gutachten „Theater und Orchester in Sachsen" zu erarbeiten. Ich holte Rolf Stiska, meinen Kollegen Rolf Lettmann aus Erfurt und Dr. Ohlau herzu, und wir fertigten das Gutachten an, das wir 2007 der neuen Ministerin, Eva Maria Stange, übergeben konnten – sie folgte auf Barbara Ludwig, die zur Oberbürgermeisterin in Chemnitz gewählt wurde. Ich zog zeitweise wieder ins Ministerium ein.

Ebenfalls in die Zeit nach meinem offiziellen Dienstende fiel ein weiteres „Gutachten", das auf einer absurden Idee aus der Haushaltabteilung des Finanzministeriums beruhte. Wir sollten prüfen, ob Staatsschauspiel und Staatsoperette unter einem Dach unterzubringen seien. Die Kollegen im SMF vermuteten, dass beide Häuser wegen der Staats-Vorsilbe den gleichen Rechtsträger hätten, so dass eine Zusammenlegung unproblematisch wäre (die Staatsoperette erhielt ihren Titel jedoch in den 1950er Jahren aus „kosmetischen" Gründen, obwohl es völlig gleichgültig war, ob die Staats-Silbe nun davor zu lesen war oder nicht).

Die Intendanten Holk Freytag und Wolfgang Schaller waren natürlich mit allerhand künstlerischen und organisatorischen Argumenten dagegen, aber derlei zog bei den Finanzbeamten grundsätzlich nicht. Eines Tages brachte Holk Freytag seinen Bilanzbuchhalter, Sven Peschel, mit. Der wickelte eine lange Excel-Kladde aus und bewies bis in die letzten finanziellen Einzelheiten die Absurdität des Planes. So leise habe ich die Beamten aus dem SMF selten erlebt. Das Ganze fiel einfach zusammen und wurde nie wieder erwähnt.

Als Eva und ich 2009 Madeira besuchten, trafen wir ein Ehepaar mit Kind. Der Herr sprach mich an: *„Sie werden mich auf Madeira jetzt nicht vermuten, ich bin Herr Peschel ..."* Und während wir auf den brausenden Atlantik schauten, erinnerten wir uns schmunzelnd des damaligen „Sieges".

2009 gründete ich mit einigen Kollegen aus der Musikwissenschaft das „Institut zur Erforschung und Erschließung der alten Musik e.V." und ich wurde Editionsleiter der Reihe „Denkmäler der Tonkunst in Dresden", die bisher (2022) 27 Titel veröffentlicht hat.

2015 begann Eva – zusammen mit meinen Weggefährten Heidrun Müller, Margita Herz, Wolfgang Schaller und Matthias Theodor Vogt – mit einem geheimnisvollen Projekt, von dem ich nichts mitbekam und nichts ahnte: Sie bereiteten eine große Ehrung zu meinem 75. Geburtstag vor. Wie Eva es geschafft hat, ohne auch nur ein Wörtchen zu verraten, mir ein Jahr lang die umfangreichen Vorarbeiten für eine Festschrift und einen Empfang im Kulturrathaus vorzuenthalten, bleibt ihr

Geheimnis und spricht für ihre konspirative Begabung. Nur eine Veranstaltung am 28. November 2016 wurde legal vorbereitet: Eine Diskussion in der Sächsischen Akademie der Künste „Wohin mit der Kultur" mit Prof. Meyer, Rektor Wilfried Krätzschmar, mir und Hans-Peter Lühr als Moderator. Alle meine Gäste vom Empfang wechselten nur in den Nebenraum im Kulturrathaus. Ich bedankte mich bei meinen vielen Gästen mit folgendem Schreiben:

„Nach den beiden Tagen voller Überraschungen anlässlich meines Geburtstages wurde allmählich das ganze Ausmaß der Konspiration deutlich, mit dem dieser Ehrentag von langer Hand vorbereitet wurde. Tatsächlich hatte ich nur lückenhafte Informationen über einen Empfang, zu dem ich einige Namen beitragen sollte. Und ich dachte, dass die unentwegte Tätigkeit meiner lieben Frau am PC, in einer gelben Mappe, am Telefon und bei Sitzungen des FKZ – Festkomitee Zimmermann - (welchen ich für Freundeskreis Kirchenmusik in Kreischa hielt und daher nicht hinterfragte) ausschließlich mit dem Empfang zu tun habe. Einen solchen Festakt kann man natürlich auch umfänglich vorbereiten: Es erklingt Musik, ich höre schmeichelhafte Reden, und dann bleibt eine schöne Erinnerung. Aber dass diese Erinnerung ganz lebendig bleibt durch das gedruckte Wort – das war das schönste Geschenk und die größte Überraschung für mich, weil dadurch nicht nur ein wichtiger Teil meiner Biografie festgehalten ist, sondern auch meine Tätigkeiten aus den verschiedensten Perspektiven der vielen Stimmen gespiegelt wurden."

Eva hatte mir zum Geburtstag die Druckvorlage der Festschrift mit einem „Making of" in einer Mappe übergeben, aus der ich ihre umfänglichen Bemühungen und die Reaktionen ihrer Mitstreiter vergnügt zur Kenntnis nehmen konnte.
Über die Beiträge in der Festschrift habe ich mich sehr gefreut, spiegeln sie doch wider, wie mich meine Zeitgenossen im Amt gesehen haben. Das war recht schmeichelhaft für mich.

Das Dresdner Schloss –
Monument sächsischer Geschichte und Kultur

Der Westflügel

Im Mai 2015 begann nochmals eine aufregende Tätigkeit, mit der ich niemals gerechnet hätte. In der Pause des Festaktes „30 Jahre Semperoper" im Februar 2015 sprach mich Ludwig Coulin an, ob ich an einer Mitarbeit in der Gestaltungskommission zum Ausbau des Westflügels im Dresdner Schloss Interesse hätte. Ich zögerte nicht und sagte zu. Also fuhr ich zu einer Besprechung in die Königsbrücker Straße. Nachdem ich Ludwig Coulin und Holger Krause in der dortigen Niederlassung I des Sächsischen Immobilien- und Baumanagements (SIB) verlassen hatte, war ich Vorsitzender der Kommission. SIB ist verantwortlich für die Planung und Ausführung der staatlichen Baumaßnahmen. Deshalb war schon beim Wiederaufbau des Grünen Gewölbes eine solche Kommission einberufen worden, die alle Entscheidungen diskutierte, bevor sie beschlossen wurden. Die Rekonstruktionsaufgaben sind so komplex, dass SIB sie nicht allein verantworten will und kann.

Schon 2007 war mit Beginn der Arbeiten an den Paraderäumen im zweiten Obergeschoss des Westflügels im Schloss eine Gestaltungskommission berufen worden, die bis zum August 2010 tagte. Dann sperrte Finanzminister Georg Unland die Gelder, so dass fast alle Arbeiten im Schloss zum Erliegen kamen. Durch die tatkräftige Hilfe des damaligen Bundestagsabgeordneten und jetzigen Ministerpräsidenten Michael Kretschmer, der 2013 die Bundesbeauftragte für Kultur und Medien, Monika Grütters, von der Notwendigkeit einer Bundesbeteiligung überzeugte, gelang es, den Bund für den weiteren Ausbau des Schlosses zu interessieren. Das betraf den Ausbau des Georgentors, den Kleinen Ballsaal, den Langen Gang sowie den Westflügel. Wenn der Bund den Berlinern schon das ganze Schlüter'sche Schloss finanziert, war besagte Beteiligung nur allzu gerecht. Diese Kofinanzierung war ein Segen, denn sie zwang den sächsischen Finanzminister, endlich die Landesmittel freizugeben, da andererseits der Bund seine Mittel blockiert hätte.

So fingen 2013 die Vorbereitungsarbeiten wieder an – nach vier verlorenen Jahren – und eine zweite Kommission musste berufen werden. Es gab gesetzte Mitglieder: Die Landeskonservatorin Prof. Rosemarie Pohlack, den Generaldirektor der SKD Hartwig Fischer, den Direktor der Rüstkammer Dr. Dirk Syndram, die Direktorin des Kunstgewerbemuseums Tulga Beyerle, den Leiter der Niederlassung I des SIB Ludwig Coulin, den verantwortlichen Bauleiter im Schloss Holger Krause sowie weitere Experten wie Prof. Dr. Heinrich Magirius, langjähriger Erforscher der Baugeschichte des Schlosses, Horst Witter, Architekt des Bärengartenflügels, Hans-Christian Klenner aus Potsdam, Chefrestaurator der Stiftung Preußische Schlösser und Gärten, Hans-Christoph Walther, Chefrestaurator im Auftrag des SIB, der meterweise Dokumentationen zu allen Rekonstruktionsmaßnahmen in 30 Jahren unermüdlicher Arbeit gesammelt hatte, Dr. Sabine Schneider, welche die Rekonstruktion der Paradetextilien erforschte und organisierte, Christiane Ernek-van den Goes, die kenntnisreichste Mitarbeiterin im Kunstgewerbemuseum, Dr. Jutta Charlotte von Bloh, Oberrestauratorin für Kostüme in der Rüstkammer, dazu Jens-Uwe Anwand, Architekt, Prof. Thomas Will, Lehrstuhl Architektur an der TU Dresden und Sylvia Noack, unentbehrliche Sachbearbeiterin im SIB und Protokollantin, die mich mit einem halben Meter Akten, mit der EW Bau, der Entwurfsplanung Bau, ausstattete. Es kamen, abhängig vom Thema, weitere Spezialisten hinzu: Restauratoren, Mitarbeiter von Max-Planck-Instituten und Museumsfachleute aus verschiedenen Sparten.

Diese Ansammlung von hochspezialisierten Fachleuten sollte ich ergebnisorientiert leiten, obwohl ich von Fragen des Baus, der Rekonstruktion historischer Gebäude und Räume noch keine Ahnung hatte. Nur über die historische Dimension des Westflügels wusste ich Bescheid. Ich hatte im Rahmen der „Denkmäler der Tonkunst in Dresden" zwei Partituren herausgegeben, die Ouvertüren zu den Opern „Giove in Argo" und „Teofane" von Antonio Lotti, die dieser anlässlich der Hochzeit von Friedrich August II. mit der Habsburger Prinzessin Maria Josepha im September 1719 aufgeführt hatte.

Ich recherchierte die Daten der Aufführungen gründlich, die letztlich deckungsgleich waren mit den Forschungen von Dr. Schneider über die Prachttextilien, welche August der Starke in jenen Wochen getragen hatte. So waren mir wenigstens die historischen Zusammenhänge einigermaßen bewusst. Doch befasste ich mich zunehmend mit all den technischen und restauratorischen Problemen, da ich als Vorsitzender mich erstens nicht vorführen lassen wollte, zweitens eine Meinung haben sollte, drittens die oft widerstrebenden Meinungen der anderen Kommissionsmitglieder zusammenfassen und viertens einen bindenden Beschluss formulieren musste. In diesen Monaten behinderte mich zwar meine Kehlkopfentzündung beim Sprechen sehr, aber alle waren rücksichtsvoll und hörten auf mich. Im Finanzministerium wurden die Protokolle sehr aufmerksam gelesen, und gelegentlich der Übergabe des sanierten ersten Geschosses im Georgenbau an die SKD sprach mich eine langjährige Sachbearbeiterin aus der Bauabteilung an, die alles über den Bau des Schlosses wusste, Inka Hüning. Sie begrüßte mich als alten Bekannten und erklärte, dass sie meine Arbeit sehr genau verfolge. Sie wurde eine getreue Begleiterin meiner Tätigkeit. Für Generaldirektor Hartwig Fischer war die historisch getreue Rekonstruktion der Räume allerdings ein Gräuel. Er hatte nach seinem Amtsantritt 2011 öffentlich im „Tagesspiegel" gegen die in Dresden vorherrschende Tendenz, historische Sachverhalte durch Rekonstruktion zu verschleiern und Widersprüche zuzudecken, polemisiert. Er wollte, dass die „Wunden des Krieges" sichtbar blieben, bedauerte, dass das Grüne Gewölbe historisch getreu entstanden war, forderte, dass West- und Nordflügel nicht weiter historisch genau rekonstruiert werden und dass die beschädigten Reste der einst prachtvollen Innenausstattung an den „kriegsgeschwärzten Mauern" aufgehängt würden. Das erwies sich nun allerdings als ein Hintertreppenwitz der Geschichte. Einerseits handelte es sich nicht um kriegsgeschwärzte Mauern, sondern um einfach nachgedunkelten DDR-Beton (es gab hier keinen westdeutschen Sichtbeton!), der 1986 den weiteren Verfall der Mauern aufhalten und durch Schließung von Decken die Räume für eine provisorische Nutzung sichern sollte, und zweitens hatte der Bund seine Finanzierungszusage nur unter der Bedingung der 1983 (!) vorgelegten Denkmalpflegerahmenzielstellung gegeben, so dass die 2009 begonnenen Maßnahmen 2013/14 ungehindert fortgesetzt wurden. Fischer versuchte indessen durch die Hinzugewinnung von ihm bekannten Experten wenigstens eine Verlangsamung oder ein Aufweichen der Zielstellung zu erreichen, indem er mir häufig Personal-Vorschläge unterbreitete, die ich als nicht zuständig an SIB weiterleitete, wo ihm erklärt wurde, dass nur durch SIB als Bauträger die Berufung der Kommissionsmitglieder erfolge. Ludwig Coulin ließ sich in der Erfüllung seiner Lebensaufgabe nicht beirren.

Wir tagten, nachdem wir die leeren Paraderäume durchmessen hatten, im ebenfalls leeren Audienzgemach an einem großen Tisch und verließen ihn nur, um über Kleines und Großes Bilderkabinett ins Paradeschlafzimmer zu gelangen, wo 2009 eine Probeachse eingerichtet und nun wieder aufgebaut worden war. Diese Probeachse enthielt alle innenarchitektonischen Elemente der künftigen Pracht und war sehr wertvoll, wenn theoretische Diskussionen ins Uferlose abzudriften drohten, da sie die Grenzen und Möglichkeiten praktisch aufzeigte.

Zu meiner ersten Sitzung am 20. Mai 2015 keuchten wir noch ins dritte Obergeschoss im Nordflügel, wo Generaldirektor Fischer Ludwig Coulin fragte, wer die Sitzungen künftig leiten werde, und es wurde auf mich verwiesen. Das war keineswegs in Fischers Sinn, aber er musste sich fügen. Für mich begann nun eine interessante Zeit, das allmähliche Wachsen dieses höchst anspruchsvollen Projekts zu begleiten. Jede Einzelheit, jeder Stoff, jeder Nagel, jeder Farbton, jedes Material, jedes

Möbel, alles, was heute zu bewundern ist, musste diskutiert und bestätigt werden. Die Damen und Herren der SKD wollten ihre Maximalforderungen durchsetzen und trafen auf den Widerstand der Baufachleute, die einen finanziellen Rahmen von 36 Millionen Euro einhalten mussten. Er ist eingehalten worden!

Zu Beginn aller folgenden Sitzungen predigte ich deshalb: Ich möchte keine Berlin-Brandenburgischen Flughafen- oder Elb-Philharmonie-Hamburg-Verhältnisse: zu lange Bauzeit und Verzehnfachung der Kosten. Uns saß ein fester Termin im Nacken: der 28. September 2019, der 300. Jahrestag der Fürstenhochzeit. SIB plante und arbeitete wie immer äußerst diszipliniert, trotz der Schwierigkeiten, die einerseits die SKD verursachten und andererseits auch wegen hoher Belastung qualifizierter Baubetriebe. Die erfolgreichen Arbeiten am Grünen Gewölbe hatten für SIB Qualitätsstandards gesetzt, die sie nicht unterbieten wollten. Das mahnten Ludwig Coulin und Holger Krause immer wieder an.

Damals war SIB auch für die Sanierung und Neugestaltung der Möbel verantwortlich. Man beauftragte hochqualifizierte Handwerks-Betriebe, die z. T. noch bereitstanden. Doch Tulga Beyerle, Direktorin des Kunstgewerbemuseums in Pillnitz, wusste es besser. Zwei Jahre rang sie über das SMF mit SIB, um die Rekonstruktion der kostbaren Augsburger Silbertische, der seltenen Boulle-Toilettenkoffer u. a. in die eigenen Hände zu bekommen. Ich fragte häufig nach dem Bearbeitungsstand, aber Frau Direktor war niemals auskunftsfähig, weil sie nichts unternahm. 2018 – ein Jahr vor der Eröffnung der Paraderäume – verschwand sie in ein Museum Richtung Hamburg, ohne auch nur einen Handschlag für diese langwierigen Rekonstruktionen gerührt zu haben. Sie schrieb einen Abschiedsbrief, den Dr. Ulf Nickol, Nachfolger von Ludwig Coulin, verlesen sollte. Er weigerte sich, so dass Christiane Ernek-van den Goes es übernahm. Ich ließ ausdrücklich ins Protokoll aufnehmen: *„Wurde ohne Diskussion zur Kenntnis genommen."*

Nun war guter Rat teuer: Es wurde sogleich die Firma Pro Denkmal engagiert, die saubere Arbeit lieferte, die aber die Möbel nicht mehr rechtzeitig zur Eröffnung in die Paraderäume stellen konnte. Sie werden nach und nach aufgestellt. Vielen Dank, Frau Beyerle.

Heftige Diskussionen gab es auch um die Vitrinen: In der Rüstkammer haben die kostbarsten Kleider Augusts des Starken, aus Gold und Silber gewirkt, überlebt. Sie sind ein einmaliges Konvolut, auf das die Oberkonservatorin Charlotte von Bloh zu Recht stolz sein konnte. Aber für sie gab es nur diese Prunkgewänder, sonst nichts. Sie forderte hohe Vitrinen, damit wir den Kopf vor den Kleidern heben müssten, auf denen man sich noch das Haupt des Kurfürsten, seine Perücke und sicher auch noch seinen Hut vorzustellen habe (obwohl alle zeitgenössischen Bilder von Innenräumen die Potentaten ohne Hüte zeigten). Die Vitrinen wuchsen in den beiden Retiraden, die 6 Meter hoch sind, ins Unermess-liche, kamen in Konflikt mit den Kronleuchtern und waren sehr teuer. Da half das Finanzministerium, trat auf die Kostenbremse und unter-sagte den Bau solcher Vitrinen. Mir widerstrebt es als Demokraten, vor einem Popanz den Kopf zu heben. Jetzt haben die Vitrinen mensch-liches Maß, man kann in Augenhöhe vor den kostbaren Garderoben stehen und die wunderbare handwerkliche Kunst der Stoffwirker direkt aus der Nähe bewundern. Preiswerter ist es allemal.

Noch grotesker war die Vorstellung von Blohs, die Statue Augusts im Krönungsornat mit einem fünf Meter langen Krönungsmantel in eine fünf Meter große Vitrine einzuschalen. Auch das wurde verhindert, und jetzt kann man ganz nahe an den Kurfürsten herantreten. Dr. Syndram hatte sich nie in den Sitzungen gegen seine Oberkonservatorin ausge-sprochen, er verschob das immer auf seine internen Besprechungen mit Holger Krause. Mit Erreichen des Rentenalters verließ von Bloh sofort die Kommission. Auch Hartwig Fischer verließ die Kunstsammlungen: Er hatte sich nach London ans British Museum beworben. Seine Nach-folgerin, Dr. Marion Ackermann, hatte zwar ihre eigenen Gedanken zur Rekonstruktion, behielt sie aber für sich und versicherte mir, dass sie sich in die bisherige Konzeption nicht einmischen wolle. Sie besuchte nur eine Sitzung und überließ die Entscheidungen Syndram wie bisher. Worum ging es? Hans-Christoph Walther und viele andere hatten eine Vielzahl von Artefakten gesammelt und identifiziert, so dass der Ge-danke einer Rekonstruktion nach den Originalen bzw. mit ihnen selbst nahelag. Beispielsweise waren ca. 80 Prozent der originalen Prunktex-tilien aus dem Audienzgemach erhalten geblieben. Ein solch einmali-ger Schatz hat seine eigenen Konsequenzen: Er muss aufgearbeitet, d. h. gesäubert, zurückhaltend ergänzt und durch neue angeglichene Teile komplettiert werden. Mit den Möbeln, Gemälden, Spiegeln, Gemälden, Leuchtern – alles zerbeult, beschädigt, zerbrochen überliefert – mit Res-ten von künstlichem Marmor in den Konchen des Eckparadezimmers, von Bruchstücken der Marmor-Gewände der Türen und Kamine und vielem anderen mehr war ein reichlicher Originalbestand vorhanden, der eine Ergänzung auf der Höhe der Originale zuließ. Die Paraderäu-me konnten in einer Qualität wiederhergestellt werden, die einmalig in Europa ist. Weder Versailles noch das Palais des Prinzen Eugen in Wien (in manchem ein Vorbild für die Paraderäume) können da mithalten.

Die Rekonstruktion des Grünen Gewölbes hatte in Bezug auf diese Ori-ginalnähe einen Standard gesetzt, hinter den SIB und Denkmalpflege nicht zurückfallen wollten. Entgegen dümmlichen Behauptungen, wie ich sie schon in meinem Aufsatz zum Schloss zitiert habe, wurden nur einige Raumensembles nach dem originalen Bestand wiederhergestellt. Es war eine kluge Entscheidung, die vor Jahrzehnten getroffen worden war, nicht das gesamte Schloss im Original (in welchem?) zu rekonstruieren, sondern sich auf wenige, politisch wie kunsthistorisch herausragende Raumensembles zu beschränken.

In diesem Sinne waren alle Sitzungen der Kommission auch für mich ein großer Gewinn, wenn z. B. Dr. Sabine Schneider vom Büro für Denkmalpflege Schneider und Küster in Leipzig mit unglaublicher Energie und Akkuratesse, aber mit leiser Stimme die Ergebnisse ihrer Forschungen und die Proben der Nachbildungen der Paradetextilien vorlegte, wenn Bert Müller die Ergebnisse seiner Hinterglasmalerei an den Spiegelrahmungen oder Andrej Meyer seine Untersuchungen der Einzelteile der Schmuckrahmen der Spiegel vorstellten. Die Kommission zog dann in die „Werkstatt" im Propositionssaal, in der die Restauratoren arbeiteten, oder in den Großen Ballsaal, wo die fünf Meter langen Wandbespannungen per Hand zusammengenäht und ausgehängt wurden, während im Turmzimmer bereits die Stuckateure arbeiteten. In beide Räume wurde dann auch der Ministerpräsident bei Presseterminen geführt, um ihm die Restaurationsergebnisse vorzuführen. Auf Kretschmers Frage nach der Eröffnung blieben die Antworten der SIB-Mitarbeiter optimistisch vage.

Ich habe vom 20. Mai 2015 bis zum 3. September 2019 25 Sitzungen geleitet. Für mich waren sie ein wunderbares Alibi gegenüber allen, die mit irgendwelchen unliebsamen Ablenkungen zu mir kamen: Ich war immer beschäftigt, auch wenn die Sitzungen doch nur jeden Monat einmal stattfanden. Aber zwischendurch besuchte ich immer wieder Herrn Walther in seinem Büro im dritten Obergeschoss des Schlosses, er öffnete seine Aktenschränke und ich hatte uneingeschränkten Zugang zu den Akten. Denn ich wollte mich vergewissern, um fachlich informiert zu sein. Ich traf Prof. Thomas Will, Inka Hüning, ich besuchte die Baustelle mit meinem „Sesam öffne dich", einer persönlichen Berechtigungskarte der SKD und des SIB, die mir (und Eva) unbeschränkten Zugang zu allen Ausstellungen ermöglichte. Ich war einfach gern im Schloss, bewunderte das Können der Bauhandwerker und verfolgte das allmähliche Entstehen der kurfürstlichen Pracht.

Tatsächlich hatte SIB Probleme mit dem Endtermin. Der war gesetzt: 28. September 2019. Vier Wochen zuvor sah alles noch etwas unfertig aus, aber die Handwerker vieler Gewerke wuselten durch die Räume. Schon in der Sitzung am 15. November 2018 kamen erste Bedenken auf, ob der Termin zu schaffen sei. Wir überlegten einen Plan B. Ich schlug vor, nach alter DDR-Praxis pünktlich zu eröffnen und dann gleich wieder zwecks Weiterarbeit zu schließen. Das wollte man nicht. Ich ließ eine Notiz ins Protokoll setzen, die der Diskussion Rechnung trug: *„Die Kommission ist sich einig, dass die beschlossenen Maßnahmen keinen Endzustand darstellen dürfen (der von einigen unkundigen Pragmatikern gefordert werden könnte). Denn es ist von Anfang an eine fadengetreue Rekonstruktion angestrebt worden, die in vielen Einzelbereichen bereits realisiert ist. Hinter dieses Niveau gibt es kein Zurückgehen. Da man sich andererseits in einigen Teilbereichen zeitweiligen Verzögerungen stellen muss, die bis zum Eröffnungstermin aus verschiedenen Gründen nicht aufgeholt werden können, sollen die unten aufgelisteten Maßnahmen nicht den Eindruck erwecken, dass die Aufgaben sowieso nicht geschafft werden. Sondern es wird die Chance genutzt, die Komplexheit der Rekonstruktion auch an unfertigen Teilen anschaulich zu machen. Das Ergebnis einer kompletten Fertigstellung könnte diesen Prozess gar nicht mehr darstellen. Deshalb sollen die Ersatzlösungen gut erkennbar ausgezeichnet und erläutert werden. Sie verschaffen jedem Betrachter einen Einblick in die komplizierten und zeitaufwändigen Prozesse, die in einer getrennten Dokumentation niemals so anschaulich vermittelt werden können wie beim Vergleich zwischen Überlieferungszustand oder zeitweiligem Ersatz und Rekonstruktion, die sich nebeneinander befinden. Damit wird eine frühere Forderung, die Exponate vor den ,rußgeschwärzten Mauern des Krieges' mit ihrer über 70-jährige Geschichte und den Versehrungen des Krieges unsaniert zu präsentieren, vollkommen obsolet. Denn damit kann kein Prozess dargestellt werden, der zeigt, wie die jetzige Generation einerseits mit den Kriegsfolgen und andererseits mit hohem Respekt vor der historischen Leistung der Erbauer umgeht.“*

Die „Ersatzlösungen" bezogen sich u. a. auf die bedruckten Tapeten der Schmuckbahnen im Ersten Vorzimmer, da die spanische Manufaktur mit der Produktion auf Jahre in Verzug war. Sobald eine neue Schmuckbahn fertig wird, ersetzt sie ganz unspektakulär das papierne Provisorium.

Letztlich wurde, wie es üblich ist, in den letzten Tagen und Stunden eifrig gewerkelt. Als Eva und ich am 27. September der Einladung zu einem Abendessen der SKD mit auswärtigen Gästen folgten, brannte im zweiten Obergeschoss des Schlosses noch Licht. Wie ich später erfuhr, wurden noch Spiegel montiert. Am Tag darauf eröffnete der Ministerpräsident in einem Festakt im Schauspielhaus den Westflügel. Im Gegensatz zum bisherigen Brauch gab es diesmal keine Vorab-Dankveranstaltung für die Bauarbeiter. Ich hörte es dort grummeln und bat Dr. Nickol dringend, einen solchen Abend zu planen, der dann am 8. November stattfand. Da hörte ich manchen, der seiner Frau oder Freundin voller Stolz erklärte: *„Das habe ich gemacht!"*

Der Nordflügel und die Schlosskapelle

Ich hatte den Nordflügel des Schlosses, bestehend aus Großem Ballsaal, dem nunmehr rekonstruierten Turmzimmer und dem Propositionssaal, im Laufe der Kommissionssitzungen immer wieder durchschritten und mich ausführlich informiert. Der Kleine Ballsaal im Georgenbau war Anfang 2019 eröffnet worden, und ich war begeistert von der Qualität, auch wenn viele die Nase rümpfen über den angeblichen Eklektizismus des 19. Jahrhunderts. Die Ausstattung dieses Raumes ist nichts weniger als eine Spitzenleistung dieses Jahrhunderts. Ich versäumte keine Gelegenheit, ihn zu besuchen und ihn allen Freunden zu empfehlen. Er machte mich neugierig auf den Großen Ballsaal. Und ich entdeckte auch hier originäre Leistungen und formulierte meine Erkenntnisse in einem Papier, das ich an viele Adressaten schickte:

„Die Staatsregierung hat 1997 in einem Kabinettsbeschluss über die Einrichtung von Museen der Staatlichen Kunstsammlungen im Dresdner Schloss ausgeführt, dass das Dresdner Residenzschloss ein ‚Monument der sächsischen Geschichte und Kultur' ist. Obwohl das Schloss über 400 Jahre politisches und kulturelles Zentrum Sachsens war, sieht die Wiederaufbaukonzeption nur die möglichst originalgetreue Wiederherstellung einiger weniger historisch bedeutender Raumensembles vor wie Historisches Grünes Gewölbe, Englische Treppe, Langer Gang, Paradeappartements im Westflügel und Nordflügel.

Der Nordflügel gehört zum Rundgang der Fest-Etage des 2. Obergeschosses, beginnend mit der Englischen Treppe und dem Riesensaal im Ostflügel. Im Gegensatz zum Westflügel mit den Repräsentationsräumen der Augusteischen Epoche zeigen die Paraderäume des Nordflügels die neuen künstlerischen und politischen Möglichkeiten des durch zwei Kriege nach 1763 bzw. 1815 geschmälerten Königreichs Sachsen.

Entscheidend für die künstlerische Konzeption der beiden großen Paradesäle des Nordflügels: Neuer Thronsaal (heute als Propositionssaal bezeichnet) und Großer Ballsaal war die Konstitution des Sächsischen Königreichs von 1831. Der erfahrene Altenburg-Gothaische Minister Bernhard von Lindenau, der 1830 nach Dresden berufen wurde, um die aufflammenden Volks-Unruhen zu besänftigen, erhielt gleichzeitig mit Hans Georg von Carlowitz den Auftrag, die Verfassung einer konstitutionellen Monarchie auszuarbeiten. Aus beiden Entwürfen entstand die neue Verfassung. Sie hatte u. a. zwei wichtige Aspekte: einmal verabschiedete sich Sachsen von den Großmachtträumen Augusts des Starken, zum anderen schuf sie die Grundlagen für ein sich wirtschaftlich rasch entwickelndes und liberales Land, da die nunmehr mögliche, vehement einsetzende industrielle Revolution in Sachsen große Auswirkungen auf alle Lebensbereiche hatte.

Sachsen war durch den Siebenjährigen Krieg sowohl der polnischen Krone als auch einiger Landesteile verlustig gegangen. Die weitsichtigen Männer des Rétablissements schafften es, ab 1763 Sachsen innerhalb von nur 12 Jahren zu einem ökonomisch starken Land zu machen. Nach dem Wiener Kongress verlor Sachsen wiederum Landesteile und spielte politisch im Reich nur noch eine geringere Rolle.

Daher besannen sich die Verantwortlichen: der seit September 1830 mitregierende Prinz Friedrich August, sein Bruder Prinz Anton sowie die Männer um Lindenau auf andere Tugenden, die Sachsen verblieben: auf Friedenssicherung, um durch den Erfindungsreichtum der sächsischen Bürger den Wohlstand des Landes zu mehren. Unter dem Kabinett Einsiedel waren bis 1830 durch Festhalten am überholten Stände-System sowie an traditioneller Kleinteiligkeit alle Wirtschaftsformen stark beeinträchtigt. Dem half die neue liberale Verfassung ab: Sie war die Voraussetzung für nachfolgende Reformgesetze wie Kommunalreform, die allen sächsischen Städten politische Selbstverwaltung und Gewerbefreiheit garantierte, Agrarreform, Reform der Staatsverwaltung, der Finanzen, der Justiz, des Militär- und Bildungswesens und die Vereinheitlichung des gesamten ökonomischen Gefüges durch die Einführung gleicher Maße, Gewichte, Münzen, wodurch Industrie und Handel sofort florierten. Landrentenbank und zuvor das Papiergeld des Rétablissements waren einmalige sächsische Innovationen, die von anderen Ländern als erfolgreiche Vorbilder übernommen wurden. Lindenau schloss zudem eine Zollunion mit Preußen. Plötzlich fuhr die Eisenbahn von Berlin über Dresden nach Prag. Außerdem garantierte diese Verfassung ein damals erstaunliches hohes Maß an Liberalität, so dass Österreich und Preußen argwöhnisch die bürgerlichen Freiheiten in Sachsen belauerten.

Als Friedrich August II. 1837 den Thron bestieg, beauftragte er den Düsseldorfer Maler jüdischer Herkunft Eduard Bendemann, der 1838 an die Dresdner Kunstakademie berufen wurde, ein Bildkonzept für die drei Räume des Nordflügels zu schaffen. (Bendemann bezog sich auch auf die umliegenden vorhandenen Räume wie die Loggia im Großen Schlosshof; sein Entwurf für das Turmzimmer kam nicht mehr zur Ausführung. Zum Ende des „Dritten Reiches" wurden die Wandgemälde Bendemanns von den NS-Rassisten zugehängt.) Die Düsseldorfer Malschule war wegen ihrer qualifizierten Maler und deren Erfahrungen mit großen Wandgemälden die erste Wahl im Deutschen Bund. Nachdem das Konzept vorlag, wurde der Hofbaumeister Otto von Wolframsdorf beauftragt, die Raumfassungen für den Großen Ballsaal und den Thronsaal zu schaffen: ein einmaliger Vorgang, da normalerweise die Ausmalung nach der Architektur erfolgte.

Die Entwürfe entsprachen den christlichen, romantischen und streng rechtlichen Vorstellungen des Königs, jedoch aus Sicht eines Bürgers, der von progressiven Ideen des romantisch-liberalen Zeitgeistes erfüllt war: Die Gemäl-

de sind nicht Ausdruck eines absolutistischen Herrscherwillens, sondern der Idee des Volkskönigtums verbunden und damit einmalig im Deutschland diese Zeit. Denn wo sonst außer im sächsischen Thronsaal bestand der König darauf, dass ihm als Souverän die ihn stützenden Stände direkt zugeordnet waren. (Bezeichnenderweise zog König Johann es vor, den Eckparadesaal als seinen neuen Thronsaal ausstatten zu lassen, damit er nicht von den Ständen, z. B. den Bauern, umgeben war.) Bendemann bezog bei der Darstellung des Bauernstandes auch ganz aktuelle Erlasse wie Beendigung des Frondienstes und Gemeinheitsteilungen von 1832 ein, die Lindenau gerade durchgesetzt hatte.

Grundlage hierfür war eine Agrarreform, deren Entwurf der Rittergutsbesitzer Karl Heinrich Ferdinand Schütze aus Schweta bei Döbeln 1831 bei Lindenau eingereicht hatte. Danach konnten sich die Bauern von Frondiensten freikaufen, indem der sächsische Staat eine Landrentbank einrichtete, die den Bauern langfristige und zinsgünstige Kredite über mehrere Generationen für die Ablösung der ca. 86 Millionen Taler von Diensten gegenüber den Grundherren gewährte. Die Bank bestand bis 1930 und schuf die Grundlage für einen leistungsfähigen sächsischen Bauernstand, der sowohl modern als auch effektiv produzieren konnte, da er die Mittel ökonomisch für Maschinen oder Düngemittel einsetzte, ohne von den Rückzahlungen belastet zu sein. Im Gegensatz dazu mussten in Preußen die Bauern ihr Land verkaufen und sich als Landarbeiter verdingen. (Erst der DDR war es ab 1952 durch die Zwangskollektivierung vorbehalten, den sächsischen Mittelbauernstand zu liquidieren.)

Für die Thronwand sah Bendemann historische Personen: Gesetzgeber und Könige mit deren vorbildhafter politischer Haltung vor, von der Saxonia überwölbt. Gegenüber dem Thron befanden sich die Allegorien der staatstragenden Stände: des Bürger-, Ritter-, Geistlichen und Bauern-Standes, ferner wird historischer Ereignisse gedacht sowie Bergbau, Handel und Naturwissenschaften dargestellt. Im Großen Ballsaal sind u. a. die vier Jahreszeiten, die neun Musen neben Allegorien der Künste und den Lebensaltern dargestellt: einmalige malerische Zeugnisse des Geschichtsverständnisses und des Stellenwerts der Künste in der Gesellschaft des mittleren 19. Jahrhunderts in Sachsen.

Die Raumfassung Otto von Wolframsdorf bietet in ihrer feinen floralen Gestaltung eine dekorative Spitzenleistung des 19. Jahrhunderts und einen adäquaten Rahmen für die Ausmalung (vergl. auch Kleiner Ballsaal).

Nach den Vorstellungen der Staatlichen Kunstsammlungen soll dort künftig 1. entweder eine Möglichkeit für Kinder geschaffen oder 2. barocke Festkultur des 17. und 18. Jahrhundert präsentiert werden, obwohl der Westflügel zu Recht die Festkultur Augusts des Starken in höchster und nicht zu übertreffender Qualität darstellt: ,In den beiden Sälen des Nordflügels erleben die Besucher künftig den höfischen Repräsentationskanon von der Renaissance bis zum Spätbarock. Mit Objekten, die in keiner anderen Sammlung Europas vorhanden sind, wird die Festkultur der Frühen Neuzeit – von Kurfürst August bis Friedrich August I. erlebbar. Diese Objekte der Hofjagd, der Hoffeste und Maskeraden waren von höchster Bedeutung für die Selbstdarstellung der Höfe.' (Zitat Vorwort zu Dresdner Kunstblätter 4/2019). Oder 3. besteht auch der nachvollziehbare Wunsch der SKD, zwei große Sonderausstellungsräume zu bekommen, die sich finanziell positiv auf die Bilanz der SKD auswirken und einer Rekonstruktion nicht im Wege stehen. Geeigneter für die fürstliche Jagd wäre das Schloss Hubertusburg, das die SKD schon seit Jahren mit hochkarätigen Ausstellungen bestücken, was zugleich eine bedeutende Aufwertung des Standortes Wermsdorf und des ländlichen Raumes bedeutete.

Es entspricht in keinem Fall der Funktion des Schlosses als Monument sächsischer Geschichte und Kultur, die bedeutendsten politischen und liberalen Traditionen Sachsens mit ihrem zukunftsträchtigen Potenzial, die sich in den beiden Paradesälen Friedrich August II. manifestieren, zu verschweigen und dafür fürstliche Sauspieße u. a. auszustellen.

Die Rekonstruktion der beiden Paraderäume des Nordflügels in ihrer hohen künstlerischen Qualität ist wegen der Vollständigkeit aller Quellen und den Erfahrungen mit dem wesentlich komplizierteren und kostenintensiveren Westflügel komplett mit Wandmalereien ohne Probleme zu realisieren. Deshalb ist es möglich, dass der Nordflügel als letzte größere Baumaßnahme und damit das gesamte Schloss in der gegenwärtigen Legislaturperiode abgeschlossen werden könnte.

Am Aufgang Treppenturm Nordwest wird eine Ecke mit dem kriegszerstörten Zustand von 1945 erhalten bleiben, die mehr aussagt als umständliche Erläuterungen. Es bietet sich weiterhin an, in beschränktem Maße Ausstellungsmöglichkeiten zu schaffen für das Entstehen des modernen liberalen sächsischen Staates auf der Grundlage

a) der Leistungen des Rétablissiments und
b) der Verfassung von 1831 in einer Ausstellung in einem der beiden Säle zu zeigen, zumal diese Verfassung bis Ende 1918 galt. Ihre Grundsätze standen auch 1990 bei der Wiederentstehung des Freistaates Sachsen Pate und garantieren eine freiheitlich-demokratische Grundordnung, die es heute umso mehr zu bewahren gilt.

Der Propositionssaal war 1831 der Thronsaal und derjenige Raum, in dem diese neue Verfassung beschlossen wurde.

Damit ist die politische Bedeutung des Nordflügels weitaus höher einzustufen als die des Westflügels, der eindeutig der fürstlichen Repräsentation diente, **während der Nordflügel für den Beginn der liberalen und modernen Traditionen des Freistaates steht.**

Gegenwärtig wird der Ausbau vorbereitet, der die Raumkubatur erhält, die Schmuckelemente wieder herstellt, allerdings ohne die originale Goldbemalung und ohne die Wiederherstellung der Wandgemälde. Dies soll zu einem späteren Zeitpunkt fortgesetzt werden."

Wer also begreift die politische Dimension dieses Nordflügels? Und wer begreift die historische Chance für die Schlosskapelle?
Sie sollte nach der Denkmalpflegerahmenzielstellung des Instituts für Denkmalpflege von 1983 ausdrücklich unter dem Gesichtspunkt der Wiederherstellung des einzigen authentischen Raumes für die Musik von Heinrich Schütz in die Rekonstruktion des Schlosskomplexes einbezogen werden. Sie war als die protestantische Hauptkirche in Sachsen und im Alten Reich geistliches und geistiges Zentrum des Kurfürstentums.
So wie das Residenzschloss viele Jahrhunderte sächsischer Geschichte und Kultur repräsentiert, so repräsentierte die Schlosskapelle ca. 150 Jahre engste Verbindung zwischen Kurfürstentum und protestantischem Glauben. Sie war als kurfürstliche Hauptkirche seit der Mitte des 16. Jahrhunderts von höchster Bedeutung für das reformatorische Bekenntnis, da der sächsische Kurfürst in der neuen Landeskirche die Stellung des „summus episcopus" einnahm. Dazu hatte er in der Reichsversammlung die führende Position unter den protestantischen Reichsständen inne.
Seit dem Westfälischen Frieden übernahm er auch den Vorsitz im „corpus evangelicorum", der neu gebildeten Körperschaft aller protestantischen Reichsstände. Die Hofprediger der Kapelle waren die angesehensten Theologen und Berater der Kurfürsten.
Die Schlosskapelle ist der einzige authentische Wirkungsort von Heinrich Schütz in Dresden. Von 1615 bis 1672 war sie der Arbeitsplatz des Hofkapellmeister Schütz, der die Mehrzahl seiner Werke für diesen Raum komponiert hat. Die Aufgabe wird sein, sie, ähnlich der Thomaskirche für Johann Sebastian Bach, zum dauerhaften Zentrum der Pflege der Musik von Schütz und anderen Komponisten zu machen. Wenn das gelänge, hätte die Musikstadt Dresden dem bedeutendsten deutschen Musiker des 17. Jahrhunderts ein bleibendes Denkmal geschaffen und damit der einmaligen jahrhundertelangen musikalischen Tradition von Schütz bis Strauss einen sichtbaren Anfang gesetzt.

Anhang

Festansprache zur Eröffnung der
Dresdner Musikfestspiele am 26. Mai 1990

Herr Minister, meine Damen und Herren, verehrte Freunde der Dresdner Musikfestspiele!

„Russische Klassik – sowjetische Moderne: ein lösbares Netz von Widersprüchen" habe ich meine Ausführungen benannt.
Wagen wir einen neuen Anfang. Er ist notwendig geworden, nachdem wir jahrzehntelang aus Trägheit, Anpassung, Verdrängung, Furcht und Unkenntnis ein gespaltenes Verhältnis zu dem großen Land im Osten hatten. Der „Große Bruder" hieß es mit einem Ausdruck in der Stimme, den nicht einmal die Musik wiederzugeben imstande ist. Dabei gehört doch „Freundschaft" zu den schönsten Worten und Inhalten, aber wie wurde dieser Begriff benutzt. Die „unverbrüchliche Freundschaft zur Sowjetunion" stand überall an erster Stelle; in allen Berichten, gleichgültig welchen Inhalts, wurde die Sowjetunion zuerst genannt, gleichgültig, wer da noch genannt wurde. Diese Gleichgültigkeit war System, es hat sich niemand Gedanken darüber gemacht, sondern die Worthülse wurde mechanisch übernommen, weil die politische Führung des damaligen sozialistischen Lagers durch die Sowjetunion bis 1985 blind auf alle anderen Lebensbereiche übertragen wurde. Das diente freilich nicht dem Aufbau vertrauensvoller Beziehungen, und um die geht es uns doch. Verdrängen wir also diese Vergangenheit nicht allzu rasch. Hatten wir nicht Schwierigkeiten, unsere fernen Nachbarn beim richtigen Namen zu nennen? „Die Russen", das klang gar nicht gut (es trifft ja, völkerkundlich gesehen, auch nicht die volle Wahrheit); aber die „Sowjetmenschen" ging auch nicht gut von der Zunge. Bei allen diesen Ausdrücken hat also die Sprache unser wahres Verhältnis zur Sowjetunion entlarvt.
Wagen wir also einen neuen Anfang mit dem Blick der Unbefangenheit, der so schwer ist nach 40 Jahren verordneter Freundschaft. Wo ist die Grenze zwischen echten und unechten Empfindungen, zwischen Toleranz, Verständnis einerseits und mechanischem Nachbeten befohlener Parolen andererseits? Dabei ist uns doch die Unbefangenheit sicher, wenn wir an Tschaikowski denken, an Peter Tschaikowski, an Schwanensee, b-Moll-Klavierkonzert, an die Pathétique und an vieles andere mehr. Doch nennen wir ihn lieber Pjotr Iljitsch Tschaikowski, damit rücken wir ihm schon ein Stückchen näher. Weshalb sollten wir ihn nicht bei seinem richtigen Namen nennen, wo

er uns doch so vertraut ist. Es käme nämlich andererseits niemand auf die Idee, auf russischen Schallplatten den Namen Iwan Knappertsbusch zu drucken, wo doch den russischen Mitbürgern das H von Hans so schwer in der Aussprache fällt.

Es gab sie einmal, jene Unbefangenheit, Normalität im Verhältnis russischer Künstler zu Deutschland, deren Brücke die Kunst war. Nicht nur Italien und Frankreich, nein auch Deutschland war das Ziel bildungswilliger Russen. Michael Glinka, dem Giacomo Meyerbeer ein Stipendium verschaffte, war der erste russische Schüler von Siegfried Dehn, dem Chefbibliothekar der Königlich Preußischen Musikhandschriften zu Berlin, zugleich ein gesuchter Lehrer im klassischen Kontrapunkt. Anton Rubinstein kam als nächster, um sich Dehns Lehre zu unterziehen. Er hatte auch Vertrauen zu Dresden gefasst und verbrachte von 1891 an vier Jahre bis kurz vor seinem Tod in der Albertstraße Nr. 1. Das ist heute etwa in der Nähe der Neubauten zwischen Straße der Einheit [heute: Albertstraße] und Straße der Befreiung [heute: Hauptstraße]. Rubinstein pflegte auch freundschaftliche Beziehungen zur Hofoper, die schon 1863 seine Oper „Feramors" uraufgeführt hatte.

Auch Sergej Rachmaninow fühlte sich in Dresden wohl. Er lebte zurückgezogen von 1906 bis 1909 im Gartenhaus der Sidonienstraße 1. Heute erinnert nur das Grün dieser Straße gegenüber dem ehemaligen Busbahnhof am Hauptbahnhof an diesen Garten, von dem aus Rachmaninow viele Wanderungen in die Umgebung Dresdens unternahm. Diese Eindrücke fanden in seiner sinfonischen Dichtung „Die Toteninsel" nach Böcklin, in seiner ersten Klaviersonate und in seiner zweiten Sinfonie ihren Niederschlag.

Tschaikowski war weniger gut auf die Dresdner Musiker zu sprechen, aber er traf mit seiner 4. Sinfonie auf das eben erst begründete Orchester im Gewerbehaus, dem Vorgänger unserer heutigen Philharmonie, und das entsprach nicht seinen hohen künstlerischen Erwartungen. So teilt er sein negatives Urteil über Dresden mit Mozart – doch das werden wir Ihnen erst im nächsten Jahr genauer erklären. Von diesen seltenen Fällen abgesehen, war das Verhältnis zwischen den russischen Künstlern und Dresden normal und von Geschichte unbelastet. Können wir ein solches normales Verhältnis neu gewinnen?

Wir können es, wenn wir uns der russischen Musik verständnisvoll und vorurteilsfrei nähern, wenn wir ihrer eigenen Wahrheit nachspüren. Das Thema für die diesjährigen Festspiele ist schon lange bekannt, da die Verpflichtung internationaler Gäste weltweit eine Vorausplanung um mehrere Jahre erfordert.

Allerdings, als dieses Thema gefaßt wurde, war Michael Gorbatschow noch kein Begriff für uns alle. Damit habe ich die Dimension umrissen, in der das Thema steht. Denn seit 1985 bekam dieses Thema, das in unseren Papieren ruhte, einen neuen Stellenwert. Und als wir es vor einem Jahr genauer betrachteten, da stellte es sich schon von der Formulierung her als sehr widersprüchlich heraus. Widersprüche waren aber bis vor einem dreiviertel Jahr keine gute Diskussionsgrundlage, sie galten immer nur für die anderen. Aber bei genauem Hinsehen erweisen sich diese Widersprüche als ungeheuer anregend, wahrheitsfördernd, so dass ich sie Ihnen nicht vorenthalten möchte.

Widersprüche schon zu Beginn: Glinka gilt als der „Vater der russischen Musik". Gab es denn vorher keine russische Musik, keine russischen Musiker? Gewiß, auch im zaristischen Rußland des 18. Jahrhunderts dominierte wie überall die italienische Musik. Als Kuriosum zählt für mich, daß eine der berühmtesten Buffo-Opern, „Il Barbiere di Siviglia" von Paisiello, 1782 in St. Petersburg komponiert und uraufgeführt wurde. Aber neben den bestimmenden Italienern gab es doch russische Komponisten wie Jewstignej Fomin, Michael Matinski, Dmitrij Bortnjanski oder Wassili Paschkewitsch, dessen Oper „Der Geizige" bereits zu den ersten Dresdner Musikfestspielen 1978 zu hören war. Gibt es nun überhaupt einen „Vater der russischen Musik", oder war es nicht vielmehr so, daß in einem langen Prozeß der Überlagerung der italianità durch ein immer schon vorhandenes russisches Musikidiom dieses allmählich die Überhand gewann? Wie etwa bei dem Geiger Iwan Chandoschkin, dessen Variationen und Sonaten den Höhepunkt russischer Instrumentalmusik um 1800 bilden und von denen ein direkter Weg zur Kamarinskaja von Glinka führt?

Ich nutze den direkten Weg zu Glinka, um auf einen anderen Widerspruch hinzuweisen, in den sich Glinka selbst hineinmanövriert hat: Seine Oper „Ein Leben für den Zaren" oder „Iwan Sussanin" war als ein glühend patriotisches Werk für den Zaren gegen die Polen gedacht (was gegenwärtig nicht gerade ein opportunes Thema ist); der Komponist wollte hierdurch die russische Oper hoffähig machen. Doch die Petersburger Adelsgesellschaft rümpfte die Nase über Bastschuhe und Bauernkittel, die nicht auf die Hofbühne gehörten, und sprach verächtlich von „Kutschermusik". Ihrer Verachtung fiel auch Alexander Puschkin zum Opfer, der neben Gogol zum „Hauptlieferanten" für Opernlibretti wird. Ausgerechnet jener Dichter, der die Ideen der Dekabristen in die Literatur trug und die Demokratisierung Rußlands forderte, war nun in seinen wichtigen Werken ständig auf den Bühnen des zaristischen Rußlands präsent. Von Glinkas „Ruslan und Ljudmila" über Dargomyschkis „Der steinerne Gast", „Rusalka", Mussorgskis „Boris Godunow", Rimski-Korsakows „Mozart und Salieri", „Das Märchen vom Zaren Saltan" und „Der goldene Hahn" bis zu Tschaikowskis „Eugen Onegin", „Mazeppa" und „Pique Dame" reichen die stattlichen Beiträge der russischen Oper zur Weltliteratur.

Weiter mit den russischen Antinomien: Kaum einer der Novatoren, der Mitglieder des „Mächtigen Häufleins" (schon wieder ein Widerspruch in sich), die sich um den Chef der Petersburger Hofkapellsänger, Mili A. Balakirew, scharten, ist als ein richtiger Musiker ausgebildet worden. Und doch haben diese Chemiker, Mediziner, Beamte und Offiziere die russische Musik innovativ bereichert. Es gehört zu den Geheimnissen des Chemikers Borodin, wie er in seiner einzigen Oper „Fürst Igor", an der er fast 20 Jahre schrieb und die er doch unvollendet hinterließ, neue Verbindungen von Wort und Musik zusammenschmolz, wie sie in den Polowzer Tänzen so populär geworden sind. Dieser geniale Dilettantismus wich um die Jahrhundertwende dem Professionalismus, dank der pädagogischen Hochleistungen der Brüder Anton und Nikolai Rubinstein, die nach westeuropäischem Muster je ein Konservatorium in St. Petersburg und Moskau einrichteten. Im ersteren war Tschaikowski Schüler, im letzteren Lehrer.

In seiner Person vereinigt sich wieder einer jener Widersprüche, die für die Außenwelt gar keine sind: Obwohl kein Mitglied der nationalrussischen Schule, der er nur freundschaftlich, aber nicht geistig verbunden war, galt er im Ausland als der russische Komponist seiner Zeit. Freilich, in Westeuropa war er als Dirigent eigener Werke bekannter als die Novatoren. Zugleich galt er, der von Bellini, Meyerbeer, Berlioz, Gounod, Bizet und Mozart am meisten beeindruckt war, als „Westler", und wurde darum im Westen auch leichter verstanden als die schwerblütigen Novatoren, die eine eigene neue Klangsprache gefunden hatten.

Neu erfunden wurde 1917 im russischen Oktober eine neue Gesellschaftsordnung, die Leninsche Räterepublik, die, unter unsäglichen Opfern und Kämpfen geboren, die Welt – wie auch immer – verändert hat. Widersprüche auch hier – doch interessiert uns, wie die russischen Komponisten in Petrograd auf die Revolution reagierten. Wie eine Revolution in das Leben eines Tonsetzers eingreifen kann, hatte Rimski-Korsakow schon 1905 erleben müssen, als man ihn wegen seiner Sympathie für seine aufrührerischen Studenten seines Amtes als Hochschullehrer enthob.

Was aber komponierten die namhaften Musiker im Winter 1917/18? Alexander Glasunow schrieb am 15. Dezember 1917 das erste von zwei Préludes-Improvisations; Nikolaj Mjaskowski, der spätere Lehrer von Kabalewski und Chatschaturjan, komponierte den Klavierzyklus op. 25, davon das Stück „Unzufriedenheit" in jenen Dezembertagen; Sergej Prokofjew übte um die Jahreswende seine 3. und 4. Klaviersonate ein, die er am 2. und 4. Februar 1918 in Petrograd uraufführte; Nikolaj Tscherepnin komponierte in den Ostertagen 1918 seine 13. Klaviersonate, die „Sonatine romantique"; Boris Assafjew schrieb das Ballett „Das Eismädchen Solveig" nach Grieg und Sergej Ljapunow komponierte seinen Psalm für Sopran, Orgel und Harfe.

Fand denn die Revolution bei den namhaften Komponisten gar kein Echo? Oder hatten Strawinsky mit seinem „Sacre du Printemps", Paris 1913, oder Prokofjew mit seiner „Skytischen Suite" 1916 nicht längst eine Revolution in der Musik vollzogen, als sich ihre hämmernden Rhythmen, ihre auffahrenden Bläser-Attacken, ihre schneidenden Klangballungen auf ihr Publikum, das entsprechend empört reagierte, entluden? Die Antwort auf diese Frage enthüllt zugleich etwas von der Eigenkraft der Kunst. Sie wartet nicht, bis die Basis sich verändert; die Sprengkraft kommender Veränderungen ist in ihr enthalten, verändert sie selbst und sprengt damit jene mechanistische Theorie von Basis und Überbau hinweg. Um es einfacher zu formulieren: einige russische Komponisten, aber eben nur die genialsten, waren schon vor 1917 zu neuen Ufern aufgebrochen, ohne daß sie darum selbst Revolutionäre gewesen wären.

Was nun auf die Revolution folgte, war die Freisetzung großer Energien an Phantasie, eine willige Hingabe an neue Ideen, wie die des Konstruktivismus, an die Kraft der Maschinen, die endlich ein neues Kunstverständnis, ein erstmaliges Zusammengehen von Arbeitenden und Künstlern verheißen sollte. Dieser Weg, der Großraumprojekte wie Fabriksinfonien gigantischen Ausmaßes hervorbrachte, erwies sich nicht als durchgängig begehbar, doch schob er den Horizont, an dem die künstlerische Utopie noch sichtbar ist, ein wenig weiter nach vorn. In einer solchen Atmosphäre wuchs der Musterschüler Dmitri Schostakowitsch auf, der ab 1919 in Petrograd das Konservatorium bezog.

Sein besonderes Interesse galt natürlich den bereits in Rußland bekannten und nun umso emsiger gepflegten westeuropäischen Avantgardisten Schönberg, Krenek, Hindemith, Milhaud und Bartók. Auf eine ganz eigene Weise fand das alles Eingang in die gar nicht so mustergültige, sondern eher freche Musik der „Nase" und in die Partitur der „Lady Macbeth von Mzensk". Dieses Werk hätte wegen seines andauernden Erfolges ab 1934 auf den Bühnen von Moskau und Leningrad die Chance gehabt, eine der am meisten gespielten zeitgenössischen Opern zu werden, hätte man ihr nicht 1936 gewaltsam den Garaus gemacht. Per Dekret in der Prawda wurde das Stück verboten, weil der kleinbürgerliche Geschmack eines großmachtwilligen Diktators Anstoß an der künstlerischen Wahrheit nahm. Die Stalinisierung der sowjetischen Gesellschaft, der bekanntlich nicht nur harmlose Kunstwerke, sondern Hekatomben von Menschen zum Opfer fielen, zwang die Kunst in eine sonderbare Lage: Sie sah sich plötzlich genötigt, das als richtig Erkannte statt, die revolutionäre Vergangenheit, die Volksverbundenheit, die Friedensliebe, den Aufbauwillen in plakativer Weise darzustellen, wie es auch für den weisen Führer des Sowjetvolkes gefordert wurde: Ideologie anstelle der individuellen Empfindungen der Künstler, die gewöhnlich mehr Fragen stellen als Antworten parat haben. So mußten viele Künstler schöpferische Energie darauf verwenden, nach Wegen, Titeln, Anlässen zu suchen, um dennoch auszusprechen, was sie bewegte. Dabei waren sie weder Staatsfeinde noch Verräter noch Menschenverächter, nur weil sie sich nicht alle unter ein Diktat beugen lassen wollten.

Der Zweite Weltkrieg, der der Sowjetunion ungeheure Opfer abverlangte, war kaum vorüber, und jeder erwartete nach der Zerschlagung des deutschen Faschismus zu Recht einen neuen, befreienden Anfang, da wurden die gleichen Künstler von 1936 erneut als bourgeois, dekadent, neoklassizistisch-maniert und abstrakt-formalistisch verurteilt. Stalin und Shdanow befanden, daß diese Schostakowitsch, Prokofjew, Chatschaturjan unbelehrbar seien und sich vom Volke abwandten. Wie ertrug ein Mann vom Format Schostakowitschs diese Wechselbäder, die im Jahr 1948 den totalen Verriß, 1949 den Stalinpreis für das „Lied von den Wäldern" einbrachte? Sie führten dazu, daß dieser Komponist, der den Roten Oktober, der das Jahr 1905 in großen Sinfonien besungen hatte, am Ende seines Lebens zwei Sinfonien von tiefster Resignation und inniger Hoffnung schreiben konnte. Manches Werk, das nun im Laufe der nächsten 16 Tage erklingen wird, sollte unter dem Aspekt der künstlerischen Wahrheit neu gehört werden.

Die Schülergeneration Schostakowitschs wuchs zwar nicht mehr unter außerkünstlerischen Diktaten auf, aber sie war, wie es z. B. Edison Denissows Biografie ausweist, anfänglich, in den entscheidenden Jahren der Ausbildung, von der Entwicklung der Künste in den Ländern westlich der Sowjetunion abgeschnitten. Bürokraten oder zweitrangige Komponisten befanden darüber, was diesen jungen Leuten zugemutet werden konnte und was nicht. Erst langsam erwarben sich diese Komponisten, auch durch die Hilfe aus der DDR, Kenntnisse über und Beziehungen zu allen europäischen Kulturzentren. 1983, in der Eröffnungssaison des Neuen Gewandhauses zu Leipzig, spielte das berühmte Orchester unter seinem bekannten Chef die 3. Sinfonie von Alfred Schnittke. Ich war Zeuge der Uraufführung und erlebte sie von der Chorempore hinter dem Orchester, im Angesicht des Dirigenten, wahrlich kein idealer Platz. Allein welche Faszination ging von diesem Werk aus. 51 Minuten lang spürte ich mich nicht, war ich vollkommen aufgegangen in dieser Musik. Manche der komponierenden DDR-Kollegen reagierten negativ und sprachen von Eklektizismus. Ich aber hörte eine „Deutsche Sinfonie", hatte doch Schnittke, aus gegebenem Anlass, Themen aus deutscher Tradition von Schütz bis Bernd Alois Zimmermann in einem großen Werk über Deutschland, über die Gefährdungen des deutschen Geistes vereint – ein Russe von den Gestaden der Wolga dachte über uns nach und brachte uns auf unsere eigenen Widersprüche.

Wie also löst sich das Netz der benannten Widersprüche? Indem wir die Werke beim Wort nehmen und ihrem Wahrheitsgehalt nachgehen, ohne uns von einer Ideologie vorschreiben zu lassen, was wir zu finden hätten. Wir werden immer wieder auf Widersprüche stoßen; sie gehören zum Kunstwerk wie die Luft zum Leben. Es kann sein, daß es nicht unsere Vorstellungen sind, die wir finden, aber wir müssen das tolerieren.

Ohnehin ist Toleranz vonnöten. Gegenwärtig, in einer Zeit der Umwertung vieler Werte, müssen die Werke anderer Kulturen präsentiert werden, um zu verhindern, daß unser Denken nicht wieder zu Mittelpunkt alles Denkens gemacht wird. Toleranz gibt es nur da, wo man sich und seiner Überzeugungen sicher ist. Jetzt gehen viele Überzeugungen über Bord, wird Geschichte einfach abgestreift. Wir sollten jedoch das Vergessen nicht so rasch betreiben. Denn wenn wir erst tolerieren lernen, was an unseren Nachbarn wirklich gut, anders und großartig ist, dann können wir, nach einem Wort von Friedrich Schorlemmer, auch besser mit ihnen und mit uns umgehen.

Es hat schon mit dem Begriff der Toleranz zu tun, wenn wir Konzerte aus- und inländischer Gäste absagen mussten, weil das Echo auf unsere Angebote so gering ist. Wird die notwendige Toleranz gegenüber hochqualifizierten Ensembles aufgebracht, auch wenn sie nicht die bekanntesten und beliebtesten Werke spielen? Auch wenn wir die besondere Situation einrechnen, in der wir uns alle in unserem Land befinden?

Gerade das Thema „Russische Klassik – sowjetische Moderne" ist geeignet, Vorurteile abzutragen. Es ist spröde, wie gesagt, durch Vergangenheit belastet. Es sind allerdings weniger die Probleme dieser Musik als vielmehr unsere eigenen, die wir dort hineintragen.

Das Thema wird zum Prüfstein unserer demokratischen Reife und Toleranz. Wenn das Wort vom Festival im Zeichen der Völkerverständigung keine Phrase sein soll, dann müssen wir durch unser Programm zweierlei erreichen: Gerade jetzt, unter schwierigen Bedingungen, ist das Samenkorn eines neuen, auf Wahrheit begründeten Verhältnisses zur Kultur unserer Nachbarn zu stecken; das ist unsere moralische Pflicht, keine verordnete Aufgabe; und zweitens müssen wir unsere Aufgabe als Mittler zwischen den Kulturen wahrnehmen, die uns als ein Land der Mitte zukommt. Nur wenn uns beides gelingt, sind wir reif für Europa.

Brief an die Sekretärin Ingeborg Hinow
zum 30. Juni 2009

Liebe Inge,

da Du bei meiner Verabschiedung Ende 2004 etwas sehr kurz weggekommen bist, darf ich heute die Gelegenheit nutzen, mich etwas ausführlicher für die Zeit zu bedanken, die Du als Sekretärin des Abteilungsleiters im SMWK zugebracht hast.

Es war wohl ein Wink des Schicksals, dass ausgerechnet ich Dir 1986 die Tür zur Direktion Dresdner Musikfestspiele, die sich damals im einzigen Haus am Güntzplatz gegenüber dem Kupferstichkabinett und der Hochschule der Bildenden Künste befand, öffnete, als Du Dich nach längerer Arbeitspause zugunsten Deiner sich inzwischen prächtig entwickelnden Söhne als Dramaturgiesekretärin beworben hast. Damit warst Du mit Fragen des Theaters und der Musik schon vertrauter, als ich Dich im September 1991 bat, in die Abteilung Kunst des SMWK zu wechseln, da ich für die zunehmenden Arbeiten und die allmählich personell wachsende Abteilung dringend Verstärkung bedurfte. Du bist gern gekommen, und für mich war es ein Glücksfall. Denn wir waren, nach einem Wort unseres damaligen Ministers Prof. Meyer, alle Lehrlinge im eigenen Land und haben die staatliche Kulturverwaltung praktisch aus dem Nichts aufgebaut, mit allen Problemen, die ein solcher radikaler Aufbau mit sich brachte.

Da ich selbst kein geübter oder gar ausgebildeter Bürokrat mit ausgeprägtem hierarchischem Denken war, legte ich Wert darauf, alle in die schwierigen Aufbauprozesse einzubeziehen. Zu allen gehörte natürlich auch die Chefsekretärin, die jetzt lernen musste, was so alles zu dieser Abteilung gehört (und was auch nicht dazu gehört), damit auch sie am Telefon auskunftsfähig ist, zumal ich häufig abwesend war. Nach einem zweimaligen Umzug fanden wir hier in der Wigardstraße eine vernünftige Bleibe, und ich achtete darauf, dass erstens meine Sekretärin immer wusste, welche Vorgänge wie abliefen, das haben wir beim Kaffee, Tee oder auch bei einem Glas Wein täglich besprochen, und dass zweitens die Tür immer offenstand, so dass jeder andere zu jeder Zeit zu mir kommen konnte. Wenn die Tür aus verständlichen Gründen einmal geschlossen war, nutzten die Kollegen die Gelegenheit, Dinge an Dich heranzutragen, die sie sich bei mir nicht getrauten zu sagen, die ich dann über Dich erfuhr. So kann die Kommunikation auch laufen.

Mein Lob gilt also heute noch, wie Du diese Aufgaben, die sehr vielfältig waren und z. T. gar nicht Deinen Tätigkeitsmerkmalen entsprachen, alle bewältigt hast. (Ich denke nur daran, wie Du immer vor den Reisen zum

Kulturausschuss mit mir die dicken Vorbereitungsmappen ausgedünnt hast, damit ich nicht so viele Akten schleppen musste. Ich hörte zwar Deine Kritik: das sollen doch die Referate machen, aber die wussten doch nicht, was ich brauchte und was hierbleiben konnte.) Und noch etwas ganz Wichtiges: Mit Deinem klugen Verstand hast Du mir einige Male Ratschläge gegeben, die allen in der Abteilung zugutekamen. Denn es blieb nicht aus, dass Spannungen zu anderen Personen auftraten, und da bin ich Dir noch heute dankbar, wie Du mir die richtigen Empfehlungen auf den Weg gegeben hast, die letztlich allen in der Abteilung zugutekamen. Ich hatte mehrfach meinem Unmut über den Staatssekretär Luft gemacht, bis Du mir eines Tages klargemacht hast: Du machst einen großen Fehler. Dein schlechtes Verhältnis zu ihm färbt auch auf die Abteilung ab. Das geht nicht. Also überwand ich meine Abneigung, und siehe da, das brachte sehr viel – DANKE noch heute.

Noch eines will ich erwähnen. Mit Deiner Hilfe war schon 1991 im April ein Buch über den Hofkapellmeister Johann Gottlieb Naumann entstanden, dessen Grundlagen wir zuvor gemeinsam in der Landesbibliothek erarbeitet hatten.

Also ich habe zu danken für die getreue und aufmerksame Begleitung der schwierigen Aufbauzeit in dieser Abteilung, und nun wünsche ich Dir, dass Du mehr Zeit für die Enkel und für Deine Familie hast und dass für Dich, bei all Deiner Bescheidenheit, auch noch genügend Raum bleibt.

Dein Reiner Zimmermann

Die Ausstellung und die Absage.
Einführung zum Kolloquium
„Kunst und Politik in der DDR. Der Fonds Willi Sitte im Germanischen Nationalmuseum"

Erschienen in: G. Ulrich Großmann (Hrsg.): Politik und Kunst in der DDR. Der Fonds Willi Sitte im Germanischen Nationalmuseum, Nürnberg 2003

Kaum ein anderes Ereignis in den zehn Jahren nach der deutsch-deutschen Vereinigung hat das deutsche Feuilleton einerseits, Vertreter der früheren DDR-Kulturpolitik andererseits mehr erregt als der Beschluss des Verwaltungsrates des Germanischen Nationalmuseums (GNM) zur Verschiebung der für Sommer 2001 geplanten Ausstellung von Dokumenten und Werken Willi Sittes und die darauf erfolgte Absage des Malers. Dieser Vorgang schien, obwohl unähnlich dem Skandal um die Ausstellung „Aufstieg und Fall der Moderne" 1999 in Weimar und ihr doch durch das deutsch-deutsche Problem wiederum verbunden, den Stand der Aufarbeitung der Kunstgeschichte aus der Zeit der DDR und seinen heutigen Umgang seitens einiger Personen auf das Trefflichste wiederzugeben. Ich werde deshalb versuchen darzustellen, worum es hier eigentlich geht, weil die Vorgänge in der Öffentlichkeit z. T. so verzerrt dargestellt wurden, dass eine Klarstellung dringend erforderlich scheint. Es ist deshalb notwendig, vor diesen Ausführungen die Vorgänge aus der Sicht des Verwaltungsrates des GNM, dessen Mitglied ich bin, aus erster Hand darzustellen, weil bereits hierzu die Berichterstattung in den Medien mehr als fantasievoll war. Das GNM erwirbt seit längerem Fonds und Nachlässe von Bildenden Künstlern der Gegenwart und verbindet dies in Einzelfällen mit der Zusage, jeweils Dokumente und Kunstwerke in einer Ausstellung zu zeigen. Nach 1990 wurden auch Prominente der ehemaligen DDR wie Bernhard Heisig, Wolfgang Mattheuer, Willi Sitte oder bedeutende Künstler wie Max Uhlig gebeten, ihr Schrifttum zur Verfügung zu stellen. Sitte öffnete bereitwillig sein Archiv, und das GNM begann, entsprechend einem eigens geschlossenen Vertrag, der die kritische Würdigung des Wirkens von Willi Sitte vorsah, mit den Vorbereitungen für den Katalog und die Ausstellung, die im Juni 2001 hätte eröffnet werden sollen. Der Verwaltungsrat, das oberste Beschlussgremium, derzeit unter dem Vorsitz des Bayerischen Staatsministers für Wissenschaft und Kunst, dem der Freistaat Bayern, der Bund, zwei Ländervertreter, die Stadt Nürnberg und weitere Vertreter des öffentlichen Lebens angehören, wurde über die Ausstellung als Planungsvorhaben des Museums informiert. Erst durch die Aufmerksamkeit einiger weniger Mitglieder im Verwaltungsrat kam das Vorhaben in die interne Diskussion, da der Eindruck entstanden war, dass die politische Dimension des Wirkens von Sitte sich aus den von ihm überlassenen Dokumenten nicht genügend erschloss. In einem brisanten Falle konnte Freiherr Dr. von Loeffelholz zusätzlich Dokumente beibringen, die nicht dem Fonds angehörten und dort gar nicht vorhanden sein konnten, weil es sich um Dokumente des Ministeriums für Staatssicherheit, Bezirksverwaltung Dresden handelte. Wollte man also ein erhellendes Bild vom Präsidenten des Künstlerverbandes der DDR zeichnen, durften solche Dokumente nicht fehlen. Außerdem meldete ich erhebliche Zweifel an, die auch von Künstlern der ehemaligen DDR gegenüber dem GNM geäußert wurden, ob es denn klug sei, ausgerechnet mit Sitte die Reihe der Dokumentenausstellungen von Künstlern aus der Zeit der DDR zu beginnen. Es konnte, bei dem Ansehen, das das GNM genießt, als ein falsches Signal gegenüber denjenigen verstanden werden, die zu DDR-Zeit Behinderungen aller Art durch den Verband oder durch die mit ihm zusammenarbeitenden staatlichen Organe ausgesetzt waren. Es stellte sich also bald heraus, dass die Aufarbeitung eines so komplexen Unternehmens nicht allein dem GNM überlassen werden konnte. Außerdem hatten einige Dissidenten wie Bärbel Bohley oder Wolf Biermann aus verständlichen Gründen ihre Mitarbeit am Katalog abgesagt, so dass als Autoren neben Gisela Schirmer, Osnabrück, u. a. übriggeblieben waren: der hochgradige IM Hermann Kant, der ehemalige Chefredakteur der Zeitschrift „Bildende Kunst" Peter Michel sowie der für die Kunstbetrachtung in Lehrbüchern der DDR zuständige Wolfgang Hütt. Diese Beiträge sind als „Katalog (k)einer Ausstellung", herausgegeben von Horst Kolodziej und Wolfgang Richter, Anfang des Jahres 2001 erschienen.

Auf einer solchen Grundlage konnte eine Auseinandersetzung mit Sittes Werk und Wirken nicht erfolgen, da inzwischen jedenfalls im Osten schon eine seriöse wissenschaftliche Aufarbeitung dieser historischen, aber doch schmerzlich nahen Epoche eingesetzt hatte und man nicht mehr vom alten Freund-Feind-Bild früherer Zeiten ausgehen konnte. Nach interner Diskussion mit der Museumsleitung, dem Vorsitzenden des Arbeitsausschusses des Verwaltungsrates, einigen Mitgliedern des Verwaltungsrates und Christoph Tannert als Zeitzeugen wurden sowohl der Arbeitsausschuss als auch der Wissenschaftliche Beirat mit dem Problem befasst. In seiner Sitzung am 6. Dezember 2000 beschloss der Verwaltungsrat die Verschiebung der Ausstellung und die Einberufung eines Kolloquiums, zu dem wir heute zusammensitzen. Dies geschah nach ausführlicher Diskussion, und nicht, wie am 8. 1. 2001 in der FAZ von Generaldirektor a. D. Erich Steingräber vermutet, „auf Weisung von oben" und etwa ohne Aussprache. Sitte aber sagte von sich aus die Ausstellung ab, vermutlich, als ihm der

Umfang weiterer Recherchen bewusst wurde, und wurde fortan für einen Großteil des deutschen Feuilletons zu einem Märtyrer ersten Grades, wie er es in einem Interview in der „Zeit" vom 2. März 2001 darstellte: *„Diese Vermutungen und Verdächtigungen, da gäbe es noch irgendetwas! Das ist so verletzend. Man wird plötzlich in eine Ecke gestellt, in der man nie war. Wenn meine Eltern das mitgekriegt hätten! Die waren immer stolz. In unserer großen Familie ist kein einziger Nazi gewesen, alle waren gestandene Antifaschisten."* Dass zwischen einem aufrechten Antifaschisten und einem DDR-Doktrinär, der viele Kollegen behinderte, ein Unterschied zu machen ist, will Sitte offenbar nicht wahrhaben. Beispiele gibt es genügend.

Ich merke also an, dass nicht der Verwaltungsrat, wie ihm unterstellt wurde, die Ausstellung abgesagt hat, sondern der Maler selbst. Der Verwaltungsrat hat auch keine Zensur ausgeübt, sondern er hat korrekt gehandelt, um einem Unternehmen dieser Art einen ausreichenden wissenschaftlichen Hintergrund zu garantieren. Diese Entscheidung war richtig auch im Hinblick sowohl auf die Künstler aus der ehemaligen DDR als auch auf einen Großteil der Bevölkerung im Osten, die bei manchen Entscheidungen von jetzigen deutschen Gerichten den Eindruck gewinnen muss, es wäre besser gewesen, damals Mitglied der SED oder der Stasi gewesen zu sein, z. B. bei der kürzlich vom Bundesverfassungsgericht beschlossenen Änderung des Rentenrechts zugunsten systemtreuer DDR-Bürger.

Soweit die Fakten aus der Sicht eines Beteiligten, der von einem Redakteur der FAZ wie alle Mitglieder des Verwaltungsrates den Titel „Kommissar" erhielt, weil er wie „in Zeiten des Kalten Krieges" (FAZ vom 5. Dezember 2000) mithalf, einen verantwortungsvollen Umgang mit der DDR-Vergangenheit anzumahnen. Nur darum geht es. Dies sei in aller Klarheit festgestellt.

Schon die Ankündigung einer kritischen Wertung dieser Vergangenheit bringt alte Ideologen wie Peter Michel und Wolfgang Richter aus der Fassung. Und sie schlagen zurück wie in alten Zeiten, als man den ideologischen Gegner im Westen oder im eigenen Land in der rüdesten Weise attackierte. So beschimpfen sie ausgerechnet Christoph Tannert, der nach seiner fristlosen Kündigung als Sekretär der Zentralen Arbeitsgemeinschaft Junge Kunst beim Zentralvorstand des VBK im Herbst 1984 Berufs- und Schreibverbot erhielt sowie von einer Delegierung für eine Promotion ausgeschlossen wurde, die ihm eine wissenschaftliche Tätigkeit eröffnet hätte. Berufsverbote, das lehrte uns damals das Neue Deutschland, das Zentralorgan der SED, gab es doch aber nur im Westen und wurde z. B. gegenüber Lehrern verhängt, die Mitglied der DKP waren. Die DDR-Wirklichkeit kannte es anders, und erst jetzt werden solche Fälle durch das Studium der Dokumente der Verbände und des MfS offenbar. Tannert wird jetzt von Richter als „bloße Karikatur eines Wissenschaftlers" denunziert („Icarus"-Sonderheft, 21. Heft, Januar 2001, S. 4), oder von Michel als „Fachmann für DDR-Kunst" („Icarus"-Sonderheft, S. 28), dies in den berühmten Gänsefüßchen, mit denen einst die Springerpresse zum Ärger der Genossen die „DDR" charakterisierte.

Jeder kann diese Hasstiraden im „Icarus"-Sonderheft der „Gesellschaft zum Schutz von Bürgerrecht und Menschenwürde" in der „Zeitschrift für soziale Theorie und Menschenrechte" nachlesen. Ein gelernter DDR-Bürger wird bei der Häufung von „Rechten" und „Würde" misstrauisch, und siehe da, ein Blick auf das Impressum bestätigt seinen Verdacht: Herausgeber sind Wolfgang Richter und Horst Kolodziej, letzterer ein kampferprobter Genosse, einst Parteisekretär des Verbandes Bildender Künstler der DDR. Jetzt werden die Möglichkeiten des Rechtsstaates Bundesrepublik voll genutzt, und man streitet für die Menschenrechte der alten Nomenklatura. Früher war dem Machtapparat der SED der Hinweis auf die Menschenrechte in der DDR laut Helsinki-Schlussakte eher peinlich, und gegen die „Gegner" im eigenen Land wurden alle repressiven Mittel eingesetzt. Wie der Genosse Kolodziej früher gegen die menschlichen Grundrechte handelte, für die er heute streitet, geht aus einem Bericht des MfS von 1985 hervor, als es darum ging, den Dresdner Maler Eberhard Göschel in die Enge zu treiben: „Genosse Kolodziej informierte, daß er gemeinsam mit Genossen Sitte in der Woche vom 28. November bis 1. Dezember 1985 ein noch nicht konkret terminlich festgelegtes Gespräch mit dem zuständigen Sekretär der Abteilung Kultur der Bezirksleitung der SED Dresden haben wird, um auf örtlicher Ebene gezielte politische Maßnahmen zur Verunsicherung und Zersetzung des Personenkreises um Göschel einzuleiten." (aus der MfS-Akte von Eberhard Göschel, zitiert aus der „Zeit" vom 22. Februar 2001, „Der Künstler an der Macht" von Bernhard von Loeffelholz). Selbst aus einem solchen kurzen Zitat spricht die ganze Menschenverachtung des SED-Apparates und seiner Helfer. Haben die alten Genossen das etwa aufgearbeitet oder wollen sie es heute nicht mehr wahrhaben? Ein stets uninformierter Journalismus hilft ihnen heute allein wegen der Sensation auch noch dabei und steht bereit, diejenigen zu diskreditieren, die sich um die Aufklärung einer solchen Vergangenheit bemühen.

Es gehört zu den moralischen Hinterlassenschaften der DDR: Vielen ist die Peinlichkeit ihres heutigen Vorgehens offenbar gar nicht bewusst, weil sie noch in alten Denkmustern befangen sind, oder es wird verdrängt. Aber sie haben in Windeseile gelernt, dass sie dem Rechtsstaat alles abverlangen und zumuten können; in diesem Sinne ist die Bundesrepublik nach Habermas „ein Land der unbegrenzten Zumutbarkeiten". Alles, was früher dem Rest der DDR-Bevölkerung zugemutet bzw. verweigert wurde, wird heute selbstverständlich in Anspruch genommen.

Nur vor einem solchen Hintergrund sind die heuchlerischen Beiträge zu verstehen, wie z. B. der vom IM Hermann Kant, der in seinem früheren Sprachrohr, dem „Neuen Deutschland", am 15. Dezember 2000 von einem „üblichen Umgang mit DDR-Kunst" schrieb. Es hätte nun seinen Wissenshorizont wesentlich erweitert, wenn er die Bemühungen von Fachkollegen zur Kenntnis genommen hätte, auf der Grundlage seriöser Forschung sich dem Charakter der Kunst aus der DDR sine ira et studio zu nähern, wie es im Mai 2000 in Leipzig auf dem Kolloquium „Nach dem ‚Jahrhundertschritt'. Die Kunst aus der DDR im System- und Zeitenwechsel" gelang, als erstmals Forscher und Publizisten, Kuratoren und Politiker aus Ost und West einen unaufgeregten Umgang mit der Kunst-Vergangenheit der DDR einläuteten und wovon auch ein umfangreicher Band „Enge und Vielfalt", herausgegeben von Karl-Siegbert Rehberg und Paul Kaiser, zeugt. Und im Freistaat Sachsen, auf der Festung Königstein, fanden allein zwei erfolgreiche, wissenschaftlich sorgfältig begleitete Ausstellungen statt, die sich mit Auftragskunst in der DDR befassten und vom Publikum mit großem Interesse und ohne Häme angenommen wurden. Jeder Kurator muss unbefangen, gleichwohl sehr kritisch und umfassend die Phänomene erfassen, die sich um den Gegenstand Kunst aus der DDR-Zeit ranken, sonst erntet er zu Recht Spott und Hohn.

In Äußerungen von Wolfgang Richter wie: *„Ist es die politische Meinung Sittes, wie sie sich in seiner ‚Herr Mittelmaß-Serie oder in seiner Bloßstellung der Gauck-Behörde im ‚Wahrheitssucher' äußerte, die Missfallen erregte? Das wäre dann einfach nur Inquisition! Eine Unterdrückung der Meinungsfreiheit. Gleicht aber die Untersagung einer Ausstellung für ausstellendes Gewerbe wie Malerei nicht de facto einem Berufsverbot? Ist es nicht eine üble Diskriminierung eines sehr bedeutenden Künstlers, anlässlich seines achtzigsten Geburtstages sein Lebenswerk in Zweifel zu stellen?"* ist als eine eindeutige Absage an die Wahrheit zu erkennen. Starke Worte fürwahr: „Inquisition", „Berufsverbot", „üble Diskriminierung": Es sind dies alles Vermutungen auf wissentlich falscher Grundlage, waren aber vor 1989 in der DDR gängige Praxis.

Dem Verwaltungsrat des GNM wird unterstellt, was alle staatlichen Organe der DDR selbstverständlich praktizierten: Sie mischten sich in jeglichen künstlerischen Inhalt ein und bevormundeten die Künstler. Nach dem Verständnis von Herrn Richter muss das heute auch so sein. Die Vorstellung einer Einflussnahme von Verwaltungsgremien auf künstlerische Inhalte, die in der DDR Prinzip war, ist deshalb nahezu zwanghaft für die Parteikader. Als es um die Entscheidung am 6. Dezember 2000 ging, standen keinerlei Bilder zur Diskussion, weil es nicht zu den Aufgaben eines Verwaltungsrates gehört, irgendeine Zensur über Bilder auszuüben. Die private Meinung der Mitglieder des Verwaltungsrates zu künstlerischen Fragen steht generell nicht zur Debatte. Sitte wünscht es sich anders: *„Schwere Vorwürfe erhob der Maler gegen den Verwaltungsrat des Museums. ‚Da gibt es Leute, die von Kunst offenbar keine Ahnung haben.‘“* („Neues Deutschland", 16. Januar 2001). Die Entscheidung, was gezeigt wird, wird heute eben den Fachleuten und nicht den politischen Gremien überlassen. Die Unterstellung einer „Untersagung" der Ausstellung Sittes straft sich selbst Lügen. Aber das Zurechtbiegen von Tatsachen, ihre wissentliche Verdrehung, um den „Gegner" zu treffen, gehört einfach zum unverzichtbaren Arsenal der ewig Gestrigen. Ihnen ist eine eindeutige Absage zu erteilen.

Nun treffen sich hier die Vertreter des alten Lagers mit westdeutschen Kennern der ostdeutschen Lage. Eduard Beaucamp ließ es sich in der „Frankfurter Allgemeinen Zeitung" nicht nehmen, dem Verwaltungsrat zu unterstellen, er habe etwas gegen Künstler aus dem Osten, speziell etwas gegen den Maler Sitte: „Von der Nürnberger Ausstellung hätte man einen unverstellten Blick auf ein hochdramatisches Werk und Leben erwartet. Aber die Verwaltungskommissare wollten den politischen Sitte, den ‚staatstragenden Kulturfunktionär‘ herausgestellt sehen. Das ist politische Zensur, ein Rückfall in den Kalten Krieg, sogar hinter die späte DDR, die 1988 – übrigens gegen Sittes Widerwillen [was meint er wohl damit? R.Z.] - eine höchst erfolgreiche Beuys-Tournee durch das Land erlaubte." (FAZ, 18. 12. 2000). Wer sich nun die Mühe macht, Sittes Bilder zur Kenntnis zu nehmen, dem wird wohl auffallen, dass der Künstler nicht vom homo politicus zu trennen ist. Nur das hat der Verwaltungsrat erkannt. Gerade Sitte bliebe ohne seine politische Dimension lediglich ein Maler des sozialistischen und „fleischlichen" Realismus.

Ein Großteil der Kunst aus der Zeit der DDR, ob Romane, Gedichte, Dramen, Filme, Kompositionen, Skulpturen u. a. m. kann wesentlich nur aus dem Kontext der DDR-Geschichte verstanden werden. Diese Beobachtung, die für viele Kunstwerke aller Zeiten gilt, erhält wegen der besonderen Stellung, die die Künste im ideologischen System der DDR einnahmen, auch eine besondere Bedeutung. Das wird auch von Eduard Beaucamp für Sittes Werk akzeptiert, aber er zieht die falschen Schlüsse daraus. Ich zitiere die FAZ vom 17. Januar 2001: *„Mit Sittes Präsidentschaft im Künstlerverband verbindet sich die Entstalinisierung und Liberalisierung der DDR-Kunstszene. Sitte war es, der einen vorher unmöglichen, wenn auch nur staatlichen Kunsthandel und einen Fonds für Auslandsreisen nicht allein privilegierter Künstler initiierte …".* Ich will hier nicht aus eigener Erfahrung reden, unter welchen kläglichen Bedingungen ein nicht Privilegierter ins westliche Ausland reisen konnte, weil ich dann den Eindruck persönlicher Voreingenommenheit erzeugen könnte, sondern ich will nur darauf verweisen, wie begehrt auch bei den Genossen die DM war und mancher sich nichts Besseres wünschen konnte als ein Konto West beim Büro für

Urheberrechte, bei dem gutverdienende Künstler, die von Peter Brusberg oder Peter Ludwig angekauft wurden, trotz großer staatlicher Abzüge immer noch eine gute Summe West-Geld zurückbehielten. Solche „Liberalisierungen" sind aus der Innensicht der DDR ein Gutteil Opportunismus gewesen.

Mit welcher Dreistigkeit einige heutige Zeitgenossen ihre Unterstellungen in Presseerzeugnissen ausstellen, sei hier an einem Beispiel dargelegt: In der Zeitschrift „Art" Heft 112, 2/2001 zitierte Joachim Hauschild unter der Überschrift „Skandal um geplante Willi-Sitte-Ausstellung, Hektische Absage nach jahrelanger Forschung" zunächst ein Dankesschreiben Sittes von 1987 an den damaligen Fraktionsvorsitzenden der SPD im Niedersächsischen Landtag, Gerhard Schröder, um dann fortzufahren: *„Die Duz-Freundschaft mit dem jetzigen Kanzler ... hat Sitte ... wenig geholfen. Ausgerechnet Gerhard Köhler, Vertreter des Kulturstaatsministeriums der Bundesregierung im Verwaltungsrat ... legte auf der Routinesitzung des Gremiums im Dezember überraschend Akten vor, die Sittes Verstrickung in den Machtapparat der DDR deutlicher als bisher dokumentieren ...".* Herr Dr. Köhler, Ministerialdirigent beim Beauftragten der Bundesregierung für Angelegenheiten der Kultur und der Medien, verlas lediglich sein Schreiben vom 20. November an den Generaldirektor, aus dem ich zitiere: *„... ich möchte Sie deshalb sehr herzlich darum bitten, zur Vorbereitung auf die Verwaltungsratssitzung am 6. Dezember eine schriftliche Ausarbeitung vorzulegen, die mit hinreichendem Detaillierungsgrad Konzept und Planungsstand der Ausstellung erkennen lässt. Es interessieren insbesondere die Fragen, ob bereits rechtlich verbindliche Entscheidungen mit Kostenfolge (ggfs. in welcher Höhe) getroffen wurden, Art und Anzahl der Exponate, die für die Ausstellung vorgesehene Ausstellungsfläche, Umfang, Inhalt und Gliederung des Katalogs und insbesondere auch die für die Herstellung des Katalogs ausersehenen Mitarbeiter/innen und Autoren ... dass ich als Vertreter des Bundes ... der Ausstellungseröffnung zum von Ihnen vorgesehenen Zeitpunkt im Juni 2001 nur zustimmen kann, wenn von Seiten Ihres Hauses die Überzeugung vermittelt wird, dass alles Erdenkliche getan wird, um eine erfolgreiche, am Maßstab größter Sorgfalt und Wahrheitstreue gemessene Ausstellung zu gewährleisten."* So sehen die Zensurvorschriften der Kommissare aus. Herr Dr. Köhler möge es mir nachsehen: Das sind typische Fragen der Kulturbürokraten, die nur wissen wollen, ob das Geld, für das sie den Rechnungshöfen später Rechenschaft schuldig sind, auch ordentlich angelegt wird. Eine Richtigstellung in der „Art" ist bis heute nicht erfolgt.

Noch eine abenteuerliche Meinung eines Zeitgenossen sei zitiert: Ausgerechnet Rolf Bothe, der für die denunziatorische Weimarer Ausstellung unter dem irreführenden Titel „Aufstieg und Fall der Moderne" für die Auswahl des Kurators, eines Architekturspezialisten, der von Malerei keine Ahnung hat, eine große Verantwortung trägt, ließ sich in den „Dresdner Neuesten Nachrichten" am 21. Dezember 2000 wie folgt vernehmen: Er „... *sprach von einem skandalösen Vorgang*" und einer „*Gefahr für die Museumslandschaft*". Eine Einmischung städtischer Gremien sei „*eine Art von politischer Weisungsdemokratie, die nicht mit der im Grundgesetz verankerten Freiheit der Kunst übereinstimme.*" Einmal abgesehen von solchen Feinheiten, ob der Verwaltungsrat des GNM ein städtisches Gremium ist, lässt sich im Namen der Kunstfreiheit eine Menge regeln. Beispielsweise darf ein Kurator einer hoch beachteten Ausstellung „Aufstieg und Fall der Moderne" im Programm der „Kulturhauptstadt Weimar" im Kunstfonds des Freistaates Sachsen auftauchen und den Mitarbeitern verkünden: „Ich brauche eine Anzahl x Bilder aus Ihrem Bestand, egal welche Bilder." Das ist die wahre Kunstfreiheit, die der Verwaltungsrat des GNM nur noch nicht begriffen hat oder gar unterbinden will.

Zu allen Zeiten standen Künstler den jeweils Mächtigen nahe, und je nach Veranlagung nutzten viele ihre privilegierte Stellung, um sich Vorteile zu verschaffen und Konkurrenten aus dem Felde zu schlagen. Ihre Zahl ist Legion, und manchmal war ein guter Draht zu den Mächtigen gar nicht zum Schaden der Kunst. In Diktaturen sind solche Verbindungen immer kritisch, da der meist kleinbürgerliche Geschmack eines Einzelnen zum Maß aller Dinge wird. Im Osten Deutschlands mussten gleich zweimal hintereinander solche Erfahrungen gemacht werden: Stets nahm der wenig entwickelte Geschmack der jeweiligen politischen Führer einen verhängnisvollen Einfluss auf die gesamte künstlerische Entwicklung einer Gesellschaft. Wenn nun ein Künstler, der mit einem größeren Wissens- und Empfindungshintergrund antritt, sich willentlich und wissentlich in die Abhängigkeit von einem diktatorischen System begibt, so ist er entweder ein Idealist, der glaubt, er könne kraft seines Ansehens, seiner Überzeugung, seiner künstlerischen Qualität mäßigend und bildend auf den kleinbürgerlichen Geschmack der führenden Klasse und ihrer Repräsentanten einwirken – oder er ist ein Karrierist, der sich ohne Skrupel in die Fahrspuren des Systems begibt. Aus der Geschichte sind beide Fälle zur Genüge bekannt. Es gibt zwischen beiden Extremen eine Menge Valeurs, gerade die machen eine Aufarbeitung zu einer dankbaren, wenn auch schwierigen Aufgabe. Pauschale Schuldzuweisungen wie die von Baselitz, dass alle Künstler in der DDR Staatskünstler gewesen seien, sind ebensolcher Unsinn wie die Selbsteinschätzungen mancher DDR-Bürger, die Widerstandskämpfer gewesen sein wollen.

Deshalb geht es um Willi Sitte nur insofern, als er Teil des Systems der DDR war, und zwar in vorderster Front, und nicht um ein „Schlachtefest" seiner Person und seines künstlerischen Werkes, wie er es suggerieren will. Man muss allerdings der eigenen Geschichte schon in die Augen sehen können, und gerade damit haben einige früher einflussreiche Genossen heute ihre Schwierigkeiten.

Es geht also nicht darum, ob Sitte Margot Honecker immer noch platonisch liebt oder ob er die einst führende Arbeiterklasse der DDR verachtet, weil sie jetzt dem ehemaligen Klassenfeind dient – all das überlasse ich Willi Sitte ohne Häme. Das solle er mich sich selber ausmachen und allenfalls die Nachwelt mit seinen Auslassungen verschonen.

Vielmehr geht es darum, den Platz zu beschreiben, den ein Maler wie Sitte im System der DDR einnehmen konnte. Zu diesem System gehört aber auch die Betrachtung der anderen Kunstsparten und Verbände, bei denen die gleichen Praktiken der Einflussnahme zu erkennen sind. Diese Vorgänge muss man indessen „differenziert" betrachten. Filme, Romane und Bilder standen im Mittelpunkt des parteilichen Interesses, weil von ihnen naturgemäß die größte Wirkung auf das DDR-Volk ausging. Mit der Musik hatte die Führung der SED in der Regel größere Probleme, die dadurch behoben werden konnten, dass Texte vertont wurden. An diesem Schnittpunkt scheiterte einer der bedeutendsten deutschen Komponisten des 20. Jahrhunderts, Hanns Eisler. Er kam aus der Schönberg-Schule, war ein ideenreicher Zwölfton-Komponist und hatte in den 20er Jahren zündende Kampflieder für die kommunistische Arbeiterbewegung komponiert. Dies wies ihm nach seinem USA-Exil geradezu den Weg in die DDR. Als Schöpfer der DDR-Hymne schien er unantastbar. Doch als er das Libretto einer „Faust"-Oper vorlegte, in der es ihm um das deutsche Vaterland, die Intellektuellen und die Revolution ging, geriet er derart in die Kritik der Ideologen, dass er selbst durch die Vermittlung des damaligen Präsidenten Wilhelm Pieck nicht bekehrt werden konnte. Fortan resignierte Eisler. Allerdings hatte er eine „Materialdiskussion" in Gang gesetzt, die klären sollte, ob das Teufelszeug der spätbürgerlichen Moderne, die Zwölftontechnik, einem sozialistischen Künstler angemessen sei. Nach unendlichen Windungen mussten die Genossen zugeben, dass Töne an sich nicht ideologieverdächtig waren, es kam nur auf den richtigen Zusammenhang an. Den stellten intelligente Komponisten allemal her, und 1968 hatte sich die Avantgarde der DDR-Musiker durchgesetzt und ließ es kräftig neu tönen. Die Vertonungen des Lobes der Partei überließen sie drittrangigen Streitern.

Über die kunstästhetische Bewertung von Sittes bunter Bilderwelt mögen sich die Kunsthistoriker streiten – sie steht nicht im Mittelpunkt der Debatte, obwohl sein Malstil und seine Sujets nicht losgelöst von der konkreten politischen Situation der DDR waren. Man sollte nicht vergessen, wie sehr seine knalligen Akte Teil des Selbstverständnisses der Kunstanschauung der führenden Genossen war. Selbst wenn Sitte heute behauptet, dass sein Verhältnis zu Honecker nicht das beste war: Wenn der Genosse Willi Sitte dem Genossen Kurt Hager und dem Genossen Erich Honecker erläuterte, dass seine Aktdarstellungen das sozialistische Menschenbild künstlerisch umsetzten, waren beide Seiten zufrieden.

Aber es muss noch ein anderer historischer Hintergrund beleuchtet werden. Bekanntlich hatte sich Sitte nach seiner Rückkehr aus dem 2. Weltkrieg einer Gruppe avantgardistischer Maler angeschlossen, die wie überall in der noch jungen DDR eine Aufbruchstimmung fühlten und alles nachzuholen gedachten, was ihnen die Nazi-Diktatur vorenthalten hatte. Weit gefehlt: Die SED-Partei- und -Kulturfunktionäre riefen nach sowjetischem Vorbild die parteiliche Kunst des sozialistischen Realismus aus – eine absurde Formulierung, eine absurde Forderung. Das ist nur in einer Diktatur des Geschmacks möglich. Viele Künstler mussten enttäuscht zur Kenntnis nehmen, dass ihnen das Anknüpfen an die Vorkriegsentwicklung und die westeuropäische Avantgarde verwehrt wurde, was z. T. tragische Folgen für den Einzelnen hatte. Da gab es zwei Möglichkeiten: zu Kreuze kriechen wie Sitte – oder auszuwandern wie sein Freundeskreis. Wer blieb, hatte wiederum zwei Möglichkeiten: entweder sich an die Spitze stellen wie Sitte, die Standards selbst bilden oder mit List und Tücke die Mittel des sozialistischen Realismus aufbrechen und Kritisches über die Sujets oder die Darstellungsart anzubringen, in ständigem Kampf mit borniertem Ideologen. Der dritte Weg führte in den Untergrund, von der Stasi gründlich ausgespäht.

Der sozialistische Realismus war ein parteipolitisches Programm ideologischer Natur aus dem sogenannten „Überbau", der Bezeichnung für geistige Prozesse, die sich oberhalb der ökonomischen Basis abspielten und mit ihr wechselweise, also dialektisch verbunden waren. Der Klassenkampf gegen den Imperialismus westeuropäischer/amerikanischer Prägung, der nach 1945 zum Hauptfeind der kommunistischen-stalinistischen Weltrevolution des international kämpfenden Proletariats auserkoren wurde, trieb erstaunliche Blüten. Nach Adorno ist Ideologie falsches Bewusstsein. Niemals wurde das deutlicher als beim vergeblichen Bemühen, den sozialistischen Realismus zu etablieren. Denn im Gegensatz zur konformen heroischen Malerei der Nazi-Zeit, die kein kritisches Bewusstsein erkennen lässt, versuchten einige Künstler in der DDR durch eine realistische Darstellung der führende Klasse, der Arbeiterklasse, die Position einer verantwortungsbewussten Künstlerschaft zu wahren. Es gab z. B. Brigadebilder feuchtfröhlicher Umtrunke, wie sie Brigitte Reimann in ihren Romanen oder Erik Neutsch in „Spur der Steine" ebenfalls darstellten, die durchaus der DDR-Realität entsprachen, aber nicht dem Idealtypus des Arbeiters entsprachen, der anlässlich von SED-Parteitagen Ergebenheitsadressen an die Partei- und Staatsführung verlas. So waren die führenden Genossen auf allen Ebenen ständig in Sorge, dass wieder so ein aufmüpfiger Künstler sich erdreistete, Dinge zu beschreiben, zu malen oder gar Filme darüber zu drehen, die nicht ins Bild passten. Es gab immerhin wochenlange heftige, z. T. parteiinterne als auch öffentliche Diskussionen oder umgehende radikale Verbote. Die SED-Genossen mussten diese Diskussionen kanalisieren.

Es gelang der SED nur partiell, die ständigen Debatten einzudämmen. Mit zunehmender, erwünschter internationaler Anerkennung mussten immer wieder Zugeständnisse gemacht werden. Aber die Partei gab niemals auf – ihr Schwert und Schild, das MfS, verstärkte in dem Maße seine Abwehrkräfte nach innen, wie nach außen Kompromisse geschlossen werden mussten. Wie das MfS arbeitete, haben einschlägige Analysen von Hannelore Offner und Klaus Schroeder in „Eingegrenzt – Ausgegrenzt" sowie Joachim Walter in „Sicherungsbereich Literatur" eindrucksvoll dargestellt und beim Namen genannt. Auch Sittes Name kommt in solchen Publikationen häufig vor, nicht als IM, sondern als hoher Verantwortungsträger. – Auch die Mechanismen der politisch-ideologischen Arbeit wurden untersucht. Sie sind ein Schulbeispiel der totalen Einflussnahme des DDR-Staates auf jeden seiner Bürger. Ging es um kulturpolitische Vorlagen oder Entscheidungen, lief das so: Zunächst wurden aus dem Kreis der Genossen Vorlagen erarbeitet, die auf allen Stufen der Parteihierarchie immer wieder verändert wurden, bis sie die Administration, die von den SED-Strukturen durchsetzt war, passieren konnten. Zugleich geschah alles in enger Abstimmung mit allen betroffenen Dienststellen des MfS. Auf diese Weise hatten in der DDR viele Leute viel Arbeit, und es dauerte lange, bis eine solche Vorlage den Genossen Hager im Politbüro erreichte. Der musste sich aber immer noch mit dem Genossen Honecker abstimmen, der überhaupt der fleißigste DDR-Bürger war. Er las alle Vorlagen und entschied am Ende selbst.

Verfolgt man diese verschlungenen Wege nicht, dann werden sich viele von außen als undurchdringlich anzusehende Vorgänge nie erschließen. Die Fantasie eines normalen, intelligenten Menschen mitteleuropäischer Prägung reicht nicht aus sich vorzustellen, wozu der Partei-, Staats- und Überwachungsapparat der DDR fähig war. Aber er brauchte dazu willige Helfer, und die sind ihm tausendfach erwachsen. Auch Sitte gehörte nachweislich dazu: Ein weiteres Beispiel brachte die FAZ am 29. Mai 2001, in der über die Vorgänge um die Ausmalung des 1981 eröffneten Gewandhauses, besonders um die Bilder von Wolfgang Peuker, berichtet wurde: *„Dem vorausgegangen war ein Brief des Gewandhauskapellmeisters Kurt Masur an die SED-Bezirksleitung und den Rat des Bezirkes, in dem der künftige Hausherr sein Missfallen über Peukers Entwurf äußerte. Sollte es ‚keine nennenswerten Verbesserungen und Veränderungen' geben, wäre es* *das beste, das Bild zu ... verschalen ... Bei einem zweiten Termin am 1. April 1981, zu dem mit Verbandspräsident Sitte auch Kurt Hager ... anreiste, senkte sich dann der Daumen ...*"

All diesen Fragen muss nachgegangen werden, will man die Tätigkeit Sittes als Verbandspräsident in Zusammenhang mit der politischen Situation in der DDR begreifen. Man kann es drehen wie man will: Sitte übt jetzt die Absage der Verantwortung und spielt glänzend die Rolle des Märtyrers, wie er früher glänzend seine Rolle als Funktionär gespielt hat. Es gehört nun einmal zum politischen Geschäft, dass man sich für eine Verantwortung entscheidet. Sitte hatte lange Zeit gehabt, sich angesichts der Entwicklung in der DDR als Staat und angesichts der Kunstentwicklung in der DDR zu entscheiden. Bis heute betont er, Kommunist zu sein. Das macht ihm in der pluralistischen Gesellschaft keiner streitig. Aber wer sich 1974 entschloss, Verbandspräsident zu werden, der konnte kaum als naiv angesehen werden. Wer sich angesichts der immer prekäreren Lage, der ideologischen Grabenkämpfe, der sich ausbildenden Übermacht des MfS in allen Lebensbereichen, angesichts der Empfindlichkeiten der kleinbürgerlichen Führungsschicht der DDR und ihres verharrenden Geschmacks bereit fand, die höchste Verbandsfunktion zu übernehmen, der wollte Verantwortung übernehmen, der stellte sich aus.

Wenn heute über die Rolle der Verantwortungsträger dieses Unrechtsregimes nachgedacht wird, so ist das legitim. Die Betroffenen empfinden es als Zumutung, weil sie sich heute ihrer Verantwortung begeben wollen. Je näher das Nürnberger Kolloquium rückte, desto häufiger las man in den Zeitungen das Wort vom „Schlachtefest". Das überlassen wir aber besser den Fleischern und wenden uns lieber der Aufarbeitung der Geschichte zu. Dass dabei Verantwortlichkeiten beim Namen genannt werden müssen, liegt auf der Hand. Aber Verantwortungsträger aller Diktaturen besaßen zumindest die Fähigkeit, sich aus der Verantwortung zu stehlen: Erinnert sei an viele Verantwortliche der NS-Zeit, die es nach 1945 glänzend verstanden, sich als harmlose Zeitgenossen der neuen Ordnung zu präsentieren. Und wer sich gar zu sehr diskreditiert hatte, der spielte oder spielt noch heute auf der Klaviatur: *„So schlimm war es ja nun auch nicht – seht, wie schlimm es heute ist!"* und findet noch Leute, die ihm glauben bzw. es drucken.

Ich habe Herrn Generaldirektor Großmann immer unterstützt bei seinem Vorhaben, die Sitte-Ausstellung vorzubereiten. Aber in diesem besonderen Falle ist es eine besondere Herangehensweise erforderlich. Das Kolloquium soll Wege dazu finden. Ich lade alle Gutwilligen zu einer Lehrstunde ein, auch wenn der Stoff unerfreulich und belastend für jeden ist.

Danksagung

Danke an meine liebe Frau Eva, ohne die ich die Stürme der Jahre 1991 bis 2004 und nochmals ab 2015 nicht so unbeschadet überlebt hätte. Sie war und ist immer meine beste und klügste Gesprächspartnerin mit einem praktischen Blick auf alle Probleme, und außerdem führte sie trotz ihres intensiven und fordernden Lehrerdaseins immer ein ruhiges, beruhigendes und angenehmes Haus, in dem ich mich wohlfühlen konnte.

Ich danke meiner Verlegerin, Dr. Romy Donath und Dr. Matthias Donath, für ihre spontane Zusage, das Manuskript zu veröffentlichen.

Reiner Zimmermann